国家自然科学基金青年基金项目（41201126）结项成果

边界效应、产业集聚与省际边缘区经济增长研究

——以安徽省宁国市为例

韩玉刚◎著

安徽师范大学出版社
·芜湖·

策划编辑：王一澜　　　　　　　　责任编辑：王一澜
责任校对：盛　夏　　　　　　　　装帧设计：任　彤

图书在版编目(CIP)数据

边界效应、产业集聚与省际边缘区经济增长研究：以安徽省宁国市为例／韩玉刚著. —芜湖：安徽师范大学出版社，2017.3

ISBN 978-7-5676-1951-7

Ⅰ.①边… Ⅱ.①韩… Ⅲ.①区域经济发展-研究-宁国市 Ⅳ.①F127.543

中国版本图书馆CIP数据核字(2015)第096089号

BIANJIE XIAOYING CHANYE JIJU YU SHENGJI BIANYUAN QU JINGJI ZENGZHANG YANJIU

边界效应、产业集聚与省际边缘区经济增长研究

YI ANHUI SHENG NINGGUO SHI WEI LI

——以安徽省宁国市为例

韩玉刚　著

出版发行：安徽师范大学出版社
　　　　　芜湖市九华南路189号安徽师范大学花津校区　邮政编码：241002
网　　址：http://www.ahnupress.com/
发 行 部：0553-3883578　5910327　5910310(传真)　E-mail：asdcbsfxb@126.com
印　　刷：虎彩印艺股份有限公司
版　　次：2017年3月第1版
印　　次：2017年3月第1次印刷
规　　格：700 mm × 1000 mm　1/16
印　　张：14.25
字　　数：286千
书　　号：ISBN 978-7-5676-1951-7
定　　价：43.80元

前言

在当前“一带一路”、长江经济带、京津冀一体化战略不断深入推进以及2020年全面建成小康社会这一目标的引领下，中国将面临着区域发展中“效率”与“公平”的再平衡问题，新一轮区域经济整体协同发展的帷幕悄然拉开。对每个省份而言，追求公平的省域内部核心区与边缘区的互动发展和追求效率的基于跨界城市群区域的省际之间协同发展，将是未来较长一段时间内战略取向的重点。

中国的省际边缘区是一种重要而特殊的过渡型区域，既是省际社会、经济联系的前沿和通道，又是一个矛盾交织、协调困难的区域。以紧邻省界为标准，目前我国约有40%的县级行政单位属于此类型区，区域经济发展深受由于行政界线的存在而产生的边界效应的影响。在计划经济向市场经济转轨的过程中，边界效应呈现出从负向的屏蔽效应向正向的中介效应转化的趋向，部分省际边缘区也因此获得了较快的发展，区域产业集聚态势明显，经济增长迅速，对此加以系统研究成为近年来区域经济学、经济地理学等学科研究的热点之一。

经济活动的空间集聚和经济增长的过程总是相伴而生的。区域产业集聚与区域经济增长关系密切，区域产业集聚的形成和演化与其历史根源、经济基础、产业氛围和文化传统等密切相关。边界效应作为省际边缘区重要的作用因子，对区域产业集聚存在显性的和隐性的影响，是推动或阻滞省际边缘区经济增长的关键变量。随着基础研究的积累，认识的不断加深，学者们发现单一的地理学空间分析方法难以应对产业空间集聚形成等问题的复杂性。同时，伴随经济社会学、演化经济学和制度经济学等学科的发展，跨学科的交叉研究有助于更好地理解和解释现实的问题。因此，当前学术界探究地方主体的主观能动作用对区域发展的驱动机理已经成为区域发展研究的一个新方向，学者们关注的焦点也从人—地关系逐渐向人—社会关系转化。

基于此种思考，为了深入剖析边界效应转化对省际边缘区产业、经济发展的影响机理，本书选取皖浙省际边缘区安徽省宁国市为案例，引入经济地理学、区域经济学的边界效应理论，在分析省际边缘区经济增长影响因素和边界效应转化过程、机制的基础上，借助于实地访谈、问卷调查等手段获取宁国市的相关资料，运用历史分析、统计分析、社会网络分析等方法，从自下而上的视角，以案例地企业、居民、政府等区域行为主体的跨界联系行为及其外部效应为切入点，对宁国市产业集聚环境的形成，外来企业集聚和内生型产业集群形成的过程、机理等进行了深入的探讨。

研究结果表明：省际边缘区产业集聚环境的形成，是省际主体长时段、高频度、多目的交互影响而产生的文化和社会认同综合作用的结果；省际边缘区外来企业集聚和内生型产业集群的形成，则是边界效应对其产业环境、制度环境、市场环境等区域优势不断放大后相互叠加，而促成的外来投资企业群体性区位选择和本地企业家群体性创业选择共同作用的结果；外来企业和本土企业的互补性集聚共同促成了省际边缘区区域经济的快速增长。最后，结合省际边缘区边界效应转化、产业集聚和区域经济增长三者之间的互动关系，在应用层面，从促进边界效应正向转化，进而加速产业集聚发展的角度，对省际边缘区空间经济整合模式进行了研究。

通过上述研究，从微观主体跨界行为的角度展开分析，拓宽了边界效应理论研究的思路，在理论层面深化了边界效应理论的研究内涵，强化了省际边缘区经济发展研究的理论基础；在实践层面为经济梯度明显的非均衡型省际边缘区县（市）级行政区域的产业集聚化发展提供参考，为其经济整合方向、整合重点的选择提供借鉴。

目　录

理论篇

实 证 篇

理　论　篇

第一章　绪　论

第一节　研究背景与意义

一、研究背景

从国际层面分析，在全球化、信息化和区域经济一体化不断推进，世界经济进入深度的转型调整期的大背景下，区域经济发展的几个重要特征表现为：源于科技创新和技术进步的产业结构转型升级，基于全球价值链和国家价值链重构的产业链整合，不同空间尺度的产业跨界转移和再集聚。这三个方面相互影响，重塑着世界不同类型区域的经济版图。在这样的发展大趋势下，国家之间、国家内部地区之间以地缘关系为基础，多元化战略为支撑，整合发展为重点，产业协同为抓手的互联互通、互利多赢的发展态势日渐明晰，共赢多赢的理念取得了多元主体强烈的集体认同，通过不同形式的协调合作机制，超越国家、省（州）域等行政区范畴的跨政区的次区域合作得到深入发展。

从国家层面分析，改革开放以来，中国经济持续快速发展，经济总量、进出口总额、外汇储备均位于世界前列，经济发展站在了一个更高的起点上。但是，在这些巨大成就的背后，区域发展的不平衡、不协调和不可持续的矛盾依旧比较突出。其中，单从区域发展不平衡层面上看，涵盖不同的空间尺度，如东、中、西部的不平衡，城市和乡村之间的不平衡，省份与省份之间的不平衡，省域内部的不平衡……中国的区域经济差异在这一发展历程中日渐明晰，区域之间的协调发展刻不容缓。以省域内部的不平衡为例，主要表现为以各个省会或首府城市为中心的城市群区域发展迅速，城市群区域内部产业转移速度加快、整合程度深化，核心城市城际之间的行政界线被紧密的经济联系模糊化，一体化态势明显。中国的几乎每个省级行政区域都存在以省会或首府城市为中心的省域核心区，与核心区对应的省际边缘区一般是经济发展的低谷区。当前中国经济进入新常态下，省域核心区进入中高速的发展阶段，但省际边缘区则可能进入补偿性的高速发展阶段，因此从区域经济组织、管理实践的角度来看，省域内部核心区与边缘区之间的互动发展将是中国经济步入新常态下的一种重要的发展态势，省际边缘区可能会面临新一轮的发展机遇。

从地方层面分析，省际边缘区也称为省际边界区或省际毗邻区，是人为划定的受省界影响而形成的省际间过渡型区域。从一般区位条件分析，省际边缘区是省际经济、社会交往的前沿和通道，是省份与省份相互联系的桥梁和纽带。但是从新中国成立到改革开放初期，由于经济、自然、体制和市场等诸多方面的原因，从全国范围来看，省际边缘区区域经济整体发展水平相对滞后，是省份与省份核心区域之间的经济低谷区，也是社会矛盾较为突出、统筹协调发展困难较多的区域。当前，随着社会经济的不断发展，省际边缘区特有的经济功能、生态功能和社会功能逐渐被认识，加之省际边缘区在全国和各省份区域经济版图中均占有相当大的比例，因此其发展状况对全国和各省份区域经济格局的形成和优化具有重要影响。

综上所述，改革开放以来的几十年内，中国处于计划经济向市场经济过渡的时期，在较为封闭的行政区经济运行系统下，社会经济要素呈现出普遍的向心型流动特征，省际边缘区较长时期以来是发展的弱势区域。进入21世纪以后，随着改革开放的不断推进，在开放的市场经济条件下，区域发展的制度性障碍日渐消弭，中国的社会经济也取得了突飞猛进的发展。但是，省际边缘区由于历史“欠账”较多，加之自身的发展优势和劣势均非常明显，在区域经济快速发展进程中，一方面面临着新的发展机遇，另一方面又面临着被再次边缘化的危险。因此，从全国层面分析，不同地域的省际边缘区区域经济发展水平空间差异明显，表现为东部发达省份交界的省际边缘区受省域核心区的溢出效应的影响，经济增长迅速，与省域核心区的差距日渐缩小，一体化程度较高；中东部省份与省份交界的省际边缘区受产业梯度转移的影响，发展潜力巨大，成为东部省份产业转移的先行区域，发展速度较快；中部、中西部和西部省份的边缘区，由于工业化、城镇化、市场化水平均较低，基础设施落后，区域自发展能力弱，整体发展水平低、经济增长速度缓慢。但是，伴随国际、国内和地方发展背景的不断变化，在统筹发展、整体协同理念的引导下，在中国2020年全面建成小康社会这一总体目标的要求下，不同地域、不同类型、不同发展阶段的省际边缘区新的区域经济增长的机遇将会进一步增多，会成为今后一个时期快速发展的热点区域之一。

二、理论价值

为了从理论层面解释省际边缘区区域经济增长缓慢或者增长快速的现象，揭示其经济增长的基本规律，长期以来，大量从事社会学、经济学、地理学、管理学等学科研究的学者，对省际边缘区进行了系列的研究工作。综观相关的研究，多为一种问题导向型的研究，基本逻辑是“问题—原因—对策”分析，表现为普遍适用的较为宏观的区域经济合作与区域经济协调理论研究较多，针对性的理论研究较为薄弱。早期从政区地理学的角度展开，代表性的理论有行政区经济理论。近年来，区域功能整合等相关理论的研究逐渐加强，从生态学和经济学等角度展开的边缘效应理论和行政区边缘经济理论，是针对省际边缘区区域经济运行的一种新发展。现有的理论研究多侧重于从自上而下的角度进行探究，或者是仅强调相关省际边缘区内部的协调和整合，一定程度上忽略了区域主体的能动作用和外部的多向联系对省际边缘区经济增长的影响。但随着基础研究的积累，认识的不断加深，当前学术界探究地方主体的主观能动作用对区域发展的驱动机理已经成为区域发展研究的一个新方向。因此，省际边缘区的相关研究也呈现出不断细化的态势，从区域主体、社会文化、制度安排等角度展开的研究逐渐加强。

本书认为，由于人为划定的省界而产生的显性和隐性的边界效应，是识别和影响省际边缘区社会经济发展的核心因子。随着一系列体制改革、差异化的区域经济发展政策因素等变化，边界效应也呈现出不断转化的特征，边界效应的转化又反过来影响省际边缘区社会经济要素的进一步集聚和扩散，导致不同空间尺度下，省界两侧自然与人文要素作用强烈，致使省际边缘区人地关系地域系统呈现出独特的发展特征。同时，人作为区域发展的重要因子，其思想观念、价值取向、心理特质、行为方式等，都会对区域发展目标和发展路径的选择产生积极或消极的影响。基于行为主体长时间形成的具有浓厚地方特色的区域文化，长期潜移默化地调控、支配着人们的行为，调节着社会关系，对区域发展影响深远，成为区域发展的内在驱动力，并具有持久和稳定的影响力[1]，有助于加强省际间的相互作用，促进社会经济要素跨省界的协调与组织。因此，在深入分析省际边缘区地方主体行为特征的基础上，从自下而上的角度，探究边界效应转化、主体行为、区域产业集聚和区域经济增长之间的相互作用机制，对于进一步发展和完善边界效应理论，具有一定的科学价值和意义。

三、实践价值

区域经济增长与其历史基础、生产要素投入、经济体制、文化传统等影响因素密切相关，是内生因素和外生因素共同作用的结果。随着我国区域发展外部环境的变迁，省际边缘区的经济发展水平和市场化程度也经历了从落后、封闭向成熟、开放的演变过程，表现出多元文化交融的地域类型特征，发展空间和发展选择相对自由。表现在主导经济联系的方向选择上，可以是省内经济中心和省外经济中心两个方向；表现在发展阶段上，可以是循序渐进的自然增长，也可以是适度超前的跨越式发展；表现在产业拓展上，可以是集群形态主动融入全球价值链体系，也可以是配套形态被动嵌入邻域生产体系；等等。在这样的前提下，省际边缘区经济发展路径取决于多元行为主体的共同选择。就具体发展阶段来说，东部省份经过改革开放几十年的大发展，经济发展的规模、质量等都远远高于中西部省份，东西部省份间的经济梯度、势差进一步拉大，东部省份的竞争优势面临着国际市场的严峻考验，环境、资源、能源、劳动力等都面临重大的压力，存在产业转移的张力。在空间近邻效应的影响下，省际边缘区是东部省份产业转移、资本溢出的先导区域，区位优势日益显现，因此对经济增长潜力大、发展迅速的省际边缘区进行科学的深入研究与规划，制定正确的发展战略，选择最佳的经济联系方向，优化区域经济发展模式，形成省际联动发展的大格局等均是现阶段社会经济发展的必然要求。

因此，本书认为：深入探究传统因素、新因素与边界效应等共同影响下，省际边缘区区域主体的思想观念、行为方式和跨界联系状况及其在产业选择、政策制定、制度安排和环境优化等方面的选择能力和创新能力，进而探索省际区域协调整合发展的合理方向和路径，对于促进以县（市）为基本地域单元的省际边缘区区域经济优化发展具有积极的实践价值和示范意义；同时，中观层面为解决由于省界、省际经济梯度、省际要素成本差异等因素影响下产生的跨界交易成本过高，产业跨省界转移、企业跨界区位选择、产业空间重组和弱势区域产业发展的选择和培育等问题提供相应的理论参考，促进省际边缘区等过渡型区域社会、经济管理实践工作的有序开展，提高区域经济的配置效益和管理效益。本书的研究对于我国同类省际边缘区县（市）的科学发展具有一定的借鉴意义。

第二节　基本概念界定

一、省际边缘区

中国学者从20世纪80年代开始，就对省际边缘区相关的问题进行了一定的研究，由于研究对象和目的不同，对省际边缘区的基本概念、内涵的认知和表达存在一定的差异，如省际边缘区又被称为省际毗邻区、省际接壤地区、省际边界区域等。通过梳理相关的研究，选择几个有代表性的观点，从中可以厘清中国省际边缘区不同的称呼以及部分学者对其内涵的认识（表1-1）。

表1-1 中国省际边缘区基本概念及其内涵

序号	名称	基本概念及其内涵
1	省际毗邻区	省际毗邻区是指以省级界线为中心,由两个或多个相同层级行政区共同组成的一个区域。它的基本组成单位主要是地市级行政区,也可以是县级行政区,其突出的特点就是区域内的地方政府隶属于不同的省级行政区
2	省际接壤地区	省际接壤地区是历史上自然形成的经济区,在工农业生产、邮电、交通、商业、风俗习惯、文化等各方面,都有着密切的联系。这种经济区的经济内容和界限,会随着本地区、邻近地区乃至全国经济状况的变化而发生变化
3	行政边界区域	行政边界是一个多层级、多维度的概念,包含行政、经济、社会、生态及文化等多重属性。行政边界区域是行政区的边缘地区,也是两个及两个以上行政区之间的接壤地区。区域的宽度与行政区的面积、级别、自然条件及与行政中心的传统社会经济联系等有关
4	行政边界地带	行政边界地带是以行政边界为轴线向行政区内部横向延展一定宽度,并沿边界纵向延伸的窄带型区域,是多个行政区之间的接壤地带,具有明显的自然过渡性和不可分割性,还往往与文化边界区域重合。行政边界地带往往是资源密集区、生态敏感区、民族聚居区和经济欠发达区,既面临着被逐步边缘化的现实困境,又隐含着强大的后发优势
5	省际边界区域	省际边界区域是以省级行政边界为起点向行政区内部横向延展一定宽度,并沿边界纵向延伸的窄带型区域,边界是它的核心。它会对国家或地区的政治、经济、社会、文化产生巨大的影响。既可能产生"经济空洞",也可能创造"经济奇迹"
6	省级边界区域	省级边界区域是以省级边界线为起点向行政区内部横向延展一定宽度,并沿边界纵向延伸的窄带型区域,是一种特殊类型的区域。省级边界区域绝大部分经济较落后
7	省区边界地带	省区边界地带位于省区边界的区位,其在空间上远离本省(自治区、直辖市)的发达地区,表现出区位的边缘性。由于行政区边缘经济现象的存在,使得省区边界地带呈现出"经济欠发达性""区域经济行政分割现象明显""经济活动表现为一定的冲突性"等基本特征
8	省际边缘区	省际边缘区属于行政边缘区中的区际边缘区,是指两个及两个以上省级行政区域在交接处所构成的特定的地理空间,以紧邻省界为标准,它在地理区位、资源条件、文化背景、产业结构、发展阶段等方面具有明显的同质性。同时,该类区域无论在计划经济时期还是市场经济时期都是投资的边缘区,因而多是欠发达地区。但因属不同省份,受行政边界的阻隔,边缘区发展策略不同等的驱使,导致其空间开发无序、经济差异日趋拉大,严重制约着此类区域的发展
9	省际交界地区	省际交界地区是以省级行政边界为起点,向行政区内部横向延展一定宽度,并沿边界纵向延伸的窄带型区域。目前中国省际交界区呈现出的滞后性,体现在三个方面:省际交界区发展是一种富饶的贫困,经济的边缘性,省际交界地区是矛盾集中区

从上述不同的表述中可以看出，关于省际边缘区的基本称呼不统一，但内涵具有一定的共性特征。当前学术界比较公认的称呼是省际边缘区，因此本书也选用省际边缘区的称呼。本书对省际边缘区范围的界定，结合省际边缘区基本概念的研究，考虑历史承继性、政区相对稳定性以及研究的针对性的要求，以紧邻省界为标准，选定县（市）级行政区域为基本地域单元，界定研究区的范围，属于狭义的省际边缘区研究范畴。在案例区选择上，综合考虑先前个人的研究基础以及东部、中部和西部宏观区域的发展差异，结合研究的理论意义、实际价值和区域的代表性、典型性，在对安徽省际边缘区进行全面考察的基础上，最终选定经济势差明显的皖浙省际边缘区作为相关研究区域，选择安徽省宁国市作为核心研究区域展开综合研究。

二、边界效应

最早对边界效应进行研究的是经济学家，其研究缘起是：20世纪90年代，随着经济全球化和区域经济一体化的发展，特别是北美自由贸易区和欧盟等区域性贸易集团的出现，使得国家边界的重要性降低。从经济学的研究视角看，边界效应是指除了不同地区或国家间由于经济规模或距离而导致的贸易量缩减之外的额外减少。从理论上讲，一国内部的区域间贸易不存在这种效应，因为其间不存在任何贸易壁垒。然而，经研究表明，在这种情况下，边界效应仍旧存在且非常显著[2]，证实了行政界线和区域界线所引起的边界效应的客观存在。

从经济地理学和区域经济学的研究视角看，边界效应是指边界（如跨国区域界线、国界、省界、市界、县界等）对区域主体跨边界经济行为存在的显性和隐性影响。这种影响是与边界特有的政治、经济、文化和社会属性联系在一起的[3]，主要包括“屏蔽效应”和“中介效应”两种效应，两者在一定条件下可以相互转化，是一种此消彼长的关系，对区域经济增长具有迟滞和促进作用。其中，屏蔽效应是指边界阻碍界线两侧主体跨界交往和联系的一种现象；中介效应是指边界具有彼此接触和交流的中介功能，是界线两侧主体接触和交往最频繁的地带。本书在研究中，采用经济地理学和区域经济学对边界效应的界定，从省界对区域主体行为影响的角度展开研究。

三、产业集聚

产业从集中、集聚到集群的演进过程，是区域产业升级、企业网络形成的一般路径。其中，产业集中多指企业在一定地理区位的数量上的集中，这些企业可能分属不同行业、产业，彼此之间没有太多联系，集中的目的多为共同利用外部的资源（如工业园区的道路、厂房、政策等）。产业集中多是区域经济量的增长初期，政府通过规划工业园区，给出普适性的优惠政策，引导企业向园区集中。

产业集聚则是介于产业集中和产业集群之间的一种演进状态，是指同一产业在某个特定地理区域内高度集中，产业资本要素在空间范围内不断汇聚的一个过程，强调企业间以及和相关机构之间的地理接近可能促进“学习型经济”[4]。产业的地理集中是由于产业集聚以及市场、信息源、控制和决策基地以及各种有联系的活动的地理集中决定的[4]。由于产业集聚因为区位、产业部门、技术水平等不同而表现出一定的复杂性，省际边缘区的产业集聚现象不同于发达区域的高新技术产业集群，一方面表现为企业的空间集中，另一方面也表现为企业、政府、机构等主体间互动与联系的不断加强，集群化态势明显。因此，在本书中对产业集聚的理解也涵盖了产业的地理集中和产业集群两个方面的含义。

产业集群是指一群在地理上邻近而且相互联系的企业和机构，它们具有产业联系而且相互影响[4]。产业集群是区域产业发展的高级阶段，多在经济较为发达的区域出现，表现为企业间联系紧密、分工协同，不同企业间内部资源特别是与产业发展有关的创新性资源在集群内交流频繁。其形成过程较为复杂，既有历史的路径依赖，也有政府通过指向性的政策设置一定的准入门槛，围绕产业集群的产业链条缺失的环节进行定向招商等方式不断培育壮大集群，最终形成区域产业品牌。产业集中强调量的扩张，多在区域经济发展水平较低的情况下，为了做大总量而形成；产业集群则强调质的提升，多在区域经济发展水平较高的阶段，是为了保持核心竞争优势这一集群内部企业间默会的共同目标指向而产生的集体选择的结果。

四、区域经济增长

区域经济增长就是区域经济总量规模的扩大，是区域生产的商品和提供的劳务总量的不断增长，体现了一个区域经济实力的变化，在一定程度上反映了区域经济发展能力的变化，是实现区域经济、社会、环境多目标共同发展的基础。

影响区域经济增长的主要因素包括：区位条件、区域的资源禀赋、资源配置能力和外部环境等方面[4]。区域发展的内涵相对丰富，而省际边缘区处于经济快速增长时期，远未达到经济、社会、环境等多目标综合协同发展的要求。因此，本书以省际边缘区经济增长和经济发展为研究重点，探讨其区域经济的发展状况。

第三节 研究思路与方法

一、研究思路

以省际边缘区县（市）为基本研究单元，在系统探讨中国省际边缘区区域经济发展的基本格局和演化过程的基础上，结合区域经济学、制度经济学和新经济地理学等基本原理，深入分析影响中国省际边缘区区域经济增长的传统因素和新因素及其相互作用机制。从边界效应转化对区域主体行为作用、主体行为对边界效应转化的影响正反两个方面，论述省际边缘区内生型产业集群和外来企业集聚形成和演化的过程及其与区域经济增长的互动机理。最后从有效降低企业显性和隐性的交易成本和增加区域社会资本存量等方面切入，从空间、产业和制度整合的角度，探讨跨省界区域经济联系网络的构建。其中，在案例区的选择上，结合省直管县改革的实际，以紧邻省界的县（市）为基本的研究地域，改变了传统的多市域、宏观的省际边缘区研究区域选择，对于中心城市缺乏、城镇体系发育程度较低的省际边缘区更具现实意义。本书的研究以省际边缘区地方主体行为与边界效应二者之间的关系转化为切入点，改变了相关研究从空间互动整合切入的传统思路，在主体联系特征和效应研究的基础上，回归到区域经济的空间整合方面，整合的目的是促进边界效应的正向转化，促进区际跨省界功能联系提升即区际一体化程度提高。结合皖浙省际边缘区宁国市的案例研究，进一步验证主体行为、边界效应转化、产业集聚与区域经济增长四者之间的相互关系和交互影响。

二、研究方法

本书在研究过程中，以经济地理学理论为基础，借鉴了区域经济学、制度经济学、产业经济学、经济社会学等学科的相关原理，探求交叉学科研究方法在省际边缘区区域经济增长研究中的应用；通过理论演绎与案例论证相结合，从边界效应转化的角度，对嵌入全球价值链的皖浙省际边缘区宁国市的内生型和外生型产业集群的形成过程、动力机制、演化路径和区域效应等方面进行了深入的探讨；从促进边界效应正向转化的角度，从经济、产业、空间、价值链、制度等方面，全方位地对省际边缘区区域经济的优化整合路径和整合重点进行了研究。本书采用的具体研究方法如下。

（一）文献归纳和历史分析方法

通过大量文献的阅读和学习，充实了知识储备，吸取了国内外专家、学者的研究成果，并通过追踪和梳理相关学科最新的研究成果，形成本研究的整体思路和理论框架。在论证演化过程时，通过大量历史资料的收集整理，形成了时间序列的变化特征，充实了研究的基础。

（二）演绎与归纳相结合

本研究首先建立一般的理论框架，然后将主体行为与边界效应、产业集聚和区域经济增长纳入分析框架中，由此推演出边界效应转化、产业集聚和省际边缘区经济增长之间的关联特征、路径和互动关系。在案例分析过程中，通过宁国市内生型产业集群和外来企业集聚研究，归纳出产业集聚及其变化的若干关键因素和演进规律，进一步验证了区域经济增长、产业集聚、边界效应转化三者之间相互影响、相互作用的基本规律。

（三）系统分析方法

本书在研究中把省际边缘区区域经济增长看成一个大系统，边界效应的转化是区域系统从低级到高级不断升级的过程，区域产业集群则是区域产业形态高级化的外在表现，是区域经济增长的关键动力，是区域经济发展的载体和模式。在此框架下研究了宁国市地方产业集群，在全球化和区域经济一体化的过程中是如何形成、发展并促进省际边缘区经济全面增长的。

（四）深度访谈法和问卷辅助调查法

笔者先后五次深入皖浙省际边缘区的宁国市进行实地调研，对企业、居民、地方政府官员和行业协会等组织机构的管理者进行了深度访谈和问卷补充调查等，收集了大量的研究资料。通过深度访谈法了解了宁国市的内生型产业集群的入网和结网情况，即对特定成员（以企业负责人为主要访谈对象）的深度访谈，每位的访谈时间在40分钟以上，共访谈了30%以上的集群企业，从而获得所需企业关联关系数据。对于了解外来企业的集聚情况，则以地方政府人员的访谈和外来企业的问卷辅助调查法为主，共发放外来企业问卷300份，回收有效企业问卷115份。对居民、外来人员也是以问卷辅助调查法为主，共发放问卷1 002份，经过严格筛选，回收有效居民问卷599份、外来人员问卷202份。通过深度访谈和问卷辅助调查法，可以保证企业联系网络、社会联系网络分析结果具有较高的准确性和科学性。

（五）社会网络分析方法

社会网络分析是新经济社会学中一种重要的研究方法，在社会学、经济学、管理学等学科中得到了广泛应用，主要用于描述组织间的关系特征、确定关系类型、探索信息和其他资源的流动、分析关系对网络的影响等，它认为互动的成员间存在的关系非常重要。其基于图论中的概念、方法和理论，集研究方法、理论框架于一体，适用于产业集群相关研究的测度。因此，本书利用社会网络分析软件Ucinet，在实地集群企业访谈数据支撑的基础上，实现对宁国市集群企业内部联系网络和组网特征的形式化描述，并对集群网络结构特征进行量化分析，从而对外来企业集聚和内生型产业集群及与区域经济增长的相互作用机制等进行了定性和定量的研究。

第四节　研究内容与分析框架

一、研究内容

在内容安排上，全书共分为十三章，每一章的主要内容如下。

第一章绪论部分，介绍了本书选题的背景、研究的科学价值和实践意义，界定了相关的基本概念、研究内容、研究方法及总体研究框架等。

第二章国内外相关研究进展部分，全面系统地梳理了国内外相关研究比较重要的文献，分析了该领域国内外研究的基本情况，为本书深度研究的切入点选择和论述打下基础。

第三章研究的理论基础与理论框架部分，对现有的具有代表性的关于省际边缘区核心基础理论进行了评述，并结合当前理论研究的新进展，构建了研究的理论体系。

第四章边界效应转化和省际边缘区发展的影响因素部分，对中国省际边缘区的一般的发展历程及影响因素进行分析，并定性分析了传统因素和新因素在促进边界效应转化、产业集聚和省际边缘区发展方面的作用机制，刻画了边界效应转化的不同阶段对应的省际边缘区经济增长的一般情境。

第五章边界效应转化与省际边缘区经济增长的机理部分，从理论上全面分析了边界效应的属性，边界效应的测度，边界效应转化的时间过程、要素互动过程和与其转化相对应的区域经济系统演化过程，分析了边界效应转化的驱动机制，并对边界效应转化的区域产业集聚效应进行了分析，同时分析了区域产业集聚与区域经济增长两者之间的相互关系。

第六章促进边界效应正向转化的省际边缘区空间整合的理论研究部分，从应用层面出发，以区域经济空间秩序的优化为目标，论证了促进边界效应正向转化的省际边缘区空间经济整合的基础、目标与一般模式，主要包括向心整合、离心整合和邻域整合三种模式。同时从经济层面、制度层面和环境层面，概括出了省际边缘区空间整合发展的重点。

第七章中国省际边缘区的发展现状部分，从宏观层面全面梳理了中国典型省际边缘区，涵盖“老、少、边、山、穷、库”区（即革命老区、少数民族聚居区、边疆边界地区、山区、集中连片特困区、湖区库区）的发展概况，从而对中国的省际边缘区形成一定的整体性的认知，并依据不同的分类原则，对中国省际边缘区的类型划分进行了一定的梳理。

第八章安徽省际边缘区经济差异演化特征与成因部分，从中观层面对本书的相关研究区域——安徽省际边缘区展开较为全面的研究，以县（区、市）域为基本的研究单元，对安徽省际边缘区（皖苏、皖浙、皖豫、皖赣、皖鄂）的时空发展特征和区内与区间发展差异进行了较为全面的测度，并尝试对其形成原因从制度安排的角度展开进一步的分析，也为本书选择皖浙省际边缘区的宁国市为核心案例地提供了一定的选择依据。

第九章宁国市的区域背景和总体特征部分，从微观层面对皖浙、皖苏这一典型的中东部省份交界的"强弱型"省际边缘区展开研究，系统地刻画了本书核心研究区域——皖浙省际边缘区宁国市的发展基础、经济增长过程、产业演进过程、企业集聚过程及其城市化的发展过程，形成对宁国市总体的认知，为后续章节的深化研究提供了一定的基础。

第十章边界效应转化与宁国市产业集聚环境的形成部分，以宁国市为案例地，结合实地调研资料的整理，应用统计分析的方法，分析了多元主体（居民、企业和政府）跨界行为的演化特征、区域效应，以及与之对应的宁国市边界效应的转化阶段和过程，论证了其与宁国市产业环境形成之间的关系，重点阐述了宁国市产业集聚社会环境、制度环境和适宜企业集聚的产业环境的形成原因。

第十一章边界效应转化与宁国市企业集聚的过程和机理部分，分析了边界效应转化与宁国市外来企业的集聚过程、边界效应转化与宁国市内生型产业集群的形成过程。同时，从时空耦合的角度阐述了以居民为主导的社会网络、以不同层级政府为主导的府际网络和以不同规模企业为主导的企业网络中，皖浙省际边缘区宁国市区域产业集聚的作用机制。

第十二章边界效应转化与宁国市区域经济空间优化整合部分，针对宁国市的实际和边界效应转化的规律，提出了不同空间尺度下，宁国市空间优化整合模式的选择，整合方向的选择，整合重点的选择，并分析了这样整合的原因，体现了本书研究的政策意义和应用价值。

第十三章结论、创新与讨论部分，总结了全书的主要结论和观点，并指出了本研究已经完成的工作、研究的突破点、存在的不足，及随着社会经济发展阶段、发展情境的变化，该领域今后需进一步深化研究的问题。

二、分析框架

结合全书的篇章安排和研究的需要，本书的分析框架可分为理论研究和实证研究两大块内容，理论研究集中在第一章至第六章，实证研究集中在第七章至第十三章，在此基础上主要从研究背景、研究基础、研究重点、结论讨论四个大的方面构建本书的研究框架，相关的内容安排如下（图1-1）。

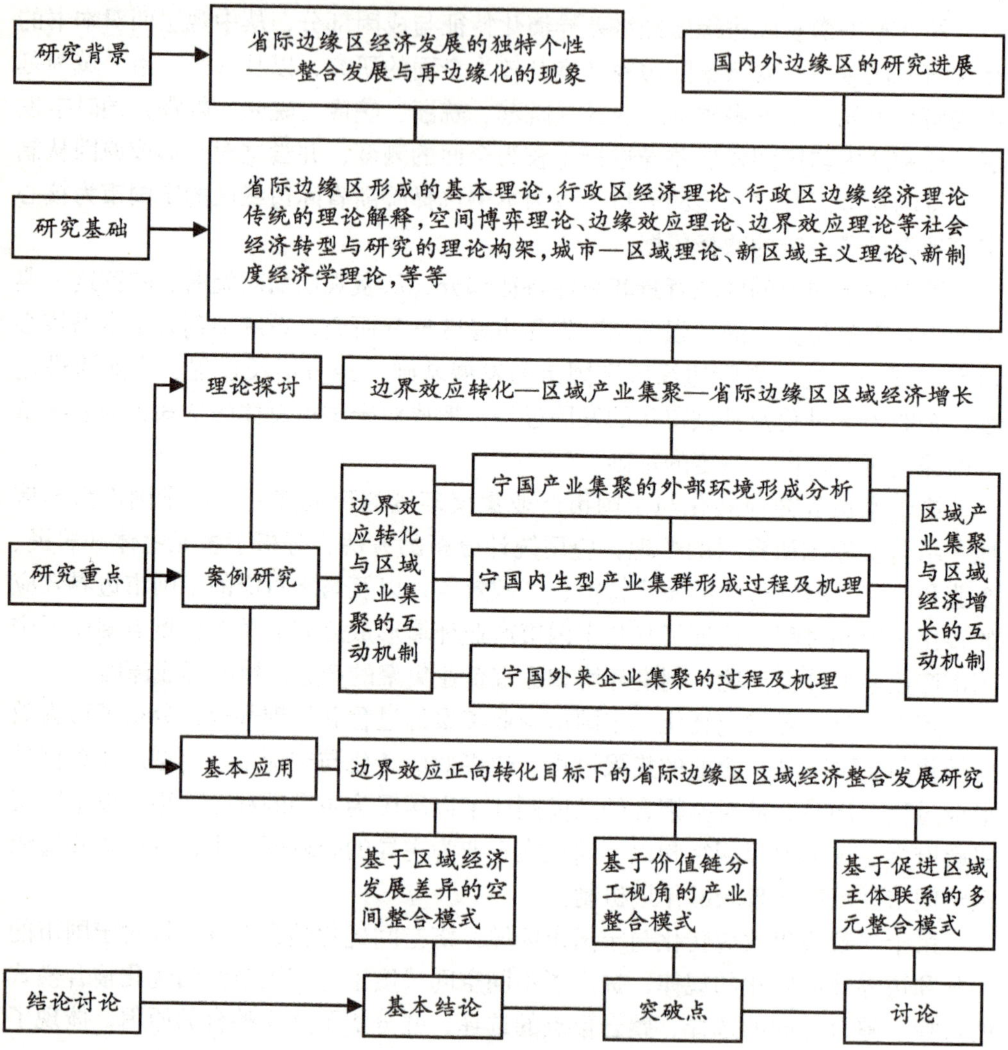

图1-1　本书的分析框架

第二章　国内外相关研究进展

第一节　国外边缘区相关研究综述

中国和西方国家在发展阶段、社会制度、经济体制、行政区划、经济区划、区域政策等方面存在较大的差异，国外学者对行政边界区域的研究起步较早。20世纪30年代早期，国外学者陆续开始进行行政边界区域的研究。到20世纪90年代，由于经济全球化进程的不断推进，以欧盟为代表的跨国一体化区域的快速发展，使政治碰撞、经济互融、文化多元的行政边界区域被誉为研究全球化进程的最佳实验场所[5]，行政边界区域的研究更得到学者们的普遍关注。本书在梳理国外的相关研究文献时，主要以边缘区、行政边界区域、跨界区域、边境地区等为关键词进行文献的收集、整理、归纳和分析，具体的相关研究可以从理论研究和实证研究两个方面阐述。

一、国外行政边界区域相关理论研究

在理论研究方面，国外针对行政边界区域专门性的理论研究相对较少，但是一些经典的区位理论、区域经济增长理论、区域发展和区际关系协调理论等，对于解释行政边界区域经济差异的形成、区域产业集聚和区域经济增长的动因等方面仍旧具有一定的指导意义。相关的经典理论成果较多，概括起来比较有针对性的理论主要如下。

（一）区位论

区位论是行政边界区域研究的最基本理论之一，对区位内涵最简要的概况包括两个方面：其一是“人类活动的空间选择”；其二是“空间内人类活动的有机组合”。经典的理论包括杜能的“农业区位论”，韦伯的“工业区位论”，廖什的“市场区位论”等，其基本思想可以加深我们对于行政边界区域的区位典型性的理解。由于自然地理空间的不可移动性，在人为划定的行政界线的刚性影响下，行政边界区域集边缘区的约束性和门户区的优越性于一体。区位条件和相关影响因子，如可进入性、距离、自然环境约束、相邻区域的空间关系等，对区域产业布局、经济增长等具有重要的影响。

（二）区域间经济联系和互动发展理论

行政边界区域作为一类过渡型的区域，是区际跨界联系的通道，区域经济发展过程中表现为双向或多向受力。因此，区域间经济发展关系理论对解释行政边界区域的形成、演化和经济发展具有重要的指导意义。

经典的理论主要有如下几个。第一，赫希曼（A.O.Hirshman）的“极化—涓滴效应学说”，强调发达区域在发展到一定程度之后，只有促进不发达区域在一定程度上的发展，才能突破自身发展的瓶颈，从而实现区域相对均衡发展。第二，是建立在弗农的“产品周期理论”基础上的“梯度推移学说”，强调存在于经济、技术等势差的区域之间的一种扩散原理，会导致区域间的发展差距缩小。第三，弗里德曼（J.R.Friedman）提出的“中心—外围理论”，揭示了核心区和边缘区之间的相互作用，及边缘区形成的必然性。其余的相关研究还包括：强调区际联系的空间相互作用理论，区域分工理论中亚当·斯密的“绝对成本学说”，李嘉图的“比较成本学说”，赫克歇尔·俄林的“要素禀赋学说”以及古典综合经济学代表人物索洛（Solow）提出的考虑人均收入或产出水平的增长率，适时地进行区域产业转移，等等。另外，新经济地理学的主要代表人物克鲁格曼、藤田昌久等在收益递增、不完全竞争模型和运输成本三个命题的基础上，强调产业集聚的优势、产业发展的优势“锁定”效应等，为解释区域产业集聚的形成提供了一种新的思路。同时，从国际和区际贸易的角度，应用新经济地理学模型论述了区际经济分化的必然。这些学者从区域资源禀赋差异、区域比较优势、区域产业分工、开展区域贸易等角度，力主发达地区与不发达地区进行专业分工和经济合作，其中的思想对于不同类型的边缘区，根据自身的比较优势和发展方向，适时开展区域经济分工与合作，来加强城市与城市、城市与区域间的产业联系、经济联系，进而增强经济实力，促进区域产业集聚和经济增长很有借鉴意义。

（三）区域经济协同发展和整合发展理论

区域经济协同发展理论是在“协同学”原理基础上提出的，包括区域分工理论和交易成本理论。区域分工理论强调区域根据自身的资源禀赋进行专业化的生产，然后通过区际贸易互通有无，实现各个区域效益最大化的发展。该理论的核心思想从区域经济是一个开放的系统的角度阐释，每个不同的类型区都是整个大区域经济系统的有机组成部分，系统功能的有效实现，需要不同类型区域之间的相互协同。

交易成本理论，指由于产权、贸易和非贸易的壁垒等造成的区际外部交易成本高，强调通过体制创新、制度安排、转变政府职能、产权改革等减少交易成本，从而促进区域发展环境的优化。在行政边界区域的交易成本，由于主体多元化、跨界等因素的存在可能更高。有效降低此类型区域的交易成本，是行政边界区域产业集聚的前提和基础。

区域整合（regional integration）理论，如“经济圈”或“成长三角”理论（growth triangle）等，其核心思想是淡化相互毗邻的国家或地区之间的行政区界限，促进不同城市政府组织机构之间形成互相制约的管理机制，要求重新划分不同主体的权利、义务与利益，要求区域中心城市发挥“极化”“扩散”效应，带动区域产业发展与创新，促进城市体系内部及城市与区域之间的相关性、互动性，不断提高相互依存度，进而实现区域经济的协调发展，人与自然生态的平衡发展，同时强调对城乡建设实行有效管理，达到城市与区域效率的极值。

（四）新区域主义理论

新区域主义理论是20世纪90年代以来西方学术界对区域问题展开研究的主流的理论之一。其产生背景是，随着经济全球化和区域经济一体化的发展以及在技术进步主导的信息化的支撑下，区域经济发展逐渐趋向形成“外向型”“兼容型”“复合型”的新型发展特点，制度、文化、尺度、网络、治理、关系等角度的研究成果不断涌现，呈现出蓬勃的发展势头。通过对相关文献的追踪发现，该理论并没有直接应用于行政边界区域的相关问题研究，如经济增长、社会发展、环境协调等，而仅仅关注区域化过程中的不同尺度的区域的综合发展问题。但是，由于其产生的时代性，其核心思想和主要的论点对于指导不同类型区域的发展具有极强的借鉴意义。

通过梳理国内外学者的相关研究，概括其论点主要包括以下四个方面。第一，表现在对区域空间的理解，将自然空间和人文空间融合在一起，认为区域是以一定的地理界限为基础，根据某个或多个特定的经济、社会、政治关系方面的多种因素进行建构，主要形成自然空间、物质空间、社会关系空间，是进行区域研究的起点。第二，强调区域治理决策方式中的多层治理决策模式。将区域内不同的组织视为一个多层治理的机构网络，强调组织间的平等与协商关系；将“治理”理解为多元公共治理行为，要求政府、各种非政府组织包括工会、协会、机构、学校和各类经济组织等广泛参与不同的决策过程。第三，强调区域发展中的多方参与的合作机制和协调模式，如多边谈判制度、多方协调制度、协商治理制度。倡导区域或次区域的整体合作以及多方的集体认同和组织认同，倡导超越国家、省州等地域范畴束缚的整合发展。强调通过制度创新、组织协调等形式，创建不同形式和功能的合作机制，以利于加快不同类型区的区域一体化和整合发展的进程。同时积极倡导创建不同层级政府组织间、政府与个人等社会力量间的互动协调与合作机制，并长久保持这种社会、经济、政治以及组织凝聚力。第四，倡导多重价值目标的综合平衡，强调经济、社会、环境等共同演进和协调发展。

二、国外边缘区研究重点回顾

从具体的研究内容来分析，国外文献中对边缘区的实证研究侧重于从地缘经济学、政治地理学、社会学的视角展开，从区域经济学和经济地理学角度进行的研究相对较少。主要侧重以下几个方面。

（一）行政界线对主体跨界行为的影响研究

关于多元主体跨行政边界行为研究，是近年来国际学者对边缘区研究的重点之一，相关研究内容涉及主体跨界旅游、跨界购物、跨界迁居行为，及不同行为产生的推动力、拉动力和阻滞力等，并且通过模型化定量刻画主体跨界行为的特征逐渐成为一个主流的研究趋势。代表性的研究成果包括以下几个方面。

1. 跨界及行政边界区域旅游者行为研究

Dallen J. Timothy和Cevat Tosun对国家边界的游客感知障碍作用研究。他们以具有相似文化和安全问题相对较少的国界区域为研究区域，通过对美国和加拿大交界区域的游客进行调查来获取定性数据，以及对管理人员和边界官员进行访谈来验证边界是否被感知为旅游障碍。结果显示，对于大多数游客来说，美加边界线并不是一个主要的旅游障碍。然而，对于部分游客来说，过境手续、边界官员和信息的缺乏交织在一起就形成了主观上的旅行障碍。Silvia Banfi等发现瑞士的燃油价格比相邻国家低而引起的以加油为目的跨界旅游行为的现象，目的是找出燃油价格差异对跨界旅游行为的影响。利用1986—1997年的数据，通过构建双对数估计方程展开研究，结果显示汽油燃料价格差异对燃油的需求量具有显著影响，边界地区的消费者对燃油价格非常敏感，从而引起以加油为目的的跨界旅游行为。Kenneth R. Lord等对跨界旅游区展开了实证研究，以纽约西部—安大略湖南部地区和香港—深圳的跨界度假区为对象，通过对两个地区之间的635个跨界度假区的调查，在考虑度假区等级、排除不确定性因素、度假时间取向的基础上，表明度假期间在一个陌生环境中的经济、品质、服务质量和情感上的愉悦程度影响到度假者的认知、行为和满意度。Gunjan Saxena等从开发相对落后地区乡村综合旅游的角度，研究了英国—威尔士边界行为者（当地企业、资源控制者、事业机构、社区成员和游客）的活动，探讨了边界线对行政管理、规划、旅游市场结构的影响，发现容易造成混淆，它可能被描述为威尔士的、英国的或二者的混合，不同的行为组研究结果表明：大多数人都赞成当地旅游资源和活动进一步整合发展。

2. 跨界及行政边界区域主体购物行为研究

Donggen Wang分析了香港市民跨界到深圳消费、购物的模式和动机，结果显示，香港人跨界消费和购物活动以功能性和娱乐性为主要目的，并利用负二项式模型评价了激励因素、社会经济特征对跨界购物频率的影响。Michael H.C. Ho从香港—内地的经济一体化对香港—内地边界经济影响的角度，从宏观区域、近邻区域以及区域内部三个空间尺度，研究了主体跨界居住选择行为的决定因素。宏观影响因子包括劳动力市场条件、房地产周期及供给条件，中观和微观影响因子包括邻居质量、家庭选择偏好、支付能力、工作场所、居住环境等，它们对跨界居住购房选择有较大影响。Vander Lucas通过假设一个中央政府和两个区域的联邦经济，产生水平的和垂直的两种外部性，检验了两种外部性内在化的可能，并探讨了联邦经济环境下的跨界购物。

3. 跨界迁移流动和居住行为研究

Michael Moritz利用芬斯特拉—汉森模型，由工资差异切入，对欧洲一体化进程中欧盟新成员国边境地区的劳动力市场进行了研究，发现边境地区的低技术工人的收入水平由于不断增长的贸易和工业活动向低工资国家转移而显著降低，然而高技术水平工人会从不断增长的市场潜力中获益，二者之间工资水平差异不断加深，解释了跨界高技术和低技术劳动力的流动行为。Kee-Lee Chou通过1 867份问卷调查，对香港45~59岁中年人群的退休后跨界迁居计划进行了研究，发现有126个样本——男性、白领、受过较高水平教育以及拥有非自主物业的人计划退休后跨界迁居，而1 699个样本——身边有子女的不打算迁移，并提出了香港政府应该研究和预测这种退休后跨界移民对香港社会经济的影响。Eddie Chi Man Hui等通过研究香港部分居民跨界迁移的行为，剖析了香港居民向内地移居这种行为背后的驱动力，发现跨界迁移的主要是香港中产阶级及中年人的现象，从香港与内地密切的社会联系和香港与内地的居住成本的比较对这一行为进行了解释。Kristof Dascher等从政治经济学的角度，对贫富国家交界区域的边界购物和团体角色分类进行了研究：说明了在富裕国家与贫困国家的边界区，巨大的服务价格差别会给双方带来收益，落后地区可获得高收入的工作机会，而发达地区的人们能有更好的消费机会，同时边界的购物活动通常会受到跨边界时较高的交易成本的限制；利用政治经济学的原理，分析了跨界一体化项目中政府决策结果的影响因素，同时从团体之间的不同特征，分析了其在不同区域间流动的能力和不同文化间交际的能力。

（二）行政边界区域的城市发展研究

行政边界区域的城市发展研究，主要包括边界区域中心城市、边界两侧城市间相互关系、边界城市内部空间均衡和边界城市空间发展趋势等方面。代表性的研究成果如下。

Hassan Afrakhteh通过对伊朗和阿富汗交界区域锡斯坦、俾路支斯坦的区域中心城市扎黑丹的研究发现，该地区在发展方面面临许多问题，仍处于落后水平。导致这种现象的最重要的原因包括：人口中心与社会和经济腹地相分离；边界周边人民具有共同的文化、种族和宗教特性，但区划具有分割性；边界区域发展和出入境设施的水平差异；等等。尽管上述的一些因素可以提供经济发展和就业机会，但在现有条件下，它们在发展中反而发挥了消极作用。M.Tykkyläinen通过对美国—墨西哥边境城市的研究，认为不断增长的边境经济往往取决于经济较为发达的一方，属于扩散效应。经济增长的共同目标是废除贸易壁垒，这样更大的市场地区形成，也就有可能在一个更大的空间环境实现规模经济，达到更大的稳定性。同时提出，本地和地域间经济、社会互动、产品研究与开发的联系对提高边界地区和对应国家的发展都至关重要。Sergio Pena分析了墨西哥北部边界城市边缘区的发展状况，发现近20年来，虽然墨西哥北部边界城市经济和人口增长很快，城市边缘区设施配套虽有改善但仍旧远远不足，低收入群体仍大量存在，提出需要加强规划，当地政府可以运用土地征用权加强土地市场，为穷人提供正式的住房，充实财政力量并进行专业化的城市经营管理来应对。Laura M. Norman等对美国—墨西哥边界区域的两个城市的自然资源、土地、环境及预计流入的人口进行了研究，通过1975年、1983年、1996年、2002年的卫星影像图，分析了跨边界区的限制条件，并对城市区域进行了分级，通过增长模型模拟了两个城市可能的发展类型、边界和发展变化过程。

（三）行政边界区域跨边界合作和整合发展研究

在区域合作与协调发展等理论指导下，行政边界区域的跨界合作、组织协同等研究也是学者们研究的重要方面，主要包括行政边界区域企业之间的合作、区域空间重构，文化、经济、政治差异等对边界区域整合发展的影响，行政边界区域组织协调和管理的研究等内容。代表性的研究成果如下。

Milan Bufon等从政治地理学、区域地理学和文化地理学的角度，以斯洛文尼亚边界为研究案例，得出了与国际政治框架的易变性和地区转变的动态性相比，文化因素具有更加持久和稳定的作用力，有助于跨界地区合作的维护与增强，发现边界少数民族在跨界合作中具有独特作用。Stephen Roper从经济学的视角，说明跨界合作和国内合作可以优化交易行为、促进贸易、提高社会凝聚力，并以北爱尔兰与爱尔兰企业的区域内合作和区域间合作为研究对象，测定企业对于这两类合作的动因。研究发现：爱尔兰以及北爱尔兰三分之一的公司进行了国内的合作，有大约六分之一的北爱尔兰以及十二分之一的爱尔兰公司进行了跨国合作，由于对跨界合作对象国家认知的障碍，使得跨界合作的几率低于国内合作的几率，说明基于跨界联系基础上的跨界认知对跨界合作的展开具有重要意义。Gabriel Popescu针对欧盟不断深化的一体化进程，论述了欧洲当前正经历着一次空前的空间重构过程，其核心是实现了各种跨界（通常以欧洲边界地区为重点）合作方案。同时从政治领土权多等级形成的地缘政治学的角度，检验跨界地区的空间重构，并对罗马尼亚—乌克兰—摩尔多瓦的边境地区进行了案例分析，探讨了基于政府主导的跨界合作方案的拟订与实施对行政边界区域跨界合作的重要作用。Orvar Löfgren对斯堪的纳维亚跨境地区转型进行了研究，认为跨境活动和联系是跨境整合的重要前提，其中边境两侧文化、政治和经济差异性、不平衡性又是跨界活动和联系的重要推动因素。Juli Collins-Dogrul从跨界组织演化的角度，追踪了第二次世界大战以来美国与墨西哥边界的公共健康组织的数目与类型的变化，认为此类型组织在北美自由贸易区从一个松散的官方组织成为一个专门的机构，在这段时期内进行了重新配置，其中跨国组织的联系增加，使组织多元化且更富活力，但这并没有降低边界根深蒂固的不平等性。Itay Fischhendler认为，当邻国之间的政治和经济关系不对称时，边界区域环境共同治理不能按照“谁污染谁付费的原则”实施，需要进行适当的调整。

（四）行政界线对边界区域产业发展的影响研究

区域产业发展是经济增长的重要推动力量，因此对行政边界区域产业发展研究是学者们关注的重点。特别是近年来，全球化的深入推进，行政界线两侧的差异对边界区域产业发展的影响研究是一个焦点领域。研究涉及边界区域旅游产业开发、传统产业升级和持续发展、高新技术产业的跨界重新集聚等方面。

Dallen J Timothy通过讨论国家边界和国家内部次区域边界的特殊的旅游属性，认为边界遗址遗迹、边界公园、边界纪念碑和边界区域的自然奇观等资源，边界地区一定范围的旅游服务设施，如购物设施、博彩娱乐设施、服务中心等的存在，均归功于边界的位置，强调了旅游产业的资源和区位指向性特征。Thomas M. Fullerton Jr从跨界经济一体化的角度，对美国—墨西哥边界经济发展中的人口、经济周期转变、汇率、工业发展、劳动力市场和自然资源等进行了较全面的研究。Jean-Alain Héraud以文化因素为切入点，对欧洲莱茵河上游河谷跨界区域城市的发展情况进行了研究，从文化差异与多元文化空间的潜在创新优势的发挥视角，对跨界产业整合提升进行了研究。Alon Gelbman和Dallen J. Timothy得出边境地区在国际关系中处在两个社会、两种文化、两类经济体制的“在中间”的事实，说明了它在发展特色旅游产业中蕴含的潜力，并以比利时巴勒—海尔托赫和荷兰巴勒纳绍为例，从自然、社会和文化角度，提出了一种潜在的、独特的边界目的地形式——飞地旅游业发展类型。

（五）行政界线引起的边界效应研究

国际上关于边界效应相关问题的研究，主要是从经济学的视角展开的，研究集中在三个方面：一是对边界效应的存在性分析；二是对边界效应理论的经济学解释；三是从经济一体化和边界效应的关系上分析现实的经济问题。其主要的研究思路是利用重力模型，对国内和国际贸易量进行分析，探讨边界效应的变化趋向，以此来说明市场一体化或区域开放的程度等问题。

最早对边界效应进行定量研究的是John McCallum，他用引力模型，回归分析了加拿大各省份之间以及加拿大一省与美国一州之间的贸易量。结果发现，引力模型经过修正，在控制经济规模和距离两个变量的情况下，加拿大国内各省份之间的贸易量平均是这些省与相同规模和距离的美国各州的贸易量的22倍，这一结论也得到其他研究的证实，这就是所谓的“边界效应”（border effeet）问题。其后，学者们利用重力模型、社会网络分析等方法不断验证跨国边界效应的存在、变化趋势、多重影响因素等。Toshihiro Okubo利用重力模型对日本市场的边界效应进行了研究，结果表明日本国内地区间的市场比跨国界的国际市场的边界效应更明显，但日本的边界效应大大低于美国和加拿大的边界效应，并且在1960—1990年间一直不断降低，边界效应降低的可能原因是关税税率的降低、国外直接投资的集聚及使用日币。Tim Hazledine利用加拿大5个航空港和加拿大国内外的目的地之间的航空旅游引力模型，揭示了边界效应的客观存在性，得出了在控制国内生产总值（GDP）、人口和距离等变量后，国内航线座位的数量约为国际航线的6倍，这一分析结果与国际商品贸易的边界效应的结论具有一致性。Emmanuelle Chevassus-Lozza等分析了欧中经合组织的农产品（粮食）在EU-15市场准入的演变，在重力模型的验证下，1999—2004年，边界效应作为一个持久和重大的贸易阻力阻碍欧中经合组织的农产品出口到欧盟市场。除了关税和非关税可以解释边界效应之外，非贸易政策和有些因素如家庭偏见和消费者偏好等，也是边界效应产生的一大原因，说明尽管加入了准入进程（关税同盟和采用欧盟标准），但同一市场下的贸易一体化在2004年还远未实现。John Whalley通过梳理最近有关本土偏好和边界效应的文献，讨论了喜好和贸易上的偏见对非中性贸易流动动机的影响。与当前的研究不同，作者提出的贸易中立的概念，在贸易模型和相关贸易影响措施上提供了表征各种形式的偏爱和偏见，这些影响超越了传统的边界效应，并可以同时跨越边界内外。本土偏好通常指定为贸易模型中国内对国外产品Armington偏好即国家之间商品的异质性偏好，通过模型结构和参数可以反映出来。并用3个加拿大地区和美国的边界效应校正模型，及用世界其他国家2001年的数据，评估了各种形式的偏好对贸易效应的贡献，探讨了当模型偏差以各种方式被修改时传统的边界效应如何来解释。

（六）行政边界区域的热点区域研究

研究的热点区域集中，多为美国—墨西哥和欧盟的边界区域，近年来随着亚太区域经济的发展，香港—深圳、香港—珠海—澳门、台湾—苏州等跨界区域的研究有所强化。

第一，如对美国—墨西哥边界区域的研究，不再停留在两国之间划界问题的一般性政策研究，包括一系列环境、政治和政策问题，认为在国界内部或者跨国界的地区主要集中于描述和制定规范，专注于理解制度安排和实施，重点探讨新因素对自由贸易区的影响，美国地缘政治和地缘经济行为之间长期稳定的不连贯的关系，多学科的交叉研究，地区政策研究，边界身份构建过程研究，基础设施的不断强化等问题及教育、住房和贫穷问题的综合研究。

第二，随着欧洲一体化进程的不断加速发展，对欧盟内部国家间边界问题的研究比较集中，研究内容涉及边界区域经济合作，边界经济属性（边界提高了跨边界经济交往的边际成本，这相当于增加了相邻国家和地区间的地理距离），由边界所产生的贸易壁垒、制度差异，文化、习俗等因素对区域经济一体化的影响，欧盟国家内部贸易与欧盟内部国家间贸易的差异，边界对一体化的影响机制（border as barriers，border as contact，border as filter），边界转型（border transformation），边界协调组织，边界立法，多层次跨界治理，跨界城市联盟［50-60］，交通基础设施和区域发展之间的反向链接关系，资助欧盟内部跨国地区和边界居民的跨国通勤和行政上的跨境合作等方面。

第三，近年来随着亚太经济的快速发展，特别是中国经济的崛起，关于中国的跨界问题研究成果较多。如Chuan-Kai Lee以台湾—苏州地区信息技术集群为案例，研究了行政界线两侧制度差异对产业集群的影响，揭示了跨界高技术地区的形成表现为跨界的产业转移和重新集聚，其形成机制是制度框架内企业、银行系统、地方政府多主体制度创新和持续相互作用的结果。Chun Yang以香港—珠海—澳门大桥为案例，探究作为中国的一个跨界次区域，大珠三角地区的跨境整治模式，阐明了在“一国两制”的背景下，大珠三角地区独特的水平管治模式，涉及中央、广东省、珠海和深圳特区、港澳特别行政区、相关企业和非政府组织等多元主体之间复杂的关系。Smart Leung等从人际联系角度研究了香港在中国南部区域的投资，说明紧邻的区位条件、经济差异、社会联系中的亲属关系、工商联系等都对跨界投资区位选择产生重要作用。

三、国外边缘区研究评述

从上述的研究可以看出，由于经济体制、政治体制、行政区划、区域经济管理制度、文化传统、意识形态等方面的差异，国外对于行政边界区域的研究较为丰富，除了上述几个研究主题之外，行政边界区域典型问题还涉及边界划分、跨界贸易、粮食安全、福利移民、跨界并购等内容，理论研究与实证研究并重，呈现出理论研究成果突出，热点研究区域突出的总体特征。

第一，基础理论研究突出，广义的区位论、区域经济增长、区域经济发展、区际关系协调、空间经济整合等理论较为成熟，且随着全球化和区域经济一体化的发展，在多学科交叉的前提下，新的理论研究范式也在不断切换，制度转向、文化转向和关系转向等思潮结合典型区域的发展实际，不断推进着相关的理论研究，如新区域主义理论的提出和建立在协同学、系统论基础上的区域经济复杂系统理论、区域经济协同发展理论等。

第二，研究涉及的主题较为丰富，涵盖了行政边界区域经济增长，跨界组织与区域治理，行政边界区域城市发展，地缘政治与经济，产业跨界转移，主体跨界行为，边界效应测度，国家安全，环境治理等方面。

第三，研究的程度日渐深化，从相对宏观的自上而下的影响因素、对策、政策等，逐渐向主体跨界交往与感知、区域典型特征、区域产业发展等自下而上的角度转化，计量模型、社会调查、统计分析、计算机模拟等方法应用逐渐增多，研究的系统性、科学性日渐提升。

第四，针对典型区域的案例研究逐渐深入和细化，特别是对于一些热点区域如美国—墨西哥边界、欧盟内部国家之间的边界区域等跟踪研究历时较长，近年来，亚太区域的跨界问题研究成为重点，并且将一些突发性的跨界重要事件的影响纳入边界区域的研究范畴。

第五，研究领域的拓展，跨国一体化区域的边界以及国家交界的次区域经济合作，成为当前国际研究的一个重要方向。

第二节　国内省际边缘区相关研究综述

一、国内省际边缘区研究历程阶段划分

随着中国改革开放的深入，针对省际边缘区的研究也逐渐展开，综合考虑不同时期研究的理论基础、内容、方法等，可以将中国改革开放以来省际边缘区的研究历程分为三个阶段（表2–1）。

（一）20世纪70年代末—20世纪80年代末：问题导向型研究阶段

改革开放起步阶段，由于计划经济体制的制度惯性，在体制转型的初期，行政界限的刚性约束仍旧很强，地方政府缺乏进行横向经济联系的能力和动力，整个社会经济运行系统独立封闭，以自上而下的垂直经济联系为主导。各省份通过贸易保护、原材料争夺、设置限制要素流动的关卡等方式来增加财政收入，省际边缘区在能源资源、矿产资源、农副产品等方面具有优势，又是省域政策的交汇地，成为矛盾的焦点区域，“以邻为壑”的现象普遍存在，“资源—商品—交易”链条受阻，经济发展缓慢。这一时期省际边缘区的研究，围绕着市场阻隔、贸易

保护等问题展开，呈现出以资源为基础的小范围经济协作研究和区域贸易市场共建研究两个方面的特点，以市场协调为主的简单的区域经济协调观被提出，实证研究的重点区域为省际边缘区中的革命老区、民族聚居区。

表2-1 改革开放以来中国省际边缘研究历程的阶段划分

阶段划分	研究的重点领域	研究的主要方法与手段	研究呈现的特征	代表性的理论
20世纪70年代末–20世纪80年代末：问题导向型研究阶段	省际边缘区共同市场的建立、生产力布局	定性研究	比较零散，以就事论事的小区域研究为主，理论研究尚未展开，研究成果较少	提出小范围内区域经济合作的观点，尚未形成系统的理论
20世纪90年代：理论导向型研究阶段	省际边缘区的区域特征、资源开发及产业发展战略与对策	定性研究为主，也涉及从经济学视角展开的定量研究	研究比较集中，从缩小区域经济发展差距的角度展开，相关的理论探讨初步展开	行政区经济理论，区域经济合作理论，区域经济协作理论
2000年以来：功能导向型研究阶段	省际边缘区城镇化、区域经济合作和协调发展	定性研究的同时，定量研究有所加强	研究全面展开，系统性明显加强，对省际边缘区发展机理的研究逐渐深入，研究涉及空间组织、产业组织、制度安排等方面，理论研究取得了一定的成果	行政区边缘经济论，边缘效应理论，边界效应理论

（二）20世纪90年代：理论导向型研究阶段

20世纪90年代，随着我国社会主义市场经济体制的确立和发展，国家政策鼓励区位条件优越的地域先行快速发展，各省份经济布局中的中心城市导向明显，区域经济发展所需的人才、资金等要素向中心城市集聚，行政中心与经济中心高度重合，省际边缘区成为弱势区域，经济增长有限，与省域中心区的经济发展差距进一步拉大。针对区域经济差距不断拉大的实际，我国学者对省际边缘区的发展进行了理性的思考，研究的重心逐渐由问题导向向理论导向转移，从缩小区域经济发展差距的角度，探讨省际边缘区的地域组织机制和经济发展规律、区域经济开发理论、区域经济运行理论等问题。

（三）2000年以来：功能导向型研究阶段

2000年以来，随着我国市场经济体制日渐完善，市场配置资源的能力大大增强，以企业为主体，以产业为支撑，以商品流动为表现形态的经济网络正在逐渐形成并强化，区域经济被纳入不同层级的全球生产体系中，省际边缘区也不例外，传统的区位边缘性、地域封闭性等不利条件被不断优化的区域交通、通讯等设施所改变，其特有的经济功能、环境功能、社会功能等被重新认识。面对不断变化的社会经济条件，学者们对省际边缘区的研究视野进一步开阔，研究的内容涉及省际边缘区经济功能的强化、空间功能的提升、设施功能的完善、制度功能的优化、环境功能的保护等各个方面。从区域一体化的角度展开的区域互动与功能整合，成为这一时期研究的重点。

二、国内省际边缘区研究重点回顾

（一）省际边缘区经济运行特点研究

由于省际边缘区在自然资源、生态环境等方面的优势与行政归属的多元性、基础设施的滞后性等劣势交织，市场机制对区域经济的调节能力有限，学者们围绕其发展的优势和劣势，从区域经济运行环节和机制两个角度展开了研究。

第一，经济运行环节的研究。①生产环节——资源开发及产业组织。我国省际边缘区资源富集，相关研究也集中在农业资源开发，强调市场引导下的产业化发展、矿产及能源资源开发中的能源基地建设、旅游资源的“边界共生”效应与跨界开发组织及可持续发展模式，强调组建资源开发实体，统一开发。近年来，在资源型产业研究的基础上，省际边缘区相关服务业研究有所加强，如对物流业和物流网络构建的研究等。②流通环节——共同市场建立，提升开放程度。由于受历史因素、体制因素、社会治安环境、地域文化等影响，我国省际边缘区在贸易保护、市场阻隔、封闭程度等方面的问题均较为严重，导致省际边缘区要素流动不畅，学者们围绕专业市场和共同市场的建立、规范贸易和市场秩序等方面展开了系列研究。③交易环节——有效降低交易成本及开展区域经济合作。交易成本过高导致省际边缘区市场经济发展缓慢。有效降低交易成本，要求开展区域经济合作和协作。

第二，经济运行机制的研究。仇方道等认为省际边缘区经济差异的形成是经济动力机制、空间作用机制、政策影响机制、行政边界的阻隔作用机制等共同作用的结果。胡超美等从时空演变的角度，探讨了苏、鲁、豫、皖四省交界的淮海经济区从1995年到2006年的区域经济系统运行的动态协调性。梁留科等通过对河南黄淮四市的研究，认为区域交通条件和行政区划分割造成发展“交易成本”过高，并通过“路径依赖”机制不断强化，导致省际边缘区发展落后。

（二）“边界效应”与空间开发模式研究

在地方政府片面追求辖区内的经济收益最大化的前提下，行政区边界成为缩小区域经济差异、实现协调发展的主要障碍，即所谓的边界效应[5]。也正是因为边界效应的作用，导致省际边缘区空间开发模式的独特性与复杂性。边界效应影响下的空间开发模式研究，是省际边缘区研究的一个重点和难点领域。比较有代表性的研究有：郭荣星通过构建N维省际边界地区空间经济模型，证明了在其他条件不变的情况下，N维边界地区比N-1维边界地区的约束条件更加复杂，即边界效应的屏蔽作用更强，并提出了针对省际边缘区的“地域经济共同体”的空间开发模式。李郇等利用Barro回归方程和重力模型构建了边界效应的测定方法，并对长三角区域边界效应的时空演化特征进行了定量分析。张兵等采用区位商和“三轴图”产业重心方法对南阳边缘化过程进行了定量分析，提出了针对南阳市发展实际的特色模式。杨效忠等利用组织际关系和社会网络理论方法，得出了跨界旅游区空间合作行为实质为跨界旅游组织之间接触交流的网络构建和重组。潘永等对江苏省与其毗邻省市空间竞合模式进行研究后发现：江苏—上海为强强依附型，江苏—浙江为强强竞争型，江苏—山东为次强强竞争型，江苏—安徽为强弱依附型，并提出了相应的优化模式。

（三）省际边缘区城镇化研究

省际边缘区城市化进程缓慢，表现为省际边缘区城镇少，规模小，辐射能力不强[6]。针对这种实际问题，我国学者对省际边缘区城镇化问题展开了研究，主要包括以下几个方面。①省际边缘区城市化模式。朱传耿在分析“切变效应”对省际边界的制约功能的基础上，结合徐州和济宁两个案例城市规划的情况，验证了省际边缘区的水平城市化模式的客观存在[7]。②省际边缘区城市化的动力机制。张秀凤等认为，行政区割裂机制、比较利益驱动机制、中介效应机制、制度因素机制，共同驱动了省际边缘区的城市化发展。③省际边缘区城镇化道路选择。朱海燕等选取云贵两省交界的曲靖市（域）作为研究对象，指出发挥边缘效应，突破边界障碍，优先发展中心城区，重点发展大城市，走链条状的空间发展道路是该地区特色城镇化道路的最佳选择。④省际边缘区中心城市的培育及结构优化。冷志明等认为，省际边界区域应在找准定位和发展模式的基础上，打造区域中心城市，培育区域增长极，在企业兼并、联合、制度协调等基础上发挥省际边界区域中心城市的扩张效应，并结合怀化、徐州、安阳、南阳、上饶等省际边缘区城市进行了案例研究。⑤省际边缘区小城镇的整合。王兴平以苏皖边界小城镇为例，强调边缘区小城镇应从经济、空间、交通与基础设施、环境四个方面展开整合，并提出相应的优化对策。⑥省际边缘区都市圈的整合。陶希东以徐州都市圈为案例，认为跨省都市圈的行政区经济现象是多种因素综合作用的结果，从区域治理的角度，提出了跨省都市圈经济的整合机制。

（四）省际边缘区发展战略与对策研究

省际边缘区的发展战略与对策研究贯穿省际边缘区研究的始终，早期的发展战略的研究重点包括边缘区反贫困战略[8]（以山地型省际边缘区反贫困战略研究居多）、可持续发展战略、资源能源基地建设战略、区域经济合作战略、区域经济协同发展战略等，研究的热点区域包括陕、甘、宁接壤区，湘、鄂、渝、黔省际边界地区，苏、鲁、豫、皖四省接壤地区，川、滇、黔接壤地区，等。近年来，省际边缘区区域经济整合发展战略成为研究的重点，强调省际边缘区在空间整合的基础上，进行企业、产业、设施、生态环境等全方位的整合。对策研究与战略研究是相辅相成的，概括起来主要包括三方面：首先，观念对接——树立一体化的发展观念；其次，制定区域性的发展规划，在统一规划的指导下，选择省际边缘区发展的增长级，进而对省际边缘区的基础设施、项目、产业、市场等进行协调；最后，强调政府间的合作、跨区域协调组织的建设及政策的协调等。

（五）省际边缘区制度安排的研究

新制度经济学认为，制度短缺或制度供给滞后会制约区域经济的发展[9]。目前国内从制度建设的角度系统地探讨省际边缘区经济发展的案例相对不足，探讨的重点一是从经济学的视角，在微观层面上展开的合作与互惠制度。如宋彪针对目前省际经济合作决策的主体、权力配置、程序等要素散见在大量非正式规范中的实际，对省际经济合作决策制度进行了研究。二是主要集中在交易成本或交易费用的节约制度上，冷志明等对跨省界的制度建设、组织建设等问题进行了研究，包括合作协议、合作层次、工作条理、合同契约、复合行政等内容。三是对省际边缘区的管治制度的研究，顾朝林、张京祥等对相关问题进行了系统的研究，研究主要集中在东部的珠三角、长三角、香港、澳门等发达区域，如粤港地区区域合作管治、长江三角洲地区的行政兼并与管治等。

（六）省级行政区划调整构想的理论研究

省级行政区划调整构想的理论研究，一直是国内部分学者关注的一个重点，是与省际边缘区密切相关的一个非常特殊的研究领域。但由于省级行政区划的历史依存性和稳定性，相关研究以理论探讨为主，实践研究环节主要集中在省界划定方面。全面勘界结束后，民政部按照《行政区域界线管理条例》规定编制了《中华人民共和国省级行政区域界线详图集》。理论研究主要包括：第一，关于省级行政区划调整方案的研究，主要包括增加省一级行政区划数目方案的研究，增加省级城市即直辖市方案的研究以及基于历史实践设置行政大区方案的研究；第二，关于省级行政区划调整必要性的研究，主要从行政管理、经济发展等角度对现有行政区划存在的问题进行分析，如省级行政区空间规模过大、行政区划层级较多、行政区与地理区的不统一以及中央与地方的利益分歧等问题，阐述行政区划调整的必要性；第三，关于省级行政区划与权力空间配置的研究，赵聚军认为省级行政区划调整应服从于行政区划的职能发挥，范今朝认为行政区划是否合理取决于国家公共权力的配置是否合理，李军超则认为国家权力在地域上的分配是行政区划的内在实质；第四，关于省级行政区划调整与经济发展关系的研究，王贤彬、聂海峰采用合成控制法对四川行政区划调整与经济增长的关系进行了研究，并对其进行了解释。

三、国内省际边缘区研究评述

从改革开放以来，关于我国省际边缘区的研究，取得了一定的成果，对省际边缘区发展规律的认识逐渐加深，学科的交融性明显，实证研究的区域涵盖东、中、西部区域，但在研究的理论、方法及内容上还存在一定的不足，主要表现在以下三个方面。

第一，省际边缘区研究的理论基础较为薄弱。我国省际边缘区的研究多为一种问题导向型研究，缺乏对问题产生机理的深度思考，掷地有声的成果不多，社会效应有限。宏观的区域经济合作与区域经济协调理论研究较多，区域功能整合等相关理论研究较少。同时，在开放的市场经济条件下，行政区经济理论、行政区边缘经济理论、边缘效应理论和边界效应理论等的适用性、时效性尚需进一步检验，理论的系统性不强。

第二，省际边缘区的研究方法、手段比较单一。研究方法多以定性研究为主，定量研究较为薄弱，且现有的定量研究多集中在省际间“边界效应”单个指标的测定及省际边缘区区域范围度量方面，忽视了省际边缘区发展的综合指标体系构建和利用GIS等手段进行空间分析，空间定量模型的研究仍需加强。

第三，省际边缘区的研究内容需要深化。省际边缘区作为省际联系的结合部，独有的经济功能、生态功能、社会功能不断强化，地理学、经济学、社会学等学科分别从各自的学科角度展开探讨，但以下几个方面仍较为薄弱：其一，省际边缘区空间优化研究方面，系统的省际边缘区空间演化过程、格局、机理的研究较少；其二，省际边缘区研究的切入点方面，宏观层面自上而下展开的战略型、对策型研究居多，微观层面自下而上的特征因子（如以省际边缘区居民、企业等为切入点）的研究较少；其三，制度建设研究方面，针对省际边缘区区域经济运行特点的独特的制度体系、组织体系的研究尚需深入；其四，典型省际边缘区的综合研究方面，对于区位条件优越、开放程度较高、发展速度快的省际边缘区，如苏皖、浙皖、浙赣等强弱型省际边缘区的综合研究较少。

第三节 相关研究启示及本书研究视角

一、相关研究启示

综合归纳现有的国内外相关研究成果，国外研究相对比较分散，且以国界主导的跨国次区域研究为主，与中国省际边缘区相关背景差距较大，因此本部分重点阐述国内省际边缘区相关研究的启示。就相关研究而言，主要存在以下三个方面的拓展研究空间。

国内省际边缘区的发展研究主要集中于从相对宏观的尺度展开的区域发展战略及对策研究，多为从自上而下的视角对区域空间整合与协调进行研究，对省际边缘区产业空间集聚的研究则相对较少。由于我国省际边缘区的发展问题较为突出，相关的研究多为一种问题导向型的研究，在理论研究方面，强调宏观的区域经济合作、整合与协调理论。近年来，行政区边缘经济理论，区域经济功能整合以及“边缘效应”理论、边界效应理论等，是对省际边缘区经济运行机理研究的新发展，一定程度上推进了省际边缘区研究的进程。但就国内已有研究来看，比较重视省际边缘区区域发展模式、区域空间整合的定性研究，定量研究较少；重视以省际边缘区城市为载体的实体空间的研究，而对区域微观主体的能动作用、跨界的多向联系以及产业空间集聚发展等研究较少。而现实是，在我国东部的强强型省际边缘区、东部与中部省份交接的强弱型省际边缘区，以紧邻省界为标准，县域产业空间集聚现象明显，集聚路径多元，应在结合省际边缘区区域独特性的基础上，对此类区域的产业空间集聚机理进行系统的研究，并与区域条件优越的省域中心区域和欠发达的农区产业空间集聚的形成加以比较，以此来深化和拓展省际边缘区研究的内容。

国内对省际边缘区的边界效应存在性探讨较多，但边界效应对主体跨界行为的影响的定量测度探讨较少，测度数据的获取和测度方法的选择有待突破。边界效应被界定为边界（如国界、省界、县界等）对跨边界经济行为的影响，其作用强度取决于边界两侧两地间绝对指标差度、两地间的空间距离、边界的开放程度。传统的边界效应影响的测度多以重力模型和统计数据为依据，以跨界贸易量与区内贸易量进行比较，属于相对宏观的边界效应转化程度的检验性测度，其对省际边缘区产业发展的解释有限。但是，在边界效应影响下，省际边缘区多元主体跨界行为，表现为多元主体跨界联系方向固定、频度较高、目的多元、且具有周期长、稳定、主体间相互作用明显等特点，呈现出跨界联系网络的空间特征。结合当前行动者网络理论、社会网络分析方法的最新进展和应用，本研究拟通过收集一手数据对省际边缘区多元主体跨界结网行为进行测度。在此基础上，构建指标体系，测度跨界网络的产业空间集聚效应和对结网主体的反馈机制，及其对多元主体下一步决策行为的影响。通过这种分析思路，以期深化和突破现有的省际边缘区边界效应转化对主体跨界行为的影响的定量研究，增强其有效性和适用性。

国内对区域产业集聚的研究较多，有对单一的跨界生产网络的研究，但对特殊的过渡型区域——省际边缘区的产业空间集聚针对性研究较少，尤其缺少从多元主体构成的行动者网络视角探究产业空间集聚形成机理的相关研究。综观国内外近期研究成果，可以发现，省际边缘区的跨界空间整合和跨界合作成为学术研究的热点，其中又以沿边省份及兼具国界和省界双重身份的跨国次区域经济合作的研究为重点，但相关的研究多是战略层面的定性研究，且对于地方主体行为选择及其影响关注较少。近年来随着国外学者将研究焦点从行政界线两侧社会经济因素的差异性探讨，转向以定量模型对行政界线两侧主体的跨界行为及其影响研究，国内学者的研究深度和研究方向也在逐渐转变，部分学者将跨界生产网络、外来投资的地方化结网等纳入研究视野，尝试进行定性与定量相结合的研究，学科的交融性明显增强。但是，这种跨界研究集中于相对宏观和中观的尺度，对于微观尺度的研究较少，且从微观主体行为入手，兼顾行动者网络、社会网络分析对区域产业空间集聚的形成机理的综合性、交叉性研究成果不多。

综合上述分析，本书在研究内容和区域、测度方法与指标体系、理论探讨等方面均具有一定的研究拓展空间。

二、本书研究视角

在计划经济向市场经济转轨的过程中，省际边缘区由于省界存在而产生的边界效应，呈现出从负向的屏蔽效应向正向的中介效应转化的趋势，省际社会经济要素作用强烈，部分省际边缘区也因此获得了较快的发展，区域产业空间集聚态势明显。但由于省际边缘区具有自然地理背景复杂、区位相对边缘、边界效应显著、利益主体多元等不利条件，其区域产业空间集聚的形成机理，既不同于省域中心城市区域——优区位、优信息和优环境指向的高新技术产业空间集聚，也不同于广大农区——以乡情、亲情为纽带结成的相对单一的偶发性生产型产业空间集聚。通过综述国内外的相关研究，结合国内和国外行政区划与经济区划的差异以及当前主流的区域经济发展理论，本书确定了对于省际边缘区研究的几个切入点。

第一，区域微观主体视角。根据学者们的相关研究，从演化动力特征分析，我国区域产业集聚主要分为内生型和外生型。内生型产业集群一般由市场主导，

“自下而上”自发形成，强调历史起点、人文基础和现实经济条件对其发展的重要作用。外生型产业集群的形成和发展过程主要依靠外界力量，包括政府的引导培植力和外来资本的推动力。因此，本书考虑到省际边缘区中心城市发育较弱，县级行政区域的相对稳定性，选择以省际边缘区县（市）级行政单位为基本地域单元，选择省际边缘区的居民、企业、地方政府等关键主体对省际边缘区产业集聚形成和发展的影响研究，从自下而上的角度，探讨关键行动者对省际边缘区产业集聚和区域经济增长的作用机制。

第二，边界效应视角。Granovetter通过对“环境、网络、行为”三者之间的关系分析，构建了个体行为与宏观社会经济现象之间的逻辑关系，认为：个体行为具有嵌入性的特征，包括关系性嵌入和结构性嵌入两个层次，环境影响了人们的行为。在Granovetter等的启发下，本书认为：边界效应是省际边缘区社会经济发展的重要作用因子，其通过显性和隐性的影响，改变着省际边缘区的发展环境进而影响微观主体的行为特征，微观主体行为对区域产业集聚的形成具有重要的影响，随着区域产业集聚的发展，促进了省际边缘区这一相对弱势区域的经济增长。同时，本书在边界效应理论演绎与分析的基础上，一方面探讨边界效应转化的区域效应，一方面从区际经济、空间、制度、文化、设施等跨界整合的基础上，探讨促进省际边缘区边界效应转化的一般规律，进而解释二者的互动机理。

第三，本书针对我国不同类型、不同发展阶段的省际边缘区总体发展的特征和趋势，侧重于研究中东部交接的强弱非均衡型省际边缘区区域经济发展和区域产业集聚的状况。强弱非均衡型省际边缘区是不同类型省际边缘区中的一个特殊区域，此类边缘区相比中部、中西部、西部省区之间的交界区域，具有区位条件优越，交通等基础设施具备相当的基础，劳动力等经济要素充沛，是我国中东部交往的门户和纽带等特征，近年来以县（市）为基本地域单元的区域产业集聚发展迅速。在微观区域选择上，则是选择区位优势、资源优势、交通优势等并不突出，但是外来企业集聚和内生型产业集群发展态势较好的安徽省宁国市为案例区，探讨该区域边界效应、产业集聚与区域经济增长的互动过程和机理。

第三章　研究的理论基础与理论框架

第一节　理论基础

一、省际边缘区形成的理论与评述

行政界线对区域经济的影响，起因于行政界线是一条管理界限，不同于自然地理单元的分界线或社会经济单元的经济区分界线，强调行政主体依法对行政区域范围内社会经济的组织、统计和管理，行政界线的调整具有严格的审批程序，具有一定的刚性约束性特征。中国的行政界线根据现有的行政层级，从上到下依次包括国界、省界、市界、县界、乡界、村界等；自然地理单元的分界线，则比较简单，根据地质、地貌、植被、土壤、气候等客观的差异情况划分的一个具有相同或相近自然地理特征的区域，是人对自然区域规律性的认知，具有一定的稳定性，但是边界线往往比较模糊，通常是一些过渡带；而经济区的界线，形成依据是强调区域经济的有机联系状态，具有一定的确定性和动态性，随着经济区的发展和扩容，其界线会随之调整，界线既有刚性又有一定的柔性。

行政界线的存在会对区域经济要素流动和行为主体的跨界联系、跨界行为和心理归属等诸多方面产生影响。省界作为中国国内最大的行政区域分界，在我国不同时期实行的经济体制、政策等作用下，对区域经济的运行和发展状态产生了积极的或消极的影响。针对省界对中国经济发展的影响和省际边缘区经济运行的特点，国内学者在对中国基本国情把握的基础上，从政区地理学、区域经济学等方面阐述了中国省际边缘区形成和区域经济运行的基本理论，比较有代表性的理论包括以下两个方面。

（一）行政区经济理论

行政区经济理论是刘君德等学者，在长期的行政区划问题研究的基础上，结合改革开放以来，在计划经济体制向市场经济体制转轨的过程中，中国区域经济从封闭的纵向运行系统向开放的横向运行系统过渡的实际，提出的“行政区经济概念”。后经舒庆、周克瑜、汪宇明、鲁勇等学者的持续研究，对行政区经济的结构、特征、形成动力、运行机制、区域影响、发展趋向、内部整合、外部调控、空间组织等方面进行了较为全面的拓展，并结合长三角地缘经济关系进行了实证研究，从而形成了较为系统的“行政区经济理论”。

该理论界定了行政区经济的基本内涵：由于行政区划对区域经济的刚性约束而产生的一种特殊的区域经济现象。主要的外在表现为：要素跨界流动受阻，地方政府直接干预经济行为体的行动，行政中心与经济中心高度一致，行政区边缘经济表现出衰竭性[10]。并且认为行政区经济是转轨过程中的一种过渡形式，随着国内统一大市场的建立，行政区经济将会被新的区域经济运行机制所取代。

理论启示：行政区经济理论从宏观的历史基础、行政划界、体制层面说明了中国国内区域经济的运行特点，指出了在行政区经济运行系统下，行政组织采用纵向分工的原则，在“分灶吃饭”的财政制度设计下，由于地方政府的治理取向是辖区内利益的最大化，其结果是，一方面省际边缘区有形的和无形的“关卡林立”，成为阻碍优势经济要素跨界自由流出的屏障，另一方面省域内通过制度安排，刻意引导社会经济要素呈现出普遍的长时间的向心型流动的特征，从而导致省际边缘区常态的区域经济功能被严重扭曲，社会可进入性、设施完善程度、政策保障水平、社会治安状况等方面均处于劣势。针对这种情况，部分学者尝试从行政区划调整、区际关系调控、空间经济组织、地缘经济关系整合等角度，自上而下地提出了一系列的优化模式，对早期中国区域经济差异的协调起到了一定的积极作用。但是，该理论并未剥离出独立的中国省际边缘区区域经济运行的独特机制，仅在一定程度上揭示了省际边缘区在中国形成的影响因素和发展状态（表3–1）。

表3–1　区域经济的两种运行方式比较

系统	行政区边缘经济运行系统	行政区经济运行系统
要素流动性	较差	较好
资源配置范围	不同行政区域之间	行政区范围之内
区域发展目标	经济一体化	区域内部经济最优化
经济运行遵循的原则	有限的行政区之间横向交易与联系	行政组织的纵向分工原则
政府调控手段	建立次区域统一市场	地方市场分割

资料来源：安树伟. 行政区边缘经济论[M]. 北京：中国经济出版社，2004.

（二）行政区边缘经济理论

中国学者安树伟在对蒙、晋、陕、豫等流域型省际边缘区进行实证研究的基础上，运用经济学和管理学等学科的相关方法，提出了行政区边缘经济既是一种空间经济现象，又是一种区域经济运行方式，得出了省际边缘区经济发展缓慢是显性和隐性的“交易成本”过高造成的结论，从而架构了行政区边缘经济理论。行政区边缘经济理论是对行政区经济运行理论的一种补充和发展，该理论强调了省际边缘区在经济区划的刚性约束和“边界效应”共同影响下区域经济运行的一种状态，即在以地方政府为主导的一系列利己性的制度安排下，省际边缘区边界的屏蔽效应强化，要素跨省界流动受阻，但是随着社会开放度的提升，边界效应从屏蔽向中介效应转化，又导致要素跨界交流需求增强，在这样的矛盾客观存在的情形下，省际边缘区要求协调这些主要由人为因素造成矛盾，从而导致一系列的“交易成本”过高的问题。

行政区边缘经济理论的核心观点是：一个国家内部，由于行政区划、政府职能和地方政府行为对区域经济的刚性约束和“边界效应”的影响，而在行政区交界地带产生的一种特殊的、具有分割性和边缘性的区域经济。由于受计划经济体制、政府职能和地方政府行为的影响，地方政府对其辖区的经济起很强的干预作用，在行政区交接地带，生产要素流动受阻，因而是一种具有明显分割性和边缘性特征的区域经济[11]。

理论启示：研究者从经济学的视角，应用制度经济学、博弈论等基础理论，结合以黄河为界的蒙、晋、陕、豫省际边缘区这一相对固定区域的研究，从地方政府行为、企业跨界扩张等方面，给出了中观尺度省际边缘区区域经济发展的研究思路，得出了多维的省际边缘区虽然在自然联系上表现为一个完整的地理单元，但是由于多省省界的阻隔，使得区域内省际间的交易成本过高，远远高于一个独立的省域内部的交易成本。改变这种状态的选择就是通过区域经济合作和跨区域管理来降低交易成本，从而改变省际边缘区经济运行的约束机制。该理论跳出了行政区经济运行的轨迹，重点强调了省际边缘区内的自发展效应容易形成空间闭锁的一种观念，空间经济的组织倾向于在制度、合作、企业扩张等影响下的小区域整合发展，没有兼顾对外主导经济联系方向和对内的空间经济核心的培育，普遍适用性略显不足。另外，多维省际边缘区的经济整合难度较大，情况较为复杂，且在主体作用方面，重点强调地方政府的单方面的作用，企业研究方面侧重于资源型煤炭企业集团的跨界扩张，较为单一，深入的多主体行为的跨界研究相对薄弱，因此该理论可以看作对区域协调发展战略研究的一种深化，仍旧是倾向自上而下的一种区域经济组织和制度协调。

二、省际边缘区区域经济增长相关理论与评价

对于省际边缘区的区域经济社会发展问题，中国学者进行了多学科的理论探讨，主要包括从生态学原理衍生的“边缘效应”理论，从经济学、经济地理学等展开的“空间博弈理论”和“边界效应”理论。这三个理论在理论层面从不同角度分析了中国省际边缘区的经济增长的潜力、推动力和阻滞力及其相互转化的机理，具有较强的理论指导价值。

（一）“边缘效应”理论

最初来源于生态学，是对生物群落交接地带具有较高的生产力这种现象的一种解释。王如松等学者从功能角度阐释了“边缘效应”作用机理：以强烈竞争开始，以和谐共生结束，物种间由激烈竞争发展为各司其职、各得其所、相互作用的一个多层次、高效率的物质与能量共生网。其核心思想与地理梯度的概念存在一定的联系，从整个地理环境的宏观意义上考察，只要存在着非均衡，就必然产生地理梯度，地理梯度发生最为显著的空间，即为地理边缘效应表现最突出的地方。清晰地判明通过地理界线的各类能量流和物质流，并与界线内相对均一空间内的能量流和物质流进行比较，是衡量地理边缘效应的基本内容。地理梯度是地理系统在时间上和空间上非均衡性的反映，又称为地理势，是衡量地理过程强度和方向的概念[12]，由于区域分布、物质组成或能量结构不均匀所引致的地理流的变异、扰动、增强、减弱等一系列变化，是要素流动的基础，具有趋稳性的特征。它有不同的尺度、规模和表现，如水平方向上的海陆交界、沙漠与绿洲交界，垂直方向上的地气交界、平流层与湍流层的交界，经济结构上的发达地区与不发达地区的交界、城市与乡村的交界等，都能体现出地理边缘效应的强度、规模、方式与类型的不同。

郭荣朝等学者结合地理学的基本原理和对相关区域的观察，将“边缘效应”融入现实的省际边缘区的研究中。他们结合实证研究的结果，提出在“异质地域”间的公共交接地带，由于经济、社会、生态因子的互补性集聚或地域属性的非线性相互协同作用，产生超越各个地域单元功能叠加之和的关联增值效益，赋予边缘区、相邻腹地乃至整个区域综合效益的现象，称之为地域间的“边缘效应”。边缘效应依托核心腹地，并与相邻地域的异质性等因素密切相关，如海陆之间的边缘效应、国家之间的沿边效应、平原与山地之间的边缘效应等[13]。

理论启示：该研究强调了省际边缘区具有超常规发展的自然属性和客观基础，但是现实中却以相对落后的区域居多，产生这一矛盾的原因与省际边缘区社会经济发展过程中人为的不适宜的过度干预相关。在正常适度的作用下，具备一定条件的省际边缘区应该是发展的优势区域。

（二）“空间博弈”理论

中国的部分经济学者将“博弈论”应用于省际边缘区的研究，强调在财政激励、晋升激励和分工激励的影响下，省际边缘区地方政府之间在区域市场分割和市场整合方面，展开了一系列空间竞争与合作，这些竞争与合作的目标和利益取向，会对省际边缘区区域经济增长产生积极的或消极的影响。

从经济学的视角，探讨由于行政区划和经济区划的矛盾，而产生的地方政府间的非理性或理性竞争行为，主要包括负和博弈、零和博弈、正和博弈三种结果。负和博弈表现为地方本位主义和地方保护主义，地方政府为了追求自身利益的最大化，过分地对地方经济进行不合理的干涉，缺少长远的规划，产生“彼之所得必为我之所失”的观念及恶性竞争，使产业趋同化。零和博弈表现为从利己的目的出发，选择有利于自己的最佳策略，出现非合作均衡。正和博弈是指双方的利益都有所增加，或者至少是一方的利益增加，而另一方的利益不受损害，因而整体利益有所增加。

理论启示：自中国改革开放以来，社会经济等也经历着深刻的转型，各级政府在辖区范围内，为了促进辖区的经济发展和社会福利的提高，对区域经济存在着不同程度的直接或间接影响。“空间博弈”理论形象地说明了政府间的行政力对区域经济增长存在的可能影响，省际边缘区的省界往往归并了省界、市界、县界、乡镇界、村界等行政界线，不同省域、不同层级的地方政府和基层政府利益交织，区域社会经济主体也表现出利益诉求多元，因此在空间博弈上需要协调的矛盾更为突出，出现负和博弈、零和博弈的几率更大，共赢型、多赢型的空间正和博弈需要多方协同作用，难度更大。

（三）“边界效应”理论

随着经济全球化和区域经济一体化的发展，世界各国都非常重视通过建立和发展自由贸易区来为本国的经济发展服务。因此，与中国改革开放的时间阶段相对应，全球范围内自由贸易区的数量不断增加，内涵不断拓展，国家间贸易水平显著提高，这种超国家区域的重要程度、一体化程度逐渐加深，如欧盟、亚太经合组织、北美自由贸易区等。其结果是使得在一定层面上，国界的重要性大大降低。针对这种变化，经济学家们从不同角度对国家边界问题进行了理论研究，尝试从定量的层面找出国家间的国界和国家内部的省（州）界对跨界贸易的影响程度。早期代表性的研究如John McCallum利用Tinbergen简化的贸易引力方程，通过控制距离、规模等因素，根据加拿大10个省和美国30个州的统计数据，研究了美国和加拿大之间的国界对区域贸易模式的影响。研究结论是：加拿大各省份之间的贸易量平均是各省份与相同规模和距离的美国各州的贸易量的22倍，国家边界对贸易模式的影响是显著的，验证了边界效应的客观存在。在此基础上进一步对国家间的边界效应进行了界定：即不同地区或国家间由于经济规模或距离而导致的贸易量缩减之外的额外减少。从理论上讲，一国内部的区域间贸易不存在这种效应，因为其间不存在任何贸易壁垒。然而，经验研究表明，在这种情况下，边界效应不仅存在，而且显著，其解释国内边界效应产生的重要因素是距离对短途贸易的影响显著。

理论启示：经济学边界效应理论在一定程度上说明了人为划定的边界对跨界经济联系的影响，对解释跨国贸易和国内贸易量的变化趋势和其变化的原因有着积极的作用，对于评价相对宏观的国内和国际市场一体化的程度具有较大的意义。从经济学的视角对影响边界效应的参数进行理论研究，有利于国与国之间、国家与区域之间、区域与区域之间等贸易壁垒不断降低，加速区域经济一体化和经济全球化的进程，但对于处于不同空间尺度的跨国边界次区域的产业集聚、经济增长等并不具有直接的指导意义。

三、与省际边缘区产业集聚相关的理论基础

（一）城市—区域理论

该理论的主要观点是：在全球化和信息化的推动下，世界经济体系的空间结构建立在“流”、节点、通道、网络的基础之上。人才流、物资流、资金流、技术流、信息流等流态在运动路径上，依赖于现有的全球城市等级网络体系，同时也重新塑造了对于世界经济发展至关重要的“门户城市”，即各种“流”的汇集地、连接区域和世界的节点、经济体系的控制中心。这类“门户城市”通过高端的现代生产性服务业和跨国公司总部等载体来实现其对当前世界经济体系的控制中心的功能，在空间结构上是全球城市网络重要的节点，在文化上具有多元化和包容性，在区域层面是全球化扩散到地方的“门户”。因此，在经济全球化趋势下和信息技术支撑下，由“门户城市”及其腹地组成的、具有有机联系的“城市—区域”（即大都市经济区或城市群区域）正在成为全球经济竞争、国内区域分工协作的基本单元[14]，在区域社会经济发展中占据重要的地位。

理论启示：中国国土面积大，人口众多，随着近年来城镇化的高度发展，城市区域化和区域城市化的发展态势表现得更为明显。截至2015年1月，国内公认已形成了20个城市群区域（表3-2），其中国家级城市群5个、区域性城市群9个、地方性城市群6个，国家层面的跨省份的区域经济发展规划也次第出台。从城市—区域理论的角度理解现实的区域经济发展现象，可以认为，跨省的区域经济发展规划是新一轮国家层面的区域经济发展的空间重构，是从以省为单位的行政区经济，向以社会、产业、功能等有机联系为基础的经济区域的转化。该理论从空间整合的角度，说明了中国部分省际边缘区发展的新机遇，部分省际边缘区城市的通道效应、门户效应会在不同的尺度层面有所显现。但是，随着社会经济要素向发展基础较优的城市—区域的进一步集聚，部分省际边缘区也面临着被再边缘化的危险，同时城市—区域内部的空间竞争、产业竞争等会进一步影响经济要素的流向，容易在城市—区域的边缘地带形成新的边缘区。

表3-2 中国城市群区域统计

级别	数量	名称	所在省份
国家级城市群	5个	长三角城市群	上海、江苏、浙江、安徽
		珠江三角洲城市群	广东、香港、澳门
		京津冀城市群	北京、天津、河北
		长江中游城市群	湖北、湖南、江西
		成渝城市群	重庆、四川
区域性城市群	9个	哈长城市群	黑龙江、吉林
		山东半岛城市群	山东
		辽中南城市群	辽宁
		海峡西岸城市群	福建、浙江、江西、广东
		关中城市群	陕西
		中原城市群	河南
		江淮城市群	安徽
		北部湾城市群	广西
		天山北坡城市群	新疆
地方性城市群	6个	呼包鄂榆城市群	内蒙古、陕西
		晋中城市群	山西
		宁夏沿黄城市群	宁夏
		兰西城市群	甘肃、青海
		滇中城市群	云南
		黔中城市群	贵州

（二）新区域主义理论

自20世纪80年代以来，新区域主义一直重视对区域经济发展和竞争能力的分析。新区域主义的经济地理学派始终关注产业集群、区域创新系统、产业区等区域发展问题，新区域主义的城市经济学派则从全球价值链分工角度构建了世界城市等级体系。新区域主义更倾向调和“经济效率、社会公平、环境友好、文化融合”等多重价值目标，并形成了“更加均衡的、可持续的综合协调”的区域发展观。新区域主义理论的形成和发展，是区域研究逐渐深入的表现，是对区域研究多学科交叉融合的结果。根据中国学者苗长虹等人的研究概括，所谓新区域主义，是以区域经济的复兴为视角、以生产的技术和组织变化为基础、以提高区域在全球经济中的竞争力为目标而形成的区域经济发展的理论、方法和政策导向。基本论点包括：第一，基于历史与经验的观点，主张区域正在成为经济发展的

“熔炉”，因此应成为经济政策的主要焦点；第二，赞成自下而上的、针对区域的、长期的和基于多元行动主体的、能够动员内生发展潜力的政策行动；第三，政策的关键在于增强“合作网络”和集体的认识、行动与反应能力；第四，超越国家和市场的多种自主组织及中间管制形式应作为政策的重要内容[15]。

理论启示：在当前国际国内区域经济一体化发展态势下，不同空间尺度的一体化型区域成为参与全球竞争和国内竞争的基本地域单元，次级区域间的有效协调与合作成为区域经济有序发展的重要基础。在这种前提下，区域多元主体间的相互协同与协作、多元主体行为的规范与约束、多元关系资本的建立与有效利用，成为区域竞争合力形成的关键，也是当前区域研究中制度、关系、文化、尺度等多元取向的基础。对于省际边缘区而言，其特有的边缘性区位和发展的历史基础，决定了其很难进入区域经济规划的核心区。新区域主义中的核心观点之一，倡导自下而上的针对区域的、长期的和基于多元行动主体的、能够动员内生发展潜力的政策行动，可以给此类型区提供一个新的发展视角。省际边缘区同时具备省内核心区和省外核心区“双重合作网络”构建的优势，有机会成长为新的核心，因此说新区域主义为省际边缘区的发展提供了新的理论依据。

（三）新制度经济学理论

制度经济学理论认为，经济是由持久的集体力量塑造的，是一个被制度化的过程，而不是新古典经济学所假设的基于个人偏好的市场体系。这些集体力量不仅包括像法规、法律、组织等正式制度，也包括像个人习惯、社会习俗、价值规范、意识形态等非正式制度。在一个信息非对称、市场不确定、知识有限的现实经济环境中，正是这些制度对组织与个人行为的激励和约束，促进了人们之间的合作和社会经济的稳定。同时也正是制度的持久性及其对个人和组织网络行为的强烈影响，才使人们对经济生活产生了路径依赖和环境依赖的认识。交易成本经济学、产权经济学和制度变迁理论构成了新制度经济学的三个重要组成部分，其在微观层次重点探讨的基本问题，如人类行为与制度的关系、合作与互惠制度、交易费用理论、产权理论、契约理论和企业理论等，对于解释区域产业集聚和区域经济增长的制度基础等具有重要的意义。

理论启示：新制度经济学的产生、发展与经济全球化密切相关，国家和区域的制度环境，成为吸引人才、资金、技术促进区域经济增长的关键。同时，不同的制度安排下人的行为是不一样的，如不同的经济制度安排会影响经济人的行为，不同政治制度的安排会影响政治家的行为，不同的文化环境会影响人们的行为等[16]。因此，借助新制度经济学的基本思想，探讨制度性因素对省际边缘区产业集聚和区域经济增长的影响，能够让我们更全面地理解弱势区域的潜在优势是可以创造的，加深我们对当前知识经济时代，区域经济发展从资源禀赋到资源创造的发展观的转变。

（四）社会网络理论

经济社会学认为，市场是社会建构的，经济行为根植在个人相互关系的网络中。1985年，社会学家格兰诺维特借用并发展了波拉尼的“根植性”或“嵌入性”概念，提出一切经济活动均是根植在广泛的社会关系网络中的（图3-1），并认为经济行为是社会行动的一种形式，经济生活是依赖于社会网络而运行的，经济制度是一种社会建构，它的起源未必源于理性，而是社会历史的遗留、网络的属性，如信任与合作的程度、网络连接的强弱等，决定和影响着经济行为及其结果。其核心观点强调世界的网络属性，网络结构环境影响或制约主体行动及主体行动相互依存性，行动者之间的关系是资源流动的渠道，规范产生于社会关系系统之中的各个位置[16]。

理论启示：社会网络理论强调区域产业集聚的根植性，说明了产业集聚外部环境和社会资本存量的重要性，也强调了区域产业集聚的信任基础，区域主体在长时间的社会联系中形成的一种共同的价值取向，作为潜在的社会规则而被遵守。对于省际边缘区这一过渡型区域来说，其区域产业集聚有其产生的社会基础，对于解释区域产业集群创业家群体的兴起和集群内部企业联系网络和演化路径具有重要的意义。

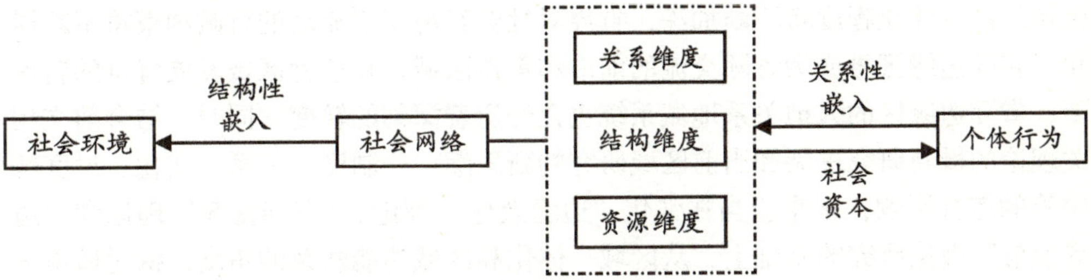

图3-1 环境、网络和行为的关系[16]

（五）演化经济学理论

随着人们对技术创新、组织创新和制度创新的关注，演化经济学正在成为西方经济学的主流。演化经济学思想的两个主要来源：演化生物学和复杂性科学。演化经济学认为，由于选择的不可逆性，技术、市场和制度的发展具有历史轨迹和路径依赖，并受事先存在的社会秩序规则和经济行为的探究与经验特征之间复杂相互作用的支配，而经济秩序的建构并不是静态的均衡，它可能基于不同的分叉点而走向不同的路径。在此基础上，依据演化经济地理学的领军人物Boschma和Martin的观点，演化经济学将经济看作动态的、不可逆的和通过新奇的创新和影响而自我转变的系统，基本论题是经济景观——经济生产、分配、消费的空间组织随时间转变的过程，这既包括形成经济变化、调整、新奇的力量塑造和再塑造生产、分配、消费地理的方式，也包括空间结构和特征是如何反过来影响驱动经济演化动力的。因此，经济景观不仅仅是经济演化过程的产物或副产品，而且对演化过程具有决定性影响。

理论启示：采用演化经济学的核心概念来看待经济景观的发展与转变，解释地理不平衡发展，并努力对某些概念和隐喻给出有意义的地理解释，如经济新奇（创新、新企业、新产业等）的空间性、经济空间结构形成的经济主体的微观行为基础、经济景观的自组织行为、路径创造和路径依赖相互作用、塑造经济发展与转型的地理基础以及对地方的依赖性等。其用动态的、演化的方法看待经济发展过程，从创新和技术变迁的地方化性质，企业、产业、集群与区域生命周期，制度与社会经济文化的作用、路径依赖和锁定等方面，对区域产业集聚的形成和经济增长的过程进行解释具有积极的意义。

第二节　理论框架

一、省际边缘区研究的理论框架

随着中国市场经济体制的进一步完善，省际边缘区的开放程度将逐渐提升，区域经济一体化程度将不断加深，省界对社会经济要素流动的行政约束将不断弱化，省际边缘区将成为省际交流的前沿和重点区域，在这种区域发展背景的转换下，省际边缘区的人地关系地域系统也在经历着深刻的转变。同时，结合前文相关理论的最新研究进展和当前区域研究的新思潮——制度、关系、文化、尺度转向等的综合影响，未来应当在强化“边缘效应”理论、“空间博弈”理论和“边界效应”理论研究的基础上，从区域一体化和区域功能联系的角度，探讨城市—区域理论、新区域主义理论、新制度经济学理论、社会网络理论、演化经济学理论等对省际边缘区发展的指导作用，重新架构中国省际边缘区研究的理论体系（图3–2）。

二、本书理论研究的重点

从上述的相关理论研究可以看出，相关理论的渊源虽属不同学科，但却分享一个共同观点，即在研究区域经济发展中，强调区域经济生活既是一个被制度化的过程，又是一个根植于当地社会的活动，其演化既是环境决定的，又是路径依赖的，强调从自下而上的微观视角，对区域产业集聚、制度变迁、经济增长等相互关系进行全面的研究。

因此，本书在理论研究方面吸取了上述相关理论对区域经济研究的基本思路，借助区域经济学和经济地理学的基本观点，重点发展了地理边界效应理论。以边界效应从屏蔽效应向中介效应转化切入，区分了经济学广义的“边界效应”理论，是对传统经济学边界效应理论研究的深化。其中，边界效应被界定为边界（如国界、省界、县界等）对跨边界经济行为的影响，这种影响是与边界特有的政治、经济、文化和社会属性联系在一起的[3]，边界效应的作用强度取决于边界两边两地间绝对指标差度、两地间的空间距离、边界的开放程度。边界效应的转化，主要表现形式是边界的屏蔽效应与中介效应二者之间此消彼长的转化过程，其对主体行为的影响，在区域层面表现为区域的开放度提升，区位的可进入性提高，区域经济联系主导方向明确，区域经济持续、快速增长，区域间的一体化程度提高，区域间的经济差异逐渐缩小。在要素层面，表现为社会经济要素集聚，区域产业集聚特征明显，以交通为代表的跨界设施不断增强，要素间作用的频度、强度等持续提升，主体交往的多元化特征明显，等。

边界效应转化机制是省际边缘性区域经济发展变化的核心作用机制，边界效应转化理论研究的出发点，是从微观的行为主体入手，强调边界对行为主体跨界行为的影响，是在边界效应存在性被广泛认知后，边界效应理论研究的一个新的视角，是从自下而上的微观视角探讨产业集聚、区域经济增长的新思路。与当前的新经济地理学、区域经济学等主流研究思潮存在一致性，对边界效应转化理论的研究，是边界区域经济发展的现实需求，对于拓展当前中观和微观尺度的典型区域经济的理论发展具有积极意义。

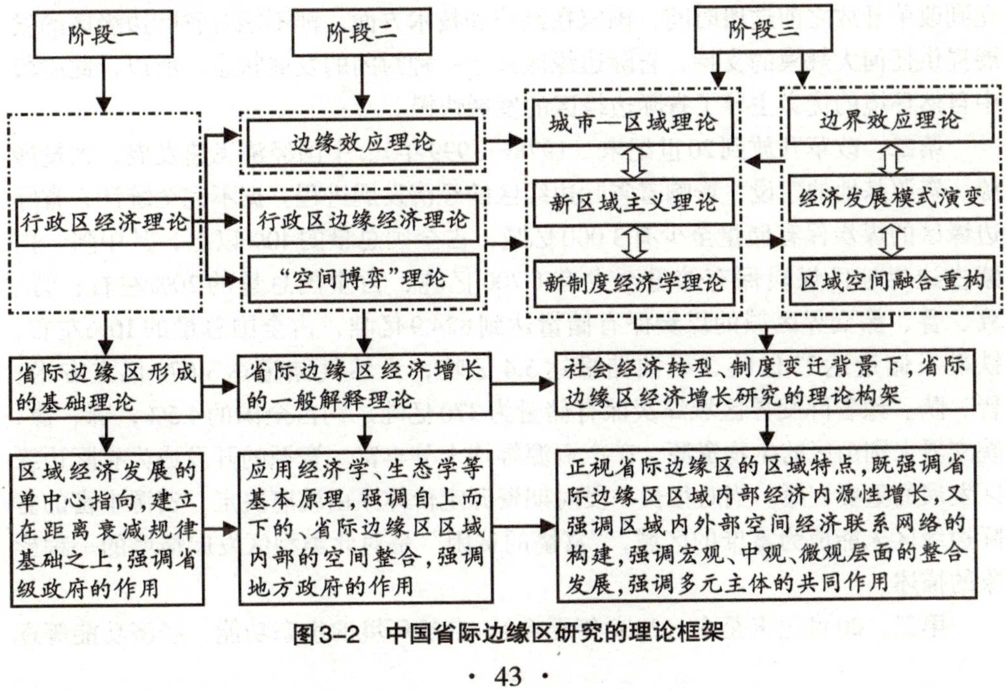

图3–2　中国省际边缘区研究的理论框架

第四章　边界效应转化和省际边缘区发展的影响因素

第一节　省际边缘区发展的影响因素分析

一、传统因素

（一）自然因素

区域自然地理条件和自然资源状况（自然环境、地理区位、地形地貌、气候资源、矿产资源、水资源、森林资源等及其组合状况）构成了区域经济增长的物质基础。自然因素对中国省际边缘区经济发展的影响，从区域主体对自然资源的利用角度分析，主要经历了“环境观—资源观—功能观”的转化过程，伴随着这一过程，人们的认识不断得到深化。

第一，新中国成立后到改革开放前（1949—1977年）。自然环境的封闭性、地貌环境的复杂性、区位环境的边缘性，是影响中国省际边缘区经济发展的主要因素之一，这种观点的形成与中国当时的社会生产力水平密切相关。从新中国成立到改革开放之前这段时间，国家在经济和技术方面，都不能对省际边缘区的发展提供任何大规模的支持，省际边缘区处于一种封闭的发展状态。所以，此阶段中自然环境的优劣主导了省际边缘区的发展快慢。

第二，改革开放到20世纪末（1978—1999年）。中国经济飞速发展，大量能源、资源基地的建设，影响着省际边缘区的经济发展进程。据不完全统计，省际边缘区的煤炭保有储量至少有3 000亿吨，占全国总量的40%以上，其中陕、内蒙古边界地区煤炭保有储量至少有1 700亿吨，占全国总量的20%左右；晋、冀、鲁、豫交界区域的煤炭保有储量达到824.9亿吨，占全国总量的10%左右，铁矿石储量达23亿吨，石油储量达5.4亿吨，天然气储量达3 079亿立方米；晋、陕、豫省际交界区域煤炭保有储量为370亿吨，约占全国的4.5%；鄂、豫、皖交界大别山区的生物资源、矿产资源等均十分丰富。资源的开发成为省际边缘区发展的重要支撑。当时很长一段时期资源定价体系由政府决定，资源丰富的省际边缘区未能成为富庶的区域，“富饶的贫困”是对此类型区发展情境的一种形象的描述。

第三，20世纪末至今（2000年至今）。自然环境的生态功能、经济功能等逐渐成为影响省际边缘区经济发展的重要因素。随着全球气候的变化，可持续发展、科学发展观、节能减排、低碳经济、绿色发展等日渐深入人心。中国进行的全国范围内的主体功能区规划，使得省际边缘区由于自然原因而体现的生态功能、环境功能和以旅游、生态农业等为主导的产业经济功能逐渐被重新认识，区域发展的功能观日居主流。如鄂、豫、皖交界大别山区，对于我国中东部区域在森林覆盖、涵养水源、降雨调节、水土保持、生态产业开发等方面具有显著影响，对保障东部区域经济发展、区域产业发展和区域生态安全等作用明显。生态功能和经济功能的双向评估成为自然因素影响区域经济发展的直接体现。

（二）政策因素

区域经济政策作为区域经济发展的软资源，自上而下地推动了区域经济的发展进程。新中国成立以来，中国区域经济发展宏观政策的取向，大致经历了“区域均衡发展—区域非均衡发展—区域协调发展”三个阶段，其对省际边缘区发展的影响主要表现如下。

第一阶段：我国推行以建设中西部区域为主的区域均衡发展政策（1953—1977年）。为了在全国范围内平衡东部沿海和广大中西部地区生产力发展的布局，出于国家战备安全的考虑，国家将财力、人力、物力大规模投资于中西部区域，同时将东部发展条件较优的产业、企业向中西部地区迁移。受此影响，四川、贵州、陕西、甘肃以及湘西、鄂西等地区，国防工业等获得较快发展。中西部区域部分省际边缘区由于地貌类型复杂，符合当时国防工业“进山、进洞”发展的条件需求，因此“大三线”和“小三线”企业的区域发展布局促进了中西部部分省际边缘区的发展。

第二阶段：中国推行以效率为中心、东部沿海为主要发展区域的区域非均衡发展政策（1978—1998年）。以改革开放为标志，国家通过设立经济特区、开放城市，确立发展重点，一系列的投资倾斜、政策倾斜、产业倾斜等政策，促进了东部沿海重点城市的快速发展。国家层面的“孔雀东南飞”现象，是对当时发展情境的一种生动描述。这一时期，由于产业倾斜是通过“剪刀差”的不合理的价格体系实现的，如在计划经济体制下及体制转型初期，中国的能源、原材料、农产品和初加工产品价格极低，而工业品价格偏高，导致了中西部和资源、能源、农产品丰富的省际边缘区，长期廉价提供原材料和初级产品，高价购买东部提供的制成品。同时，在省域内部，受中心城市导向政策的影响，省会或首府城市兼具经济中心、行政中心、交通中心、文化中心等多重角色，发展政策、基础设施、产业布局、公共服务设施等基本以省会或首府城市为中心展开，省际边缘区处于经济发展的边缘。因此，在上述两个政策的叠加影响下，中西部省际边缘区发展缓慢，东部部分省际边缘区受益于宏观的改革开放格局，获得了一定程度的发展。

第三阶段：中国推行“效率优先，兼顾公平”的东中西区域协调发展政策（1999年至今）。在开放的市场经济条件下，政府政策对区域经济发展的调控，主要通过区域规划、产业倾斜政策、项目布局政策、理顺资源品价格的政策、规范的中央财政转移支付政策、优化发展环境政策等，通过市场机制和经济手段，对区域经济发展环境进行规范和约束。在这一过程中，由于东部发达城市区域的环境约束、土地资源约束、能源约束、人力资本约束日趋明显，随着产业转型升级的需求，部分传统产业存在外迁的张力，东部、中东部过渡的省际边缘区在经济梯度的影响下，结合一系列不同层级的区域经济政策，成为东部发达城市区域传统产业转移的重点区域，获得了较快的发展。同时，中国实行的西部大开发战略、中部崛起战略、东北老工业基地振兴战略和主体功能区划等，对促进区域协调发展、科学发展，缩小省际边缘区与中心区的差距等方面起到了积极作用。

（三）体制因素

体制因素对省际边缘区经济发展的影响直接而深远，主要经历了三个发展阶段：计划经济体制阶段—计划经济向市场经济体制转型阶段—市场经济体制作用阶段。

第一阶段：计划经济体制阶段（1949—1977年）。整体区域经济实力弱、发展慢，在计划经济体制的影响下，社会经济运行系统独立、封闭，表现为强烈的对外排斥型，文化上的断裂，心理上的排他性，地方政府缺乏进行横向联系的能力和动力，以自上而下的垂直经济计划联系为主导。这一时期，省际边缘区从与省会或首府城市联系的角度看，是省域经济的末端，处于发展的不利区位，主要动力即为三线企业布局的推动和以农业等为重点的经济自然增长，社会经济表现为低水平均衡的特征，东中西差距、省域中心区和边缘区差距、城乡差距等均不大。

第二阶段：改革开放初期，计划经济体制向市场经济体制的过渡阶段，行政区经济运行阶段（1978—1998年）。随着我国经济体制改革的发展，一元经济利益主体被国家、区域（省、市、县、乡）、企业、个人等多元经济利益主体所取代。1979年至1984年，“分灶吃饭”等改革措施实施，各个省域为了追求财政收入，竞相发展见效快、利润大的加工工业，导致全国性的加工能力与能源、原材料的供给失衡。而省际边缘区在能源资源、矿产资源、农副产品等方面具有优势，又是省域政策的交汇地，于是从1985年至1993年，各地区为了本地区内的加工能力得到最大程度的发挥，政府、企业和个人纷纷加入争夺原材料的行列，省际边缘区成为矛盾的焦点区域，“生猪大战”“羊毛大战”“蚕茧大战”等省际间摩擦此起彼伏。这一时期，省际边缘区“关卡林立”，要素跨界流动受阻，在自身封闭的自然经济和宏观开放的市场经济共同作用下，简单的“资源—商品—交易”链条断裂，产、供、销脱节，区域经济秩序混乱、增长缓慢。1993年至

1998年，虽然市场经济体制逐步确立并不断强化，但是由于制度惯性以及省际边缘区社会经济要素的短缺，如设施、资本、人才等市场经济要素的流失，总体上区域经济增长缓慢，但是也有部分条件较好的省际边缘区超常规发展，经济增长速度较快。

第三阶段：市场经济体制不断完善阶段（1999年至今）。2003年召开的十六届三中全会，通过了《中共中央关于完善社会主义市场经济体制若干问题的决定》，标志着中国经济体制改革进入完善社会主义市场经济体制的新时期，市场机制对省际边缘区区域经济发展的作用不断增强。随着市场经济体制的日趋完善，市场在资源要素配置中的作用逐渐强化，开放性、追求最大的利益成为市场机制作用的主要特点。在这一阶段，生产要素趋向于向投资回报率高、要素收益率高、生产条件好的地区流动，省际边缘区由于在经济实力、发展基础、区位等各方面均不占有优势，在极化效应作用下，优势生产要素呈现出向省域中心区域、东南部发达区域等流动的特征，区域内生发展的能力被进一步弱化，呈现出边缘化的倾向。近年来，随着东部发达区域产业机构调整及资源、能源等要素瓶颈的出现，在市场机制作用下，部分传统产业呈现出向省域内部经济发展水平较低的省际边缘区转移的趋势，东部、中东部省际边缘区在涓滴效应的作用下，获得了较快的发展。

二、新因素

进入21世纪以来，随着世界经济的不断融合发展，中国区域经济发展的宏观背景也随之转变，从传统的拘于国家内部经济发展的考量，逐渐切换到从全球尺度、区域尺度、国家尺度、地方尺度四个维度对区域经济展开系统思考，多层级、多因素的交互影响，重塑着区域经济社会的发展格局。在这一过程中，经济全球化和信息化、科技发展和创新能力、社会经济转型和制度变迁、全球气候变化和低碳经济、文化因素和主体行为等影响因素，从不同方面对中国省际边缘区的经济增长和社会发展产生了多重影响。

（一）经济全球化和信息化

经济全球化和信息化的发展是相辅相成的，它们的共同影响深刻地改变着全球经济和区域经济的发展格局。

第一，经济全球化的影响。随着经济全球化的不断深入，以跨国公司为主体，以商品流、资金流、服务流、技术流等为表现形态的全球经济网络正在形成，区域经济、国家经济、地方经济被纳入不同层级的全球生产体系中。与之对应的基于城市—区域的空间经济集聚形态，基于产业集聚或产业集群的地方经济集聚形态，以区域分工和价值链分工的形式嵌入全球生产体系、市场体系和价值链体系，形成了全球新的经济景观格局。全球化对中国区域经济最直接、最大的影响就是外来资本的进入。外来资本多集中于制度环境、区位环境、人力资本等较好的东部沿海区域，加剧了中国区域经济发展差异，形成了“强者恒强，弱者恒弱”的发展态势。因此，省际边缘区在经济全球化的影响下，既面临着新的发展机遇，又面临着被再次边缘化的危险，致力于改善区域环境的制度创新、空间重构或融合、产业集群培育和整合发展等，成为省际边缘区融入区域生产体系进而嵌入全球生产体系的重要切入点。

第二，信息化的影响。信息化对区域社会经济发展的影响，主要表现在两个层面：宏观层面，信息化极化了区域经济的发展差异，传统的优势区域如中心城市区域的控制功能进一步强化，区域中心城市在高端的生产性服务业、金融产业、信息产业、高端的装备制造业等方面占有优势，加剧了核心区和省际边缘区空间结构的二元性；微观层面，信息化为省际边缘区的发展带来了新机遇，如在企业的区位选择等方面自由度相对提高，省际边缘区的区位可进入性发生改变。信息化对传统产业的优化升级、传统经济的交易模式、空间物流组织模式等产生影响，有利于省际边缘区对传统产业的改造升级和充分利用省际边缘区的通道区位，承接多向产业转移，发展双向或多向的经济关联，优化区域经济的空间组织。

（二）全球气候变化和低碳经济

进入21世纪，生态因素和环境因子成为影响区域经济发展的重要因子，并引起了全球的关注。如2009年在哥本哈根举行的世界气候变化国际会议上达成的《哥本哈根协议》，中国于2010年3月正式签署，承诺2020年单位GDP的二氧化碳排放比照2005年下降40%~45%，同时这个约束性指标被纳入国民经济和社会发展中长期规划中。在这个因素的影响下，经济增长的资源成本和环境成本被广泛关注，低碳经济、绿色经济、循环经济发展之路，成为经济增长方式转变和产业结构升级的必然选择。然而，当前中国省际边缘区中尽管有一些经济增长较快的区域，但总体上处于一种欠发达状态，由于区域创新能力、生产服务、人力资本等方面的原因，区域产业结构层次较低，能耗高的资源型产业和传统工业在区域产业结构中占有较大的比重。为了招商引资，促进区域发展，在承接的省域中心区域或发达省份外迁的企业，也基本上是能耗较高、有一定环境影响的产业类型，且由于技术、人才、资金等原因，企业总体规模较小、生产装备技术水平落后，环境影响较大。因此，在上述两个因素叠加影响下，在产业结构调整和区域发展基础双重约束下，省际边缘区面临经济增长的困境，但是也为省际边缘区产业的转型升级提供了一定的机遇，如依托自然资源、碳汇资源优势发展生态型产业、休闲服务型产业等，可能会成为省际边缘区的一种选择。同时，随着资源开发、生态环境保护的市场化机制的建立，以及自然资源、生态资源资产化的推进，水权、碳排放权、排污权交易制度的建立等，都可能对自然生态环境资源丰富的省际边缘区产生积极的影响。

（三）社会经济转型和制度变迁

改革开放以来，中国的社会经济体制和土地使用制度等也在进行着渐进式的变革，如经济体制从国家控制的计划经济体制，切换到有计划的商品经济体制，再切换到市场调节和宏观调控相结合的开放的市场经济体制。工业化也从满足国内市场基本需求向满足全球市场多元需求转变，产品也从“中国制造”向“中国智造”过渡。土地国有和集体所有的制度，也在向土地有偿使用转变。户籍制度在城乡之间、区域之间的差别也逐渐淡化，其他方面如财政制度、分配制度等也相应发生了一系列的变化。在宏观的社会经济转型和制度变迁作用下，对省际边缘区的发展提出了新的要求，对其区域经济运行机制也产生了质的影响。积极影响是区域的制度可进入性大大提高，地方政府经济发展的积极性大大增强，潜在的发展机遇增多；消极影响是优势社会经济要素的流出障碍大大降低，有可能在中心区的极化作用下陷入再边缘化的困境。制度变迁的滞后性、制度模仿的盲目性、地方制度创新能力的不足等，都有可能使省际边缘区游离于经济全球化和区域一体化的边缘。

（四）主体功能区划和经济区划

“十一五”期间的全国主体功能区规划和较密集的国家层面区域发展规划实施，对省际边缘区的发展影响显著。如主体功能区规划，是根据中国不同区域的资源承载能力和现有开发密度和发展潜力，原则上以县级行政区为基本单元，统筹考虑未来中国人口分布、经济布局、国土利用和城镇化布局，将国土空间划分为优化开发、重点开发、限制开发和禁止开发四类主体功能区，明确主体功能区的范围、功能定位、发展方向和区域政策。在此基础上，各个省、市、县等也进行了相应的更为细化的主体功能区划，因为省际边缘区多是生态环境比较敏感的区域，所以在主体功能区划的定位下，多是限制开发和禁止开发的区域。在当前自然资源资产化的概念尚比较模糊，生态补偿和生态转移支付的运行机制及补偿政策措施等尚不明确的条件下，省际边缘区的区域经济增长会受到一定的限制。

另外，国家层面经济区划优化调整的作用也非常重要。近年来，国务院先后批复了《珠江三角洲地区改革发展规划纲要（2008—2020年）》《关于支持福建省加快建设海峡西岸经济区的若干意见》《关中—天水经济区发展规划》《江苏沿海地区发展规划》《横琴总体发展规划》《辽宁沿海经济带发展规划》《促进中部地区崛起规划》《中国图们江区域合作开发规划纲要》《黄河三角洲高效生态经济区发展规划》《鄱阳湖生态经济区规划》《沈阳铁西装备制造业聚集区产业发展规划》《国务院关于推进海南国际旅游岛建设发展的若干意见》等国家层面的规划，2009年也成为推出国家层面经济区规划最多的一年。这些新的经济区划分将为相关省际边缘区的整合发展带来新的发展机遇，从国家战略和省域经济整合层面为其开发奠定宏观和中观的政策基础。

（五）科技发展和创新能力

科学技术的进步和科技创新能力的提升，对于区域发展的质量影响巨大。首先，以交通和信息科技为代表的科技创新，对社会经济产生“时空压缩”效应，对经济发展影响巨大的距离衰减规律和绝对的“空间摩擦”被弱化。同时，区域交通网络和通讯网络改变了部分省际边缘区的经济区位，区域经济联系方向优化，如南京到杭州的宁杭高铁，是一条经过苏浙两省西部的高铁，同时该高铁途经的江宁、句容、溧水、溧阳、宜兴、长兴、湖州、德清等8县（区、市），均为苏浙两省西部经济较为落后的省际边缘区的县（区、市），为该边缘区的发展提供了强有力的基础设施支撑，改变了苏浙两省的经济发展格局。其次，高新技术产业的发展多为省域核心区域，部分核心区域的传统产业外迁趋势强化。企业的迁入，促进了省际边缘区的产业结构调整和升级，加速了传统产业的改造进程，有利于传统产业的集聚发展，从而形成了中心区域高新技术产业集聚和省际边缘区域传统制造产业集聚的基本产业分工格局，省际边缘区的区域经济增长的基础进一步优化，自我发展能力增强。

（六）文化因素和区域主体

文化因素是一个泛化的概念，对区域经济发展的影响，主要包括以下两个方面。其一，依托现有的文化资源或文化载体，通过显性的旅游产业、文化产业或创意产业的发展，如影视产业园、主题公园、创意产业园等文化产业集聚区，直接推动区域产业结构升级和区域经济发展能力的提升。如皖浙省际边缘区浙江省安吉县的某主题乐园，通过其旅游休闲产业及其关联产业的发展促进县域经济的增长。其二，文化因素是通过影响区域主体的思想观念、价值取向进而影响其行为，来间接影响区域经济的发展的。在区域内外主体日常交往过程中，区域内生的地方文化和跨省际传播和扩散的外来文化相互融合，在此基础上形成了区域共同的价值取向，作用于地方政府、当地居民和地方企业等关键行动者，从而改变其行为方式，如思想观念、投资行为、政策取向、风险偏好、包容态度等方面，从而对省际边缘区区域经济的外部发展环境，如区域开放度、社会治安环境、产业成长环境和区域市场环境等方面产生直接影响。

第二节 多因素影响下边界效应转化和省际边缘区经济增长情景

一、传统因素影响下的边界效应转化趋势分析

传统因素对边界效应转化的影响，主要是从宏观方面消除了边界效应转化的制度性障碍，影响的总体趋势是边界的屏蔽效应日渐减弱，中介效应日渐增强。主要表现在以下几方面。第一，自然因素导致省界的自然屏蔽效应显著。早期由于社会经济发展水平较低，自然屏蔽效应是边界效应的重要表现，随着科技进步，人类改造和利用自然能力的增强，自然屏蔽效应有所弱化，但是其对要素跨界迁移的绝对影响仍旧存在。第二，政策因素的影响。指令性的计划仅仅强调区域经济的布局，并没有强调省际区域经济的有机联系，虽然可能为局部的省际边缘区带来一定的发展机遇，但是并不利于边界效应的正向转化。当前，在全球、国家和地方层面均表现为开放性的政策取向，在多级政策的影响之下，边界效应正向转化的政策动力较强，有利于中介效应的发挥。第三，体制因素的影响，是边界效应转化的最为关键的因素之一，其对政策因素等具有导向性。在计划经济体制向市场经济体制转轨的过程中，边界效应正向转化的趋势不断强化，省际之间的社会经济联系也日渐紧密。随着市场经济体制的确立，边界效应将以中介效应的形式出现，省际一体化的状态将形成，但由于区域经济发展差异的客观存在，加上微观的社会心理因素等影响，边界的隐形屏蔽效应仍旧会存在。

二、新因素影响下的边界效应转化趋势分析

新因素对边界效应转化的影响，表现在促进边界效应转化的广度和程度上均远远地超过传统因素的影响，边界效应转化也表现在不确定性有所增强，隐性的和显性的屏蔽效应和中介效应转化渐趋频繁，边界效应阶段性的正向转化或负向转化日渐增强，不同类型、不同发展阶段的省际边缘区边界效应转化态势不同。第一，经济全球化和信息化的发展，一方面有利于省际边缘区融入全球区域，促进边界效应的正向转化，另一方面也可能由于“马太效应”等作用，将发展劣势明显的省际边缘区进一步边缘化，使其区域经济处于自循环的封闭的经济运行系统中。全球气候变化和低碳经济、社会经济转型和制度变迁、主体功能区划和经济区划等影响因素，可能将省际边缘区的生态功能、生态产业导向等作为区域经济发展的基础，过分强调省际边缘区的生态环境功能，进一步限制省际边缘区企业等实体性要素的发展，省际边缘区内部分异显现，导致边界效应正向转化减

速。第二，科技发展和创新能力以及文化因素和区域主体等，既会促进边界效应正向转化，也会由于隐性的区域主体的社会文化认同、心理归属、区域自豪感等诱因而产生新的社会边界效应，不利于省际边缘区的跨界社会融合，边界效应仍旧表现为一定的隐形屏蔽效应。

我们认为，边界效应转化和省际边缘区经济发展的影响因素的重要性在不断转化（表4–1），多因素共同叠加，一方面直接影响省际边缘区的经济增长和社会发展，另一方面又间接影响边界效应的转化趋向。二者的相互作用影响了省际边缘区社会经济的发展进程。

表4–1　传统因素与新因素对边界效应转化和省际边缘区发展影响的重要性变化趋势

层次		影响因素	阶段一	阶段二	阶段三
传统因素	宏观因素	自然因素	＋＋	＋＋	＋＋
		政策因素	＋＋＋	＋＋＋	＋＋＋
		体制因素	＋＋＋	＋＋	＋
新因素		经济全球化和信息化	＋	＋	＋＋＋
		全球气候变化和低碳经济	＋	＋＋	＋＋＋
		社会经济转型和制度变迁	＋	＋	＋＋＋
		主体功能区划和经济区划	＋	＋＋	＋＋＋
	微观因素	科技发展和创新能力	＋＋＋	＋＋＋	＋＋＋
		文化因素和区域主体	＋	＋＋	＋＋＋

注：表中“+”为影响的重要程度。

三、传统因素与新因素共同影响下省际边缘区经济增长情景分析

在传统因素和新因素共同叠加的影响下，中国不同类型的省际边缘区呈现出不同的发展阶段特征，区域经济增长空间分异现象明显。有些区位条件较优的区域逐渐成长为次区域的经济增长核心，区域产业集聚发展势头强劲；也有一些先天优势并不明显的省际边缘区，由于区域多元主体的能动作用，逐渐建构了相对完整的产业体系，形成了具有地方特色的产业集群；还有部分省际边缘区，虽然自然、区位条件较优，但微观主体思想观念封闭、保守，能动性不强，存在“等、靠、要”“小富即安”的观念，一次次错过发展的良机，形成了一种自闭锁状态的发展“怪圈”，致使区域经济日渐被边缘化，社会屏蔽效应也日渐显现。

（一）产业集聚促进省际边缘区经济增长的效应分析

经济活动的空间集聚和经济增长的过程总是相伴而生的。增长和经济活动地理集聚之间有强烈的正相关，这一命题已经被很多不同领域的学者论证过，因为

集聚表现为城市化水平的提高和核心区产业集群的形成，藤田昌久等学者也表达了这样的观点，认为集聚可以被视为经济增长的区域对应物。区域产业集聚实际上是将专业化分工与交易的便利性有效结合起来的一种生产组织过程，在产业集聚过程中形成高效的生产组织方式，是推动区域经济增长的一种有效形式，与区域经济增长二者之间存在耦合关系[17]。产业集聚对区域经济增长的直接影响主要表现在以下几个方面。

1. 产业集聚的外部经济效应，促进区域经济的增长

区域产业集聚的外部经济性来源，包括区域劳动力市场的共享、专业化的投入和服务、知识和信息流动三个方面。其对区域经济增长的影响，表现为既定产出下的成本最小化，或者是既定成本下产出的最大化，可以区分为货币的外部经济和技术的外部经济，集聚区域内的企业能够以较低的成本就近获取所需的人才、原料、设备和服务等，同时产业集聚效应中的技术外部性促进了关键技术和知识在企业之间流动扩散、吸收转化，一定程度上提高了集聚企业的创新能力，促进了区域经济的增长。

2. 产业集聚促进区域创新，推动区域经济增长

区域经济增长最核心的动力是创新，在产业集聚过程中，容易产生专业知识、生产技能和市场信息等方面的累积叠加效应，而集聚区域内众多的生产企业、科研机构、行业协会及中介服务等组织在相互合作的过程中，为维持集群整体的市场优势，各组织要时刻保持创新的活力。但创新过程投入巨大，其复杂性也是单个组织难以独立承担的。通过各主体内部相互的分工协作，形成一个互动的学习整体，在组织内部学习过程中产生新技术等资源外溢优势，将引发新一轮相关企业和资源集聚，从而推动区域经济的进一步增长。

3. 产业集聚提高了资本利用效率，推动区域经济增长

区域产业资本的投入是区域经济增长的直接推动力。区域产业集聚的高效率，不仅意味着区内资源具有较高的利用率，同时表明产业资本具有较高的投资回报率，在高回报率的吸引下，相关联产业将获得进一步投资。新产业资本的流入，促进了产业链条的延伸，相关配套产业日渐完善，区域产业集聚进一步发展。同时，区域产业集聚的发展又提高了资本的利用率，促进区域经济稳步增长。

4. 产业集聚提升区域竞争力，促进区域经济增长

区域产业集聚，有利于区域品牌的形成，提升区域竞争力。区域竞争力即是一个区域在竞争和发展的过程中与其他区域相比所具有的吸引、争夺、拥有、控制和转化资源，争夺、占领和控制市场的能力，为其自身发展所具备的资源优化配置能力。也可以说，是一个区域为其自身发展对资源的吸引力和市场的争夺力，是区域经济管理的重要目标之一。在产业集聚过程中，产业集聚区域内要素

资源的有效利用能提高区域竞争力，使产业集聚地区拥有其他地区所不具有的竞争优势，从而促进区域经济增长。

（二）多因素共同影响下不同类型省际边缘区经济发展情景分析

为了直观地认识传统因素和新因素共同作用下，我国不同类型省际边缘区发展状态存在的时空差异和阶段差异，我们可以从现象认识层面，基本刻画出省际边缘区经济增长的状况。在以县级区域为基本地域单元的较小空间尺度上，综合考虑省域核心区域是否位于其几何中心，省际边缘区主要的发展情景包括以下8种基本类型（图4-1至图4-8）。不同类型的省际边缘区其区域经济发展所处的阶段、社会开放度、微观主体的能动性、区域产业集聚的程度、区域政策、省际经济联系等方面均存在较大的差异。

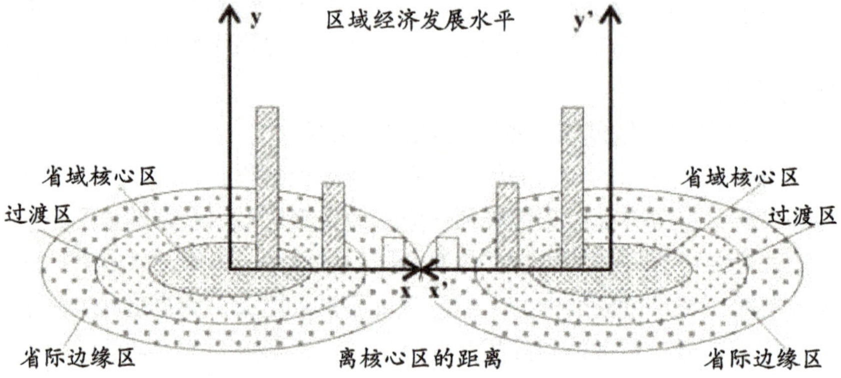

图4-1　均衡型省际边缘区屏蔽效应主导下的区域经济发展情景

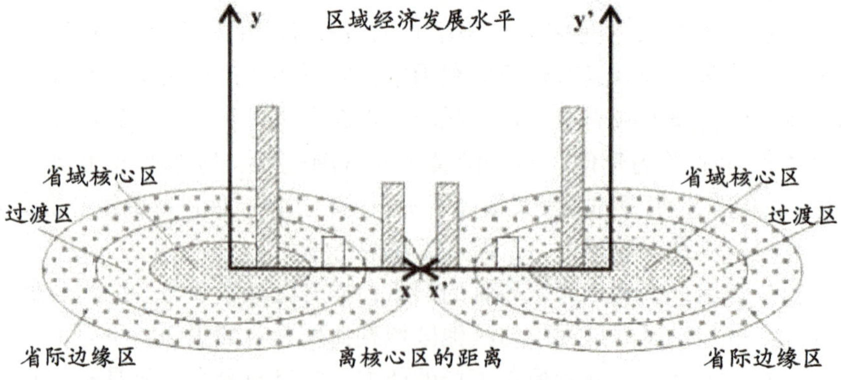

图4-2　均衡型省际边缘区中介效应主导下的区域经济发展情景

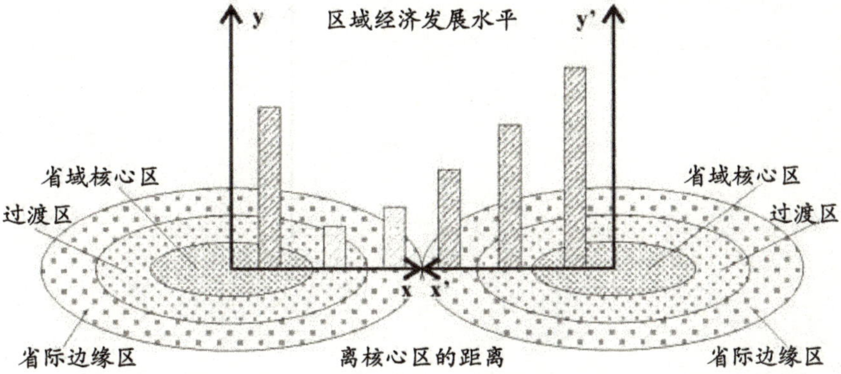

图4–3　非均衡型省际边缘区屏蔽效应向中介效应转化下的区域经济发展情景

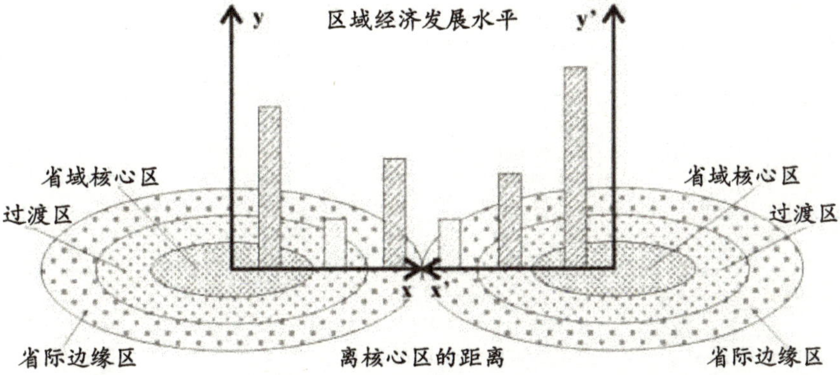

图4–4　非均衡型省际边缘区中介效应主导下的区域经济发展情景

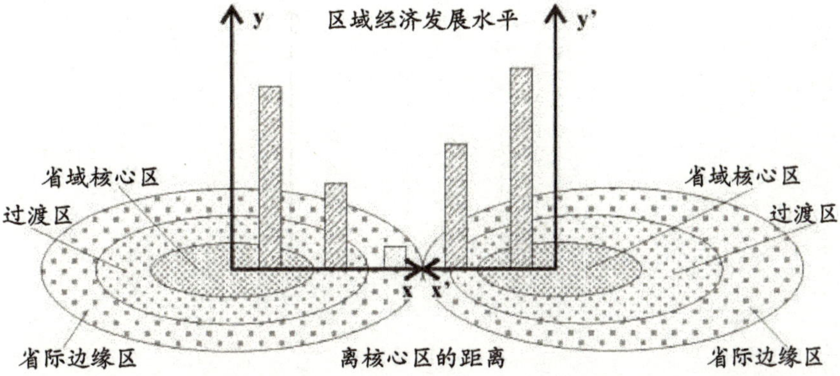

图4–5　非均衡型省际边缘区强屏蔽效应作用下的区域经济发展情景

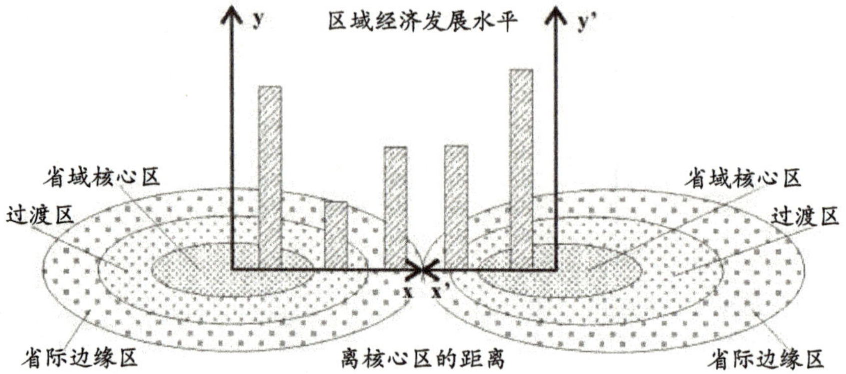

图4-6　非均衡型省际边缘区强中介效应主导下的区域经济发展情景

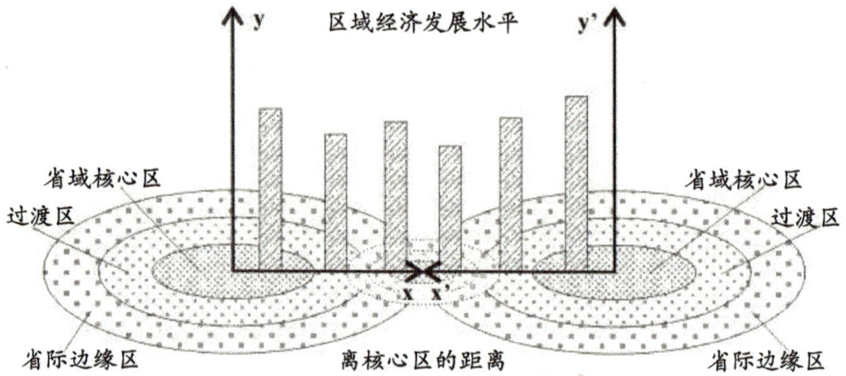

图4-7　省际边缘区区域经济一体化的发展情景

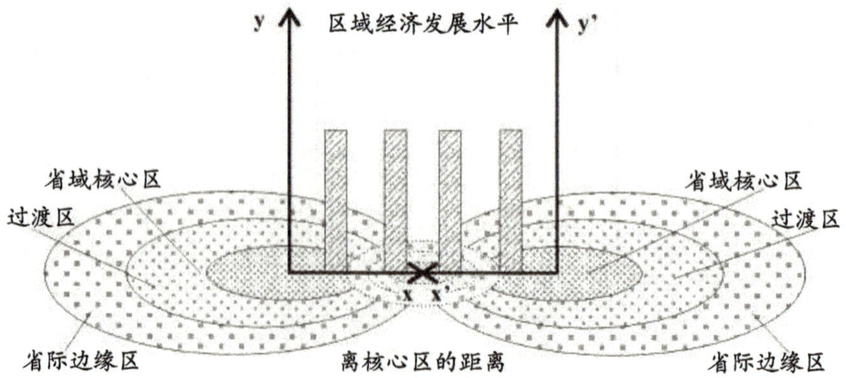

图4-8　省际边缘区区域经济融合的发展情景

图4-1表示，相邻省份经济发展水平相当，经济中心区在省域的几何中心，为均衡型省际边缘区，在屏蔽效应主导阶段，省际边缘区远离省域核心区，在距离衰减规律的作用下，省际边缘区是区域经济发展的弱势区域，区域经济发展水平低、增速慢，区域产业集聚困难，区域经济截面呈现出“V”字形的发展形态。

图4-2表示，均衡型省际边缘区在中介效应的作用下，在小区域内边缘区获得了超常规的发展，成为区域经济增长较快、发展水平较高的区域，区域经济截面呈现出“W”字形的发展形态。

图4-3表示，经济非均衡型省际边缘区，在屏蔽效应向中介效应转化过程中，经济较弱省份的省际边缘区获得了较快的发展，但总体水平仍旧低于经济较强省份的省际边缘区，区域经济截面呈现出“√”字形的发展形态。由于经济势差的存在，容易形成专业化的产业集聚区。

图4-4表示，经济非均衡型省际边缘区在中介效应较强的状态下，经济较弱省份的省际边缘区在经济势差的影响下，区域经济获得较快的发展，成为边缘区经济隆起带，区域产业集聚态势明显，经济增长速度快。

图4-5表示，空间和经济非均衡型省际边缘区，即省域核心区不在省区的几何中心位置，而是在靠近边缘区的位置。在省际边缘区强屏蔽效应的作用下，虽然紧邻核心区但是区域经济仍旧增长缓慢，是一种自闭锁的发展状态。

图4-6表示，空间和经济非均衡的省际边缘区，在强中介效应的作用下，区域经济的离心发展状态呈现出和省外核心区域的高度一体化情景，容易形成与省外核心区域相配套的生产型产业集群。

图4-7表示，区域经济发展的高级阶段，省际间的界限日渐模糊，边缘区经济中心形成，整个区域经济呈现出一体化的发展形态，区域经济发展较为均衡，区域经济截面呈现出近似“一”字形的发展形态。

图4-8表示，区域经济发展的高级阶段，省际间融合发展，边缘区经济中心形成，区域经济均衡发展，区域经济截面呈现出“∧”字形的发展形态，是一种较为理想的省际边缘区发展状态。

第三节　边界效应转化影响下省际边缘区发展的主要特征

一、屏蔽效应作用下省际边缘区发展的主要特征

由于受自然条件、计划经济体制和区域经济宏观发展政策的影响，改革开

放初期省际边缘区的屏蔽效应显著，区域经济活动的特征表现在以下几方面。

（一）区域经济增长较长时段的滞后性

虽然当时的社会经济总体处于一种低水平的均衡发展状态，但是各省会或首府城市所在地与该省的省际边缘区的差距仍旧很大。改革开放初期的非均衡的发展政策，进一步强化了经济要素向中心城市区域的流动和布局，使得省际边缘区经济的落后状态进一步加剧。

（二）区域城镇化总体发展水平滞后

城镇是区域内经济和社会活动的集聚体，区域经济的发展在相当大的程度上依托大、中、小城市。由于省际边缘区自然、地理环境的复杂性，大部分区域人口较少且相对分散，基础设施落后，再加上省域内的以省会或首府城市、区域中心城市建设为重点的制度设计，使得省际边缘区城镇化水平低，区域中心城市集聚缓慢、实力弱，城镇规模小、相互联系有限、空间经济结构松散，对边缘区经济组织、带动作用有限，区域经济发展的内生动力不足。

（三）以交通为代表的基础设施落后

交通、通讯等基础设施，是要素联系的重要通道和区域经济快速发展的基础，完善的基础设施能够为经济的快速增长创造条件。在屏蔽效应作用下，省际边缘区相邻省份只重视本省内的运网等基础设施的建设，而不重视整个跨省界的区域性道路交通、通讯等设施的整体规划建设，因此省际边缘区总体表现为：区内的公路网基本是以县为行政单位的省际公路，且路况差、等级低、密度低、“断头路”多，与一些过境的道路连接配套的道路建设滞后，对外对内联系不畅，要素跨界阻力较大，流动困难。

（四）区域经济行政分割现象明显

受体制框架的刚性约束，省际间的经济联系在屏蔽效应作用下被人为划定的省界割裂，不同层级的省界两侧的地方政府代表着不同的区域利益主体，省际边缘区“关卡林立”“以邻为壑”现象较为严重，使自然区域的整体性与经济区域、管理区域的分裂性形成鲜明的对比。区域间产业聚集、扩散、传递等受阻，影响了要素的跨省界自由流动、设施对接和资源组合，导致区域经济呈现衰竭性特征。为了吸引外地企业，争夺资本、人才等生产要素，各个地方政府会在税收、土地等方面竞相开出优惠政策，营造“洼地”，区域经济活动表现出一定的冲突性，经济发展的社会环境基础较差。

二、中介效应作用下省际边缘区发展的主要特征

进入21世纪以来，随着经济全球化和区域经济一体化的深入发展，市场经济体制的逐渐完善，中介效应对省际边缘区区域经济发展作用显著，省际边缘区

区域经济发展特征不同于屏蔽效应影响下的发展情境。

（一）区位优势显现，门户效应、通道效应显著

随着经济全球化、区域经济一体化、以交通和通讯为代表的技术进步以及市场经济体制的不断完善等一系列积极因素的影响，正在深刻地改变着省际边缘区的经济区位。省际边缘区由于中介效应的放大作用机制，且具有邻省之间地域相连、文化相近、经济相融、人缘相亲的区位优势，信息交换频繁，区域主体思想观念开放、发展意愿强烈。作为省际联系的纽带和省际开放的前沿，其门户效应和通道效应显著，是省际产业转移的先导区域，有利于企业集聚和产业集群的形成和发展，经济增长速度较快、增长潜力巨大。

（二）中东部省际边缘区产业集聚效应显现，区域经济增长速度加快

随着改革开放以来的探索发展，中国的经济运行系统逐渐从强调指令计划的纵向联系向强调市场力的横向联系转变，部分发展基础较好的省际边缘区挣脱省界对区域经济发展的刚性约束，省界对经济要素的阻碍作用逐渐被淡化，中介效应日渐强化，社会经济要素等在中介效应的作用下，跨省界互动联系密切，与省域中心城市相比，省际边缘区企业的进入门槛较低，可以有效减少企业跨界投资的交易成本。同时，区内较为廉价的劳动力资源和良好的生态环境等优势，又进一步强化了省际边缘区经济增长环境的优势地位。这些都对微观经济主体——企业的区位选择具有极强的吸引力，促进了区域经济的发展。由资源、要素集聚而形成的区域产业集聚正强力推动着省际边缘区的区域经济增长，部分省际边缘区正在成长为以制造业为基础的产业隆起带。

（三）省际边缘区城镇网络和区域经济发展平台日渐完善

随着区域经济一体化的程度逐渐加深，省域之间、城镇之间的经济联系进一步密切，行政区的行政边界不断被突破，形成边界模糊、联系紧密的经济区。中国部分省际边缘区由于区位条件、资源环境、经济发展阶段等的同质性，导致区域内城镇间在发展意识、产业结构、招商引资、优惠政策、设施布局等方面形成竞合关系，其中有些省际边缘区的部分城镇，由于交通、信息等基础设施的改善，在一定的优惠政策下，通过经济技术开发区、特色产业园区、乡镇工业集中区等产业集聚平台的建设，正逐渐成为区域性新经济增长极。大、中、小城市及重点城镇整体实力明显增强，城镇化水平明显提高，区域城镇网络进一步优化。

（四）省际边缘区地方政府间区域经济整合发展愿望强烈

省际边缘区由于经济基础薄弱，利益主体多元，单靠个别省区的个别城市很难带动区域经济的整体发展。根据不同的区域发展实际，从宏观、中观、微观层面，明确区域内不同类型城镇发展的定位，理顺其利益分配关系，整合区域经济的发展优势，避免同质竞争的负面影响，形成共赢的发展格局，成为城镇间经济整合的基础。省际边缘区地方政府之间在空间、产业、设施、环境等方面整合的动力，以及区域经济整合发展的意愿强烈，有利于专业化的产业分工格局形成，在适宜的合作机制作用下，极易促成产业集聚发展。

第五章　边界效应转化与省际边缘区经济增长的机理

第一节　边界效应属性及其测度

一、边界效应的属性

边界效应作为省际边缘区发展的特殊作用因子，其转化方向和程度是区分省际边缘区社会、经济发展阶段的重要参数，是省际边缘区区域经济系统演化独特性的表现，反映了省际边缘区与其他类型区域的差异性。

边界效应具有在行政边界区域的普遍存在性、可转化性、对区域经济增长的促进性和约束性等特征。其对省际边缘区经济增长的影响可以从正向效应和负向效应两个方面来综合考察（表5–1）。其中：正向效应表现为对省界两侧社会经济要素跨省界流动的传导和中介，有利于促进区域经济增长，也称为中介效应；负向效应则表现为省界对两侧社会经济要素的阻止和隔离，切断了区域间的联系，不利于区域经济的整合发展，也称为屏蔽效应。在一定的社会、经济和政治条件下，两者可以互相转化。同时，在不同主导效应作用下，省际边缘区空间相互作用模式呈现出不同的联系状态（图5–1）。

表5–1　边界效应的属性及主要特征

效应	属性	表现形态	主要特征
边界效应	正向效应（+）	中介效应	跨边界的交往与互动，表现为人流、物流、资金流、技术流、信息流、生态流的中继与互动
	负向效应（–）	屏蔽效应	由于自然的屏障或人为的管治，而造成的边界对两侧事物的约束与阻挡，形成对内封闭性，对外排他性

注：中介效应、屏蔽效应，在下文分析的公式等中出现时，用M表示中介效应，用B表示屏蔽效应。

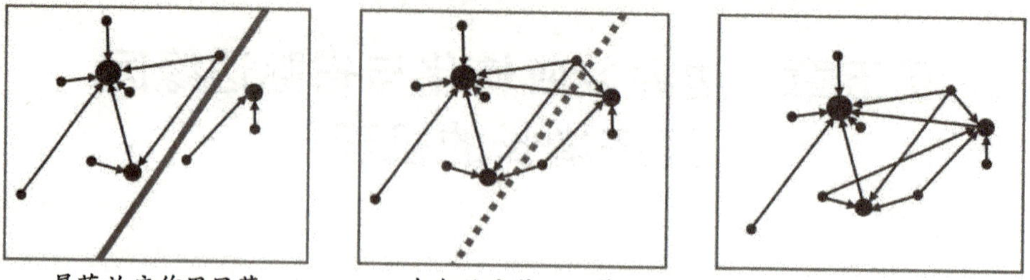

图5-1　有边界效应和无边界效应下空间相互作用模式

二、边界效应的测度

目前，国内外关于行政边界对区域经济影响的测度研究，主要是从经济学的视角，以跨界贸易量的变化为指标进行计算的。从研究的区域尺度上划分，包括以国家和跨国区域为基本单元的宏观区域边界效应的测度和国内以省（州）、城市群区域、市、县等为基本单元的中观和微观尺度的测度两方面。

（一）宏观尺度

边界效应产生和变化的原因是国与国、区域（特指跨国一体化区域）与国家、区域与区域之间存在的市场、经济、政治、制度等方面的差异。其宏观方面基本的定量测度是以全球区域为整体，以国家或跨国家区域为基本地域单元，以国界或区域边界为界线，以对跨国和跨区域贸易的阻隔为出发点，测度边界效应存在性及随时间的变化趋势。主要通过测度国际和国内、区内和区际贸易量的差异，区分了国界和跨国一体化区域的边界对国家间和区域间贸易的影响，强调了边界的消极效应，反映了国界和跨国区域界线对内、外贸易的屏蔽程度。

（二）中观和微观尺度

经过国内外学者们对边界效应的研究，理论上，一国之内，在统一的市场、经济、政治、制度等影响下，不应该存在边界效应，应该是一个一体化的区域，但现实情况却有较大的差异，特别是对于国土面积较大的国家和地区，一国之内的边界效应不但存在，而且表现较为明显。其中观和微观尺度的测度，主要是指在一国之内，以较小一级行政区域为基本的地域单元，由于面积、空间距离、政策、区域管制、区域经济实力差异、主体认知等原因，而产生的不同层级的行政边界对区域间经济、社会发展的影响。其测度方法存在两个层次：其一是验证边界效应是否存在的存在性验证及变化趋势分析；其二是通过统计分析、观察、推理等方式测度边界效应对区域要素、商品、服务等流动的阻隔或促进作用，属于边界效应细分的中介效应和屏蔽效应的测度或证明范畴。

（三）本书对边界效应的测度

结合当前学术界对中小尺度次区域经济合作而产生的区域经济快速增长现象的关注，边界效应的相关研究也不仅仅停留在存在性验证层次，而表现出研究不断深化、细化的趋势。本书对边界效应的测度，采用了微观尺度中的第二个层次的测度方法，即在统计分析方法的支撑下，通过关键行动者有意识、有目的的跨省界互动的总量、频度和目的等关键识别指标，来检验边界效应从屏蔽效应向中介效应的转化程度，说明在不同的主导效应作用下，区域主体的跨界行为发生的状况。其理论上极小值，是完全屏蔽的省际主体之间无交流或仅有极少的自然交流存在；极大值是完全中介效应的一体化发展状态；介于二者之间是通过比较，对内（省域之内$\lambda_{内}$）、对外（跨省界$\lambda_{外}$）两个方向人流、物流、资金流、技术流和信息流等各种流态的流量大小或主体跨界交往的频度指标，若内、外流量基本相同或对外流量远大于对内流量，即$\lambda_{外} >> \lambda_{内}$，则边界效应表现为中介效应；反之，若对内流量远大于对外流量，即$\lambda_{内} >> \lambda_{外}$，则边界效应表现为屏蔽效应。

第二节　边界效应转化的过程分析

一、边界效应转化的时间过程分析

边界效应转化过程，是指在一定的驱动力作用下，边界对社会经济要素的跨界流动表现出促进或阻碍的作用过程。主要包括从中介效应向屏蔽效应或者从屏蔽效应向中介效应的转化过程，其中屏蔽效应和中介效应两者之间是此消彼长的演化过程。从时间序列展现其转化过程如下（图5-2、图5-3）。

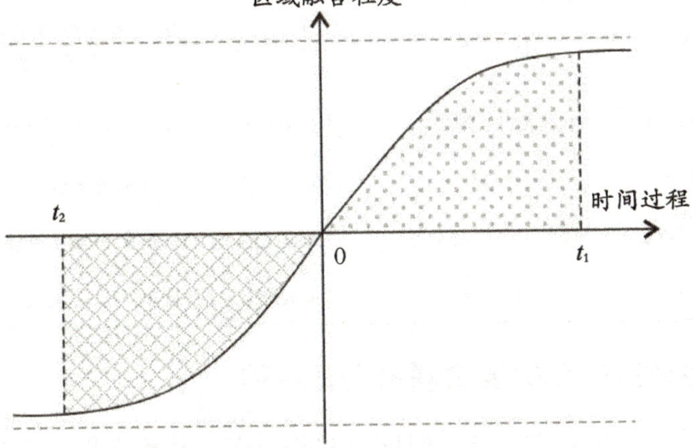

图5-2　边界效应正向转化的时间过程曲线

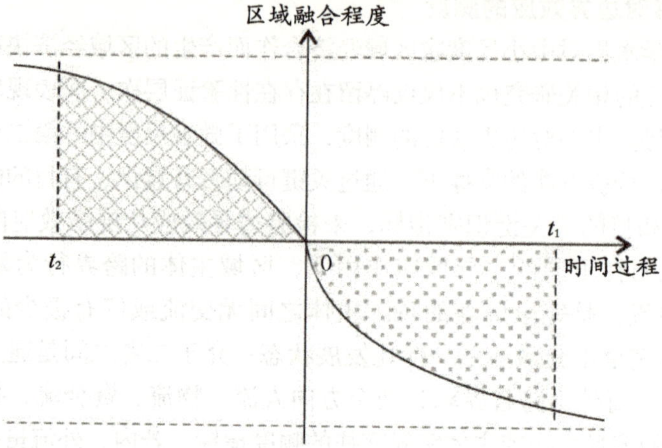

图5-3 边界效应负向转化的时间过程曲线

从图5-2可以看出，边界效应正向转化的过程主要可以分为五个阶段（表5-2）。随着边界效应的不断转化，区域之间的社会、经济联系也逐渐变化，经历了从完全隔离到融合发展的演化进程，在这个过程中，区域交往的主体不断增加，区域联系的目标也渐趋多元，区域产业结构不断高级化，区域经济的发展阶段也逐渐升级。一般来说，边界效应正向转化是社会经济发展的一般趋势，但是也不排除在局部区域由于突发性事件（如战争、政治事件、公共卫生事件等）而引起的边界直接封闭状态。与之对应的边界效应的负向转化（图5-3），则表现为区域的封闭性趋势逐渐加强。

表5-2 边界效应正向转化的阶段及特征

	时段	B与M之间的转化	效应	理论上区域间联系特征
阶段一	$T<t_2$	$B\to-\infty$	负向效应	区域间无任何形式的社会经济联系，处于隔离发展状态
阶段二	$T_2<T<0$	$B\downarrow, M\uparrow$，且$B>M$	负向效应弱化	区域间存在较少联系
阶段三	$T=0$	$B=M$	转化拐点	区域间要素流入与流出的平衡点
阶段四	$0<T<t_1$	$M\uparrow, B\downarrow$，且$M>B$	正向效应强化	区域间联系较为密切
阶段五	$T>t_1$	$M\to+\infty$	正向效应	区域一体化，融合发展状态

二、边界效应转化的要素联系变化过程

与表5-2边界效应正向转化的时间过程相对应，从跨省界要素联系的角度分析，省际边缘区要素的流动主要经历了自然要素联系阶段，有限的社会、经济等

要素联系阶段，社会、经济等要素互动平衡阶段，多要素互动联系阶段和全要素跨界融合发展阶段（图5–4）。

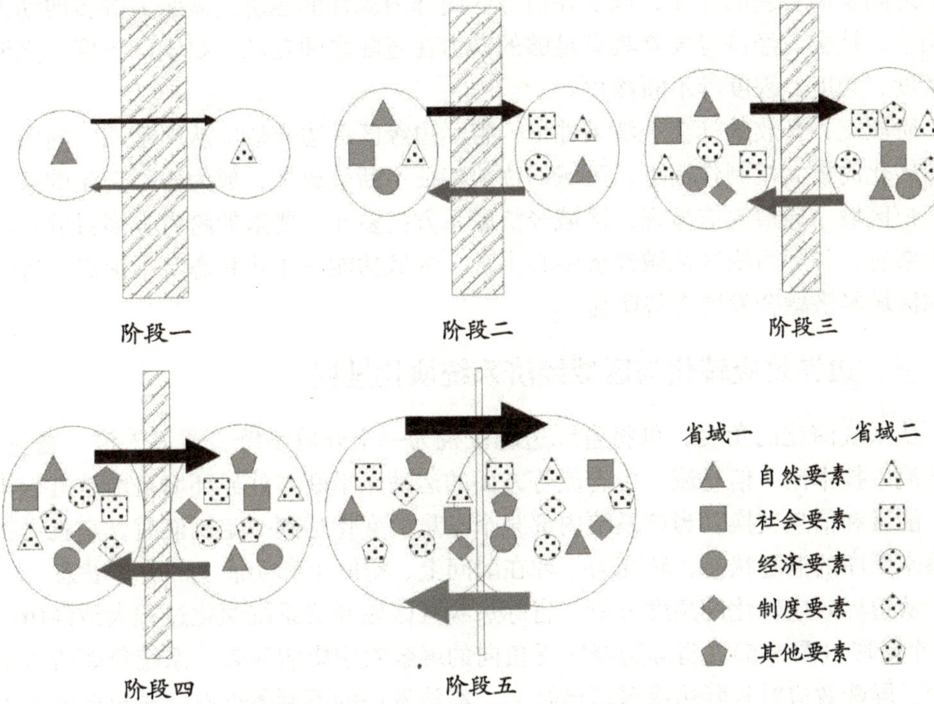

图5–4　边界效应正向转化过程中省际要素跨界联系的变化过程

各个阶段的主要特征表现如下。

阶段一，整个社会的生产力水平低下，省际边缘区表现为以省界两边山水相连的自然联系为主，省际之间的要素互动以自然交互作用的生态流为主要的联系媒介，边界效应表现为在省界的刚性约束下的强屏蔽效应主导，省界两侧的社会经济等要素缺乏联系的能力和动力。

阶段二，社会的生产力水平仍旧比较低，但是有了一定的发展，省际之间的要素联系在自然联系的基础上，由于移民、通婚、谋生等，社会联系有了一定的加强，边界效应虽然仍是以屏蔽效应为主，但是和阶段一相比有了一定的转变。

阶段三，宏观的社会经济背景发生了一定的变化，社会生产力水平有了提高，以交通为代表的省际之间要素联系的通道有了一定的发展，为要素的跨界联系提供了基础条件，促进了边界的屏蔽效应向中介效应转化，但是由于省际边缘区的边缘区位、区域主体封闭保守的思想观念、区域经济市场化程度较低，可进入性仍较差等原因，省际之间的要素互动表现为小区域范围内的要素流动。

阶段四，宏观的社会经济剧烈转型背景下，社会经济的开放程度不断提升，省际边缘区从区域经济发展的冷点区域转变为区域经济整合发展的重点区域。边界效应表现为以促进区域整体发展的中介效应为主，同时由于中心区、边缘区和省际之间发展势差的存在，以及在边缘区内部内源性的经济发展张力等多向动力作用下，社会、经济等要素具有足够的动力在省际之间互动，要素的丰度，交流的密度、频度、程度等不断深化。

阶段五，开放的社会经济条件下，省际边缘区在边界效应从屏蔽效应向中介效应转化的放大机制作用下，区域的优势特征不断被放大，成为省际交流的窗口和门户区域，通道效应显现，区域经济联系方向多元，要素的跨省界多目的互动成为常态，省际边缘区区域经济中心出现，区域功能一体化状态基本形成，省际之间区域经济融合发展态势明显。

三、边界效应转化与区域经济系统演化过程

从系统演化的角度，可将省际边缘区视为一个开放系统，通过人流、物流、资金流、技术流、信息流、生态流等方面的运动，不断与外界环境自由地进行物质、能量和信息交换。当该系统内部某个参量的变化达到一定阈值时，它就可能从原来无序的混乱状态，转变为一种在时间上、空间上和功能上的有序状态。

从边界效应转化的角度分析，省际边缘区区域经济系统演化过程大致经历以下5个阶段（图5-5）。省际边缘区受负向的屏蔽效应影响显著，系统负熵流入量极少，屏蔽效应对省际边缘区区域社会、经济发展的不利条件有一种负向的放大机制，区域经济表现为一种无序的发展状态。随着边界效应从屏蔽效应向中介效应的不断转化，系统负熵流入量逐渐增大，屏蔽效应的负向放大效应逐渐减弱。当屏蔽效应和中介效应平衡时，系统演化达到临界点，边界效应从负向转向正向，随后中介效应的作用日渐增强，系统的负熵流入不断增加，中介效应对区域发展的有利条件有一种不断放大的作用，进一步加速了负熵的流入，省际边缘区社会、经济发展达到一种高水平的有序状态。

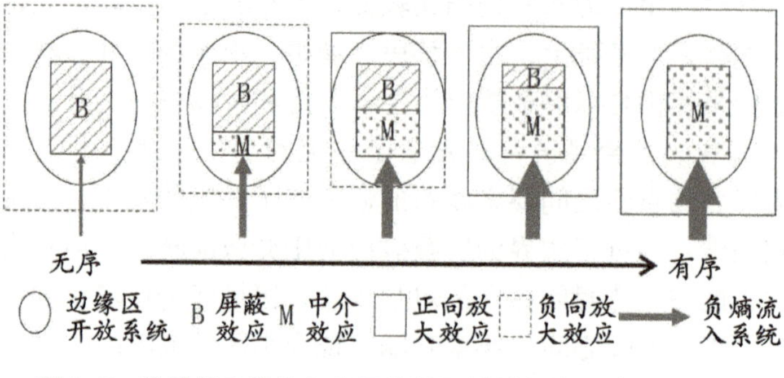

图5-5　边界效应转化与省际边缘区区域经济系统演化过程

第三节　边界效应转化的动力机制分析

一、边界效应转化动力的一般分析

边界效应转化动力机制的研究，是边界效应理论研究的重点和难点。当前，有关边界效应的转化机制，国内外学者也做了一些尝试性研究，代表性的研究成果如下。James Anderson 和 O.Dowd 结合国家边界对欧盟区域一体化影响的实际，将边界效应的转化机制概括为：边界转型的过程，基本论点是边界在行为体跨边界交往和互动中，不断提高其可渗透性的过程。中国学者李铁立通过对欧盟的跨国次区域系统研究后，认为边界效应转化的动力是国家、地方、企业三者共同作用的结果，并将边界转型定义为：边界不断降低其对行为体跨边界交往的显性和隐性影响，从而推动边界地区经济社会合作和区域一体化的过程。冯邦彦、段晋苑等结合香港—深圳跨界合作的研究，将边界效应转化动力概括为根本动力和直接动力两个方面，一方面，边界效应转化的根本动力来自经济全球化和区域经济一体化，它使世界各国、各地区之间经济联系日益紧密，并且通过经济主体在更大范围内拓展市场和寻求生产要素的行为，促使边界效应由以屏蔽效应为主向以中介效应为主转化，从而促进跨境区域合作的开展；另一方面，边界效应转化的直接动力主要来自中央政府、地方政府和企业三方面。中央政府的作用主要表现为通过政府间的协调，为边界效应的转化提供一个有利于降低跨界经济交往的交易成本的制度安排，比如关税的减少、非关税壁垒的降低甚至取消等，以减小边界的屏蔽效应。企业的作用则是在政策允许的范围内开展经营活动，是跨界合作必不可少的一个主体和最活跃的动力来源，通过企业对政府的游说还可为边界效应转化和跨界区域合作获得更多的支持。地方政府的作用则更为直接和关键，因为边界的屏蔽效应即合作的障碍主要是人为设立的，也就必须由当地政府来协商解除，主要表现为通过政府间的协调，使彼此的基础设施的规划建设相互配套，减少对边界地区往来人员、物资的管制，为跨界区域合作提供一个良好环境，以及打造信息交流的平台，降低合作的交易成本[18]。

从上述学者的研究中，我们可以对当前边界效应转化的动力机制得到一些共识性的认知：第一，边界效应转化的动力具有一定层次性的特征，涉及国际、区域、地方等多个层级，具有多层级叠加的特点；第二，边界效应转化的动力具有多元性特征，表现为多元主体共同推动的特性；第三，边界效应转化的动力具有共同指向性特征，其基本的指向是降低跨界交易成本、促进边界区域专业化生产的形成；第四，边界效应转化的动力具有互动性的特征，在正向反馈机制的作用下，边界效应的正向转化有一个加速的过程，一旦转化开始，边界区域的区域优势将被持续放大。

二、边界效应转化主要动力的相互作用机制及模式

（一）边界效应转化动力机制的界定

综合国内外学者的相关研究，在区别对待跨国一体化区域内部的国界和中国省际边缘区省界的差异性基础上，本书将边界效应的转化机制界定为：随着经济全球化和区域经济一体化的深入发展，在中国经济转型过程中，体制、设施、社会、制度等约束不断降低，地方多元主体跨省界交往的频度逐渐增加，这些微观主体包括居民、政府、企业等，多主体的跨界互动进一步促成省界开放度不断提升，引致省界的屏蔽效应加速向中介效应转化，实现省界对区域经济的约束性阻滞作用转变为促进性推动作用的过程。在这一过程中，边界效应转化的主要动力包括自上而下的外源性动力系统和自下而上的内源性动力系统，外力系统和内力系统的叠加，与省界客观存在而产生的阻力系统相互作用，共同影响边界效应转化的方向和速度。

（二）边界效应转化的动力系统作用机制及概念模型

通过上文的分析，借助系统科学的思维以及区域经济增长动力系统的构成，可以从两个方面构造边界效应转化的动力系统，进而刻画边界效应转化的方向和各种应力间相互作用的机制（图5–6）。用数学语言可以表达边界效应转化的概念模型为：

$$D_{边}=F_1+F_2-f$$

其中，f=b，b>0为常数项，说明边界效应阻滞力在一定程度上的客观存在性。$F_1=a\cdot\sum_{t=1}^{n}x_t$；$F_2=a\cdot\sum_{t=1}^{n}y_t$，其中 a 为功能系数，一般而言 a 不等于1，$a>1$，表示内、外动力系统内各项动力要素配合协调较好，系统整体功能得到放大，区域关系密切。$0<a<1$，则表示单个系统内部存在矛盾和冲突，各种动力要素之间功能存在相互抵消。$D_{边}$为边界效应的值，$D_{边}>0$表示边界效应正向转化；$D_{边}<0$表示边界效应负向转化；$D_{边}=0$表示边界效应处于转化的临界态。

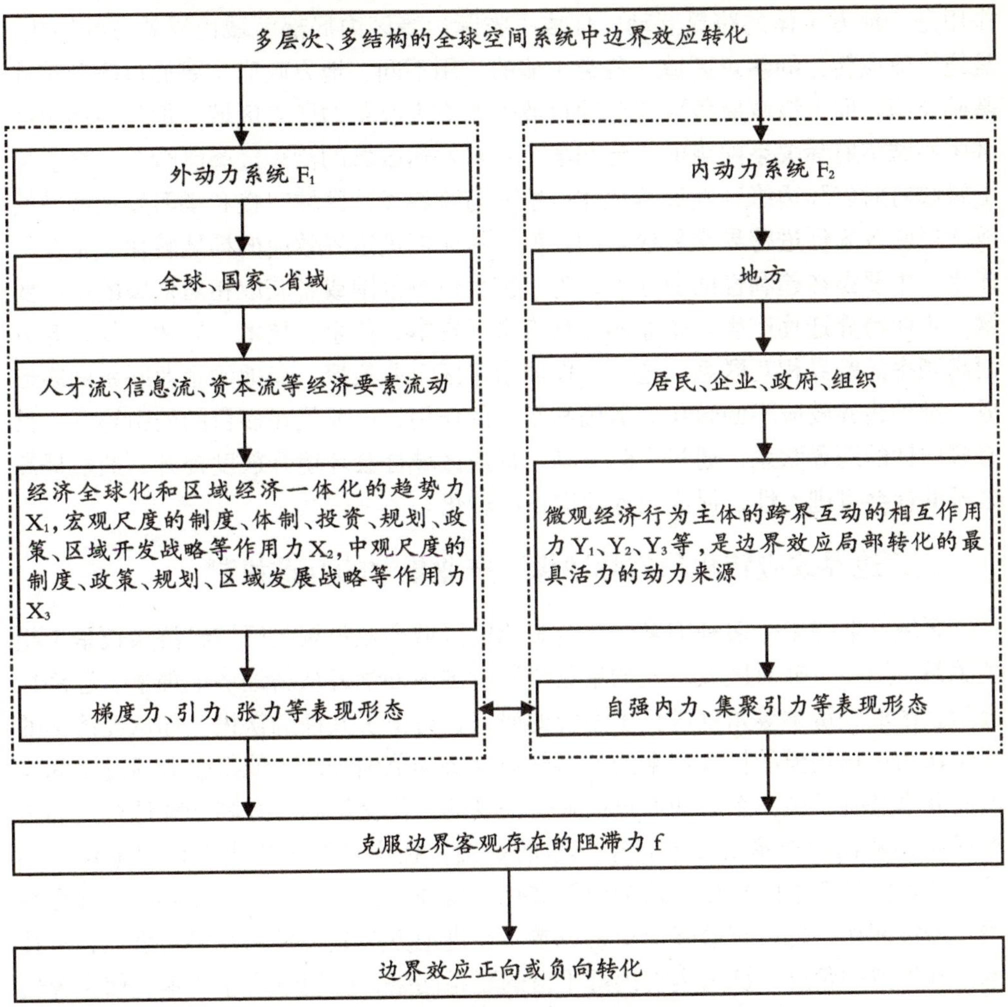

图5–6　边界效应转化的动力系统作用机制模型

其中，从外部动力思考，主要是从边界的完整性角度考虑，边界效应的转化涉及经济全球化、区域经济一体化发展总体的趋势力，表现为国际贸易增长而产生的跨国界和区域界线的过境需求，同时以跨国公司为载体的国际层面的直接投资、市场开发和寻求低廉的生产要素等行为产生的总体发展趋势力。国家层面的作用，主要表现为中央政府促进外向型、开放型经济发展，各项降低跨国界交易成本或国内区际流通成本的制度安排，例如通过取消关税、非关税壁垒，基础设施的跨区域统一建设，跨区域经济发展规划等而产生的促进边界效应转化的作用力。省域层面，主要通过针对性的边缘区经济开发战略、经济主导方向选择、省直管县制度、户籍制度改革等促成边界效应转化，带来边缘区发展的作用力。地方层面，主要是指具体的省际边缘区或边缘区内部的次级行政单元，其最主要的作用是，地方主体的跨界互动，促成了省际边缘区内局部区域边界效应的转化，是边界效应转化的热点区域。各类主体的作用不同，地方政府主要通过改善跨界基础设施，向上级政府争取资金项目或争取成为改革的试点区域；加强与周边经济中心城市府际关系网络的构建和学习相对发达区域的治理经验等行为，来引导上级政府对省际边缘区发展的关注；争取与跨界发达区域对接和学习发达区域的成功经验等来促进跨界交易成本的降低，从而促进边界效应的局地转化。企业的作用，主要是在趋利性的引导下，为了扩大市场范围或者获取相对低廉的生产要素，企业跨界迁移产生。企业的迁移带来了资本、信息、技术、人才、物资等方面高频率的跨界相互联系，进一步促成边缘区企业集聚，局地的企业联系网络形成，推动边界效应不断转化。居民和组织的作用，主要是在多目的的引导下，具有多向性的跨界联系，通过人际互动，促成区域社会环境开放度提升；通过提高区域的社会可进入性，促成边界效应正向转化。

三、边界效应转化与省际边缘区产业集聚的互动机制

区域产业集聚受多种因素的综合影响，区域产业集聚与区域经济增长呈正相关关系。第一，针对区域产业的集聚机制，国内外学者从新经济地理学、经济社会学、区域经济学等角度进行了系统的研究，得出了共性的认识。如从经济学的视角认为市场规模的扩大带来的外部规模经济和范围经济，使得企业通过空间集聚而共享基础设施，企业间通过产业链关联的一体化发展等有利于降低企业的生产成本，从而形成集群企业价格竞争的基础，在市场竞争中占据优势地位。第二，从经济社会学的角度，认为由于文化、信任、关系、制度等连接成的社会网络、经济网络，可以有效降低交易成本，促进地方产业集聚的发展。第三，从技术创新扩散的角度，认为集群内部平滑的联系网络，有利于产业技术、信息等通过正式和非正式的渠道传播，从而引致集群整体创新能力的增强，在产业创新和产品创新方面领先于非集群区域。成本优势、市场优势、产品创新优势等被认为是区域产业集聚的关键动力，优良的城市区域以其区位、交通、信息、人才、技术等方面的优势，成为集群孕育的关键区域。

但是在现实社会中，近年来，省际边缘区却存在一定数量的产业集群，特别是以第二产业为主导的生产型产业集群，成为省际边缘区经济增长的核心推动力。其主要动因是省际边缘区区域经济增长受边界效应作用强烈，随着宏观的社会经济转型，在市场力量、制度变革和技术力量等因素推动下，边界效应逐渐从屏蔽效应向中介效应转化。在这一过程中，社会经济要素流动加剧，省际边缘区成为区际交流的重要通道，区际文化交流频繁，区域主体思想观念开放，发展意识强烈，整体区域发展的社会环境优化。同时，省际边缘区的区域经济增长，在

早期屏蔽效应作用下，表现为一定的迟滞性，区域生产成本相对较低。在开放的社会经济条件下，通过企业区位选择而表现出的中介效应显现，在省域内外双向流入的影响下，部分交通、区位、政策等环境较好的省际边缘区，被外部跨省界转移的企业迅速填充，成为外来企业的集聚区域，区域经济步入良性循环的轨道。

因此，本书结合中国的社会、政治、经济发展历程，针对中国省际边缘区的区域特点，认为促进中国省际边缘区产业集聚的动力机制主要包括政府主体层面、企业主体层面和社会主体层面，各个层面着力点不同，但又相互联系、相互制约。

（一）政府主体层面的作用机制

1. 政策引导机制

主要是指国家层面、省域层面和地方层面的区域经济政策、制度安排、管制措施、准入门槛等对产业集聚的影响，一系列的适时适当的发展导向和制度设计，会促进边界效应转化与省际边缘区产业集聚的良性互动。

省际边缘区从区域特点分析，大部分区域是省域内经济基础薄弱、交通等设施落后、发展水平较低的区域，先导企业的进入门槛和内生企业的创业门槛高。在这种条件约束下，国家和省级政府的区域发展战略导向和地方政府切合区域实际的制度安排对于促成边缘区产业集聚影响巨大。边缘区企业集聚的政策引导机制，前期主要是指地方政府在开发区建设和路、网、管、线等前期基础设施投入的基础上，在企业的税收减免政策、用工培训政策、土地使用政策等方面给予全方位的优惠制度安排，以此来引导企业向边缘区集聚。在企业地域集中的基础上，政府在产业集聚中后期的规范培育方面，以提高当地产业竞争力、产品的市场占有率为基础的政策跟进，如产业技术的升级奖励政策、区域产品品牌的培育政策、核心企业的上市培育政策、配套的高端生产性服务业的发展政策等对于区域产业集聚的进一步升级和有序发展具有重要的作用。

2. 产业选择机制

产业选择机制主要包括外来先导企业的区位选择机制和内源性种子企业的产业选择机制。

从产业集聚的区位和环境视角分析，各个历史时期我国的省际边缘区是并不具备先天优势的一类区域，其区位特征表现为边缘性，经济基础表现为薄弱性，人口特征表现为以低质量的劳动力为主导。因此在边界效应转化的初期，屏蔽效应非常显著，外来先导企业的区位选择和内源性种子企业的产业选择对省际边缘区后续的产业集聚形成和发展影响显著。由于行政归属的不同而区分的区域经济增长基础，社会文化，制度安排，区域主体的价值取向、思想观念、心理归属等方面的差异，使得外来先导企业在跨界投资时面临更多不确定性因素的影响，投资的风险系数较高，外来先导企业的成功或失败会对外来企业源地的相关企业形成正、负反馈影响，其正面的示范效应会加速外来企业的跨界投资，加速省际边缘区外来企业的集聚；其负面的影响会阻滞外来企业的投资选择，不利于企业集聚的形成。内源性种子企业的产业选择，则会对省际边缘区内生型产业集群的发展产生深远的影响，主要体现在市场容量和市场竞争力等方面，一方面种子企业会在投资试错、测度市场容量等方面先行先试，其创业成功将激励当地的产业资本迅速向该产业集聚，同时种子企业在培养专门人才方面具有重大影响，有利于种子企业的进一步衍生，促进同类企业的迅速集聚，产业内分工细化，企业层次分化、企业空间集聚明显。在外来先导企业的区位选择和内生企业的产业选择作用下，内、外种子企业不断成长，区域产业氛围形成，产业集聚加速发展。产业集聚的发展又促进了边界效应的加速转化，其对省际边缘区产业集聚、经济增长的放大效应显现。

（二）企业主体层面的作用机制

1. 成本节约机制

成本节约机制涵盖了生产成本、社会成本和市场成本三个方面的内容，具体包括比较要素成本节约机制、交易成本节约机制和内外空间联系成本节约机制。

区域企业集聚和产业集聚的形成是其主导的动力之一，从单纯经济目的考察就是成本最小或利润最大。省际边缘区在边界效应转化的过程中，上述三个方面也具有一定的区域特点。第一，比较要素成本节约。主要是指由于省界两侧的区域经济发展水平的差异，包括经济发展阶段的纵向差异和区域经济发展水平相近但以分工为基础的横向差异，均会产生要素的互补性集聚。纵向差异来自省域内中心区的高要素成本的推动力，省界两侧的中心区域在发展过程中，随着产业的聚集，企业之间的竞争加剧，企业的生产成本和人们的生活成本提高，交通拥挤等问题显著，从而导致各种生产要素与生活要素价格上升，产业存在较强的转移张力，省际边缘区低要素成本的吸引力，有利于促进边缘区企业的集聚；对于横向的以分工为基础的差异，其成本节约主要来自不同区域的专业化生产而带来的生产规模扩大，产生的要素成本节约，两者的共同作用引导企业在低要素成本的省际边缘区的集聚。第二，交易成本节约机制。一方面，主要是社会成本降低，促成交易成本的节约，其原因是省际边缘区自然区域的整体性和长时段的历史联系，如山水相连、人相亲、习相近等自然和人文背景，表现为小尺度范围内特有的地缘、亲缘关系和互通的区域文化氛围，促成了企业集聚的外部社会交易成本降低。另一方面，随着省际边缘区企业集聚的发展，外来省区的企业、边缘区内生的本土企业和边缘区所在省的外来企业等交流日渐频繁，企业间的联系日渐紧密，从而大大降低信息交流成本和以信任为基础的企业间的交易契约成本。第三，内外空间联系成本节约机制。虽然随着交通技术和信息技术的发展，空间距离对产业发展影响的重要性大大降低，但是对于大部分工业企业而言，在总厂、专业化分厂、组装厂、配送中心等的综合影响下，运输成本仍旧占有重要的位置，因此从空间联系便利性的角度，以缩短企业间空间距离为目的的邻域布局，仍旧是企业投资区位选择的重要考虑因子之一，而省际边缘区是省际交接区域，距离外部省域中心区域较近，具有明显的区位优势。除此之外，集聚区域内部的空间邻近，有利于企业间的分包、配货等业务的发展和专业化物流中心的发展以及隐性的市场信息、技术信息、组织管理信息等的传递，从而降低企业间的各项联系成本。

2. 市场拓展机制

市场拓展机制主要是指随着有效市场需求的扩大增加企业收益的机制，是企业进行市场营销的主要目的。市场拓展机制主要包括市场空间覆盖范围的扩大和市场需求主体的增多两个方面。

省际边缘区在企业集聚的初期并不具备上述两个方面的市场动力，因为省域中心区的市场条件和市场需求潜力要远远好于省际边缘区，但是随着企业的不断集聚，局部专业市场环境形成，进一步吸引中高端的生产性服务业集聚。同时，因为生产性企业集聚而产生的产品丰富和配货能力的增强以及邻域市场信息的交流和扩散，也有利于生产企业的市场拓展。在以上各种作用的综合影响下，产业或产品的区域品牌形成，从而市场的覆盖半径、市场的份额急剧增加，可以拓展到全省、全国、全球，市场份额所占的比例也同比增加。同时，在当前开放的社会经济条件下，省际边缘区对区域经济的屏蔽效应已经弱化，边界效应转化而引起的省域层面空间经济结构的调整，使得省际边缘区成为部分产业集聚的中心区域。在信息技术的支撑下，市场信息扩散速度非常快，通过企业集聚可以比较容易在省际拓展市场或者是嵌入全球市场体系中，因此区域内部的生产网络和外部的市场网络在集聚效应的影响下，具有联系地方、全球的能力，市场拓展机制成为省际边缘区产业集聚不断强化的重要推动力。

（三）社会主体层面的作用机制

1. 就地就业机制

就地就业机制主要是指省际边缘区由于区位的特殊性，兼具边缘和前沿两个特点，边缘性导致该区域对外来务工人员和人才资源的集聚引力较弱，前沿性表明边缘区社会主体享受跨省经济中心的辐射效应较为便捷，在此情境下，省际边缘区社会主体就地就业的选择意愿较高。

就地就业机制主要是指省际边缘区本地居民就近选择工作地点，其产生与省际边缘区社会经济发展阶段的变迁密切相关，当前科技的进步使得各地资源在较大程度上可以实现一定程度的共享，同时信息开放程度的提高使得人们的思想观念发生转变，过去追求的在中国东、南部发达城市务工创造高收益，如今在产业集聚发展良好的省际边缘区也可实现，从距离、时间、经济等方面综合考虑，“离土不离乡”成为省际边缘区就地就业的成熟模式。另外，省际边缘区现存产业集聚的不断发展，市场、企业对劳动者技能等方面都提出更高要求，地方政府在难以留住外来人才的前提下，通过一系列的制度安排，多方培育与本地产业密切相关的本地劳动者，成熟一批输送一批。在此过程中，边缘区劳动者通过不断学习，拥有了相关技能，有利于其就近就业，而专业的劳动力资源可在一定程度上降低企业的人力资源成本，进而影响企业的选址，引发更大范围的产业集聚。

2. 集体创业机制

集体创业机制主要指部分省际边缘区由于产业不断集聚，人员的跨界交流，引致区域开放度、社会治安环境、产业成长环境和区域市场环境等不断优化。在此前提下，产生了外出务工人员（赚取资本+学习技能）返乡创业和当地产业的部分工作人员群体性尝试创业。

省际边缘区种子企业、早期集聚企业、外出务工者返乡创业的成功，形成的正面的示范作用，使地方政府、当地居民和部分外出务工者等关键行动者，改变其思想行为方式，如政策取向、思想观念、风险偏好、包容态度、创业行为等，引发了当地居民创业的热情，激发了地方政府的服务热情，激发了外出务工者返乡创业的热情和外来企业的投资热情，这样形成了一种良性的循环。拥有多年务工经验和企业家精神的外出务工人员，以及部分当地相关产业具有一定资历的从业人员开始群体性创业。这些新创企业一般在选择投资方向、试探市场容量上起到先行先试的作用，成功创业的示范将引导产业资本向特定产业集中。正是这种多主体的集体创业行动，促成了省际边缘区产业的不断集聚，促成了省际边缘区经济的快速增长。

综上所述，省际边缘区在政策引导机制、产业选择机制，成本节约机制、市场拓展机制，就近就业机制、集体创业机制的共同作用下，形成了产业集聚的合力。这六个方面的合力，随着边界效应从屏蔽效应向中介效应的转化，不断相互促进并被不断加速和放大，从而共同推动了省际边缘区产业集聚的形成和演化，促进了区域经济增长。

第六章　促进边界效应正向转化的省际边缘区空间整合的理论研究

第一节　省际边缘区区域经济空间整合的基础与目标

一、省际边缘区区域经济空间整合的基础

（一）省际边缘区区域经济空间整合的取向

促进边界效应从屏蔽效应向中介效应不断转化，从而进一步优化省际边缘区的经济发展环境，加速产业集聚，促进区域经济增长，是省际边缘区区域经济整合的重要取向。

从20世纪90年代以来，在经济全球化和区域经济一体化的发展大背景下，不同空间尺度（全球、跨国一体化区域、国家、地方等）的区域经济发展及区域间的关系变得越来越相互依赖，大到国家小到镇村均受到全球化的直接或间接的影响，区域经济的发展已不仅仅取决于其行政地域范围内区域自身的潜质，而是更多地受到相对广域层面宏观区域发展基础的影响，尤其取决于其所在区域融入全球化的能力和程度。因此，相邻区域之间的相互作用关系变得越来越重要，同时也正在发生新的变化。尤其面对当前知识经济和信息社会的快速发展，单一的行政区域正在失去以往独立经济实体性地域的功能，以大、中、小城市为重要节点的城市群区域成为融入全球经济网络的基本地域单元，这一基本取向追使相邻区域必须走协同发展的道路，以期成为功能互补、联系紧密的功能一体化型区域。对于省际边缘区的县（市）来说，为了避免被再次边缘化，在空间联系的方向上，应当破除省界的屏蔽作用，以邻近的省域内外重要节点城市为主要对接目标，积极融入相应的城市群区域。

（二）省际边缘区区域经济空间整合的前提

在当前开放的市场经济条件下，中介效应的客观存在及其对省际边缘区区域发展优势的放大作用机制，是省际边缘区区域经济整合的重要前提和基础。

全球化和区域经济一体化带来了区域间贸易的增长，同时也为经济行为主体在更大范围内拓展市场和寻求生产要素提供了可能。对于省际边缘区而言，在计划经济体制作用下，省际边缘区是较为典型的过渡型区域和区域经济、社会发展的弱势区域；但在当前市场经济体制作用下，由于省际之间经济势差，在要素趋

利性的影响下，使得社会经济要素跨界流动成为必然，省际边缘区更容易利用其两侧的梯度势能，省界势必由经济“分隔线”向经济“接触带”演化。在这一过程中，省际边缘区区域主体出于自身经济发展的考虑，将会不断促进实体性生产要素的空间集聚。一方面，促进跨省界空间、产业、设施相互配套，为省际经济联系和交往提供便利；另一方面，省际主体之间也从历史时期跨省界的自然地理联系，逐渐向全方位的社会、经济联系转变，主体互动日益频繁。其结果是省际之间经济联系、社会联系、生态联系不断强化，省际边缘区的通道效应、窗口和纽带效应逐渐显现，这些均构成了省际边缘区区域经济整合的基础。

二、省际边缘区区域经济空间整合的目标

促进省界的中介效应不断强化，最终形成社会、经济联系紧密、功能互补的跨省界一体化型区域，是省际边缘区区域经济空间整合的总体目标。

从不同的空间尺度分析，省际边缘区区域经济空间整合的尺度目标主要涵盖小尺度的城镇内部产业发展载体和平台的优化整合，中尺度的城镇与周边城市区域的整合，宏观尺度的省际整合。其中，最关键的是中尺度的城镇与周边城市区域的全面整合发展。因为城市是区域的重要组成要素，是区域内经济和社会活动的聚集体，是区域中最具发展实力和活力的组织，城市的发展轨迹受制于所在区域的总体发展格局。城市通过与区域之间在各方面形成广泛而复杂的联系，构造区域空间经济结构，推动区域经济和社会演进。从区域经济的空间集中性考察，可以看出区域经济发展在相当大程度上都是依托城市进行的。区域也在资源供给、环境容量、经济基础支撑、市场需求、社会发展等方面对城市的发展产生多种约束。一般情况下，城市的发展兴衰与区域经济社会发展及环境的变迁存在明显的正相关关系。省际边缘区也不例外，边缘区的城镇是区域经济发展的载体，是区域对外开放的门户，城市间、城市与区域、区域间矛盾的协调等都需要在边缘区城镇整合的基础上实现。

省际边缘区空间整合的阶段目标，是要实现省际边缘区整体利益和边缘区各个城镇利益的最大化，降低省际边缘区和省域中心区的经济差距，促进省际经济一体化发展。由于省际之间经济发展的阶段性差异，即经济梯度的存在，区域之间的互补性明显，在当前的开放型经济条件下，制度性障碍逐渐淡化，同时区域空间紧邻和交通条件的改善，使得省际之间的可达性较好，再加之区域之间传统的经济发展联系，干扰机会较小，有利于省际边缘区空间整合的发生。具体说来，主要是指通过省际边缘区城镇的空间整合，促进边界效应从屏蔽效应不断向中介效应转化，优化省际边缘区的社会环境和经济环境，降低省际边缘区内部的交易成本，实现社会经济要素跨省界的自由流动和不断融合，从而形成省际边缘

区整体的竞争优势和自发展能力。其实质是一个选择、协调、融合、控制的错综复杂的过程。省际边缘区的空间整合发展的具体目标应该着眼于具体的空间整合因素，主要从经济整合、产业整合、交通设施整合、社会整合、制度整合及环境整合等方面着手，最终实现城镇之间互动发展、基础设施配套、功能的协调以及跨界合作机制的制度化。

三、省际边缘区区域经济空间整合的一般模式

省际边缘区是一个由自然要素和社会经济要素组成的特定地理空间，要实现省际边缘区空间优化整合，促进边界效应由屏蔽效应向中介效应转化，最核心的内容就是根据省际边缘区的自身特点、省际经济差异及省际边缘区城镇发展的阶段特征和趋向，从空间有序化的角度对省际经济联系方向、联系重点进行合理化的组织。省际边缘区城镇空间整合的模式一般可分为：向心整合模式、离心整合模式和邻域整合模式三种类型。整合的目的是从省际边缘区内外联系的角度，在制度、经济、社会和文化等动力因素的共同作用下，进一步强化省界的中介效应，淡化屏蔽效应，加速社会经济要素的跨界集散。

（一）向心整合模式

向心整合模式主要用于：第一，强强对等型的省际边缘区；第二，省域内部，省界以山脉、水域等自然屏障为界限，跨界交通极其落后，省会或首府经济区经济发达且空间位置近似位于全省的几何中心；第三，边缘区附近有较为发达的区域性中心城市，且省际边缘区县（市）到省域中心区或区域性中心城市交通便利，边缘区县（市）的经济联系方向以对内联系为主。在这样的前提下，跨界联系自然阻力巨大，省际边缘区城镇与省域内部的中心城市经济社会联系密切。省际边缘区县（市）应当在设施对接的基础上，以省直管县的制度安排为基础，加强与省域中心区域的产业联系、社会联系，形成“向心型”的空间组织格局（图6–1）。

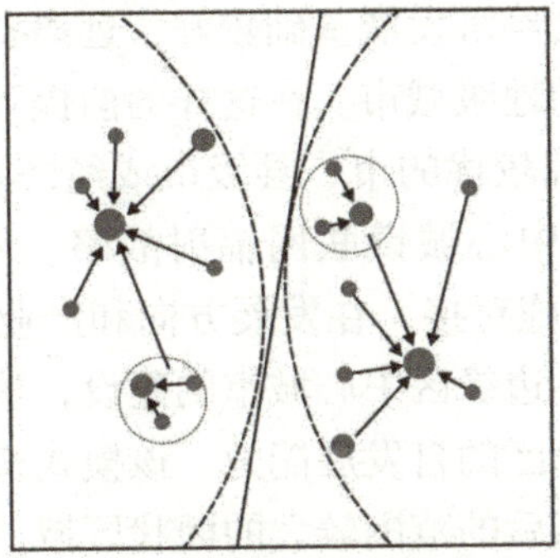

图6–1　省际边缘区区域经济向心整合模式

（二）离心整合模式

离心整合模式，主要适用于：经济、社会差距明显的强弱非均衡型省际边缘区。一方面，经济强省具有实力强大的经济中心，在经济发展阶段上，处于扩散发展阶段；另一方面，经济较弱省份，省域经济中心对省际边缘区的带动效应有限，自身仍处于极化效应为主的集聚发展阶段，且省际边缘区两侧无实力较强的地级市或区域性中心城市。总体表现为省际之间经济差异明显，且省际之间交通条件较为便利，自然条件等阻隔效应较弱，省际之间社会交往较为密切，区域文化融合和区域相互认同度较高。在这样的前提下，省际之间的互补效应明显，要素的流动加剧，经济较弱省份的省际边缘区县（市）应当在寻求更多发展机会的前提下，主动对接经济较强省份的经济中心，实施离心发展战略。经济较强省份的省际边缘区县（市），应当充分利用省际之间的要素成本差距，鼓励企业在资金、技术、管理等优势的支撑下，实施低成本扩张战略，对经济较弱省份的省际边缘区城市进行投资，从而形成双向互补型的离心整合发展模式。如皖苏、皖浙、浙赣等省际边缘区的县市，均可实行离心整合的空间格局优化模式（图6-2）。

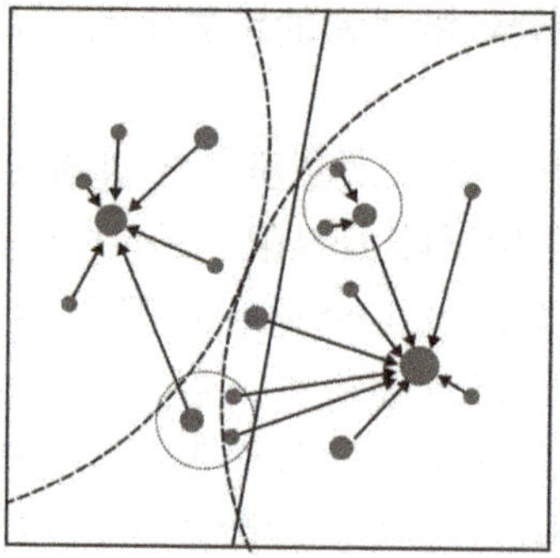

图6-2　省际边缘区区域经济离心整合模式

（三）邻域整合模式

邻域整合模式主要适用于中小城镇较为密集的省际边缘区，省界两侧中小城镇整体实力相差较小，社会经济发展基础较好，远离省域中心城市区域，周边缺少规模较大的、实力较强的地级城市。在这样的前提下，应当选择省际边缘区内部发展潜力较大、区位环境较优的市、县级市或经济发展实力较强的县为核心，进行中心培育，同时实施中心城镇联网辐射战略，强化省际边缘区内部各县（市）之间的交通等基础设施对接，在发展方向和产业发展重点等方面，进行差异化的发展定位，加强省际边缘区中心城市的建设，从而进一步优化省际边缘区的城镇体系，强化省际边缘区的自发展能力。该模式适合三个或三个以上省份交界，历史上整体发展较为落后的范围较大的面状区域，或者是文化基础相同的省际民族区域（图6-3）。

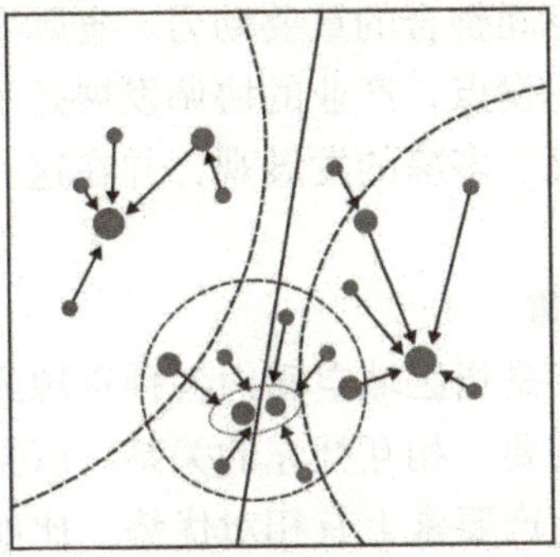

图6-3　省际边缘区区域经济邻域整合模式

在上述空间整合模式的基础上，省际边缘区应当以县（市）为基本的地域单元，一方面强化县（市）—县（市）之间、县（市）—市之间，以交通、通讯等为基础的设施对接。另一方面，从三次产业的发展来看，应当根据区域经济发展的阶段差异，强化省际边缘区与周边区域中心城市之间的服务业整合，加快省际边缘区一般生产性和生活性服务业的发展，提高省际边缘区的人口基数，加快周边区域中心城市高端服务业的发展，形成差异化的第三产业发展格局。对于省际边缘区以工业为代表的第二产业的发展，则应当基于价值链分工视角对省际边缘区的工业产业进行优化整合，从省际边缘区传统产业的升级改造到新兴产业与中心区域的配套入手，促进工业产业集聚化发展，强化边缘区与中心区之间在市场、技术、管理等方面的整合发展，依托中心区的资本，加快资源型产业开发与发展。从第一产业看，省际边缘区则应当以省域中心区的市场需求为导向，加快特色农业的发展，提高农产品的市场化水平，形成产业化发展态势，争取成为省域中心区的优质农产品供应基地。通过一、二、三产业的协调发展，促进省际边缘区产业多样化、集聚化发展，夯实省际边缘区内生增长的产业基础。从优化省际边缘区发展环境的角度看，加强省际边缘区主体间的联系，促进多元主体的多向交流，提高区域主体间如居民、官员、企业主等之间的彼此认同，促进省际间文化的不断融合，从而形成省际边缘区特有的社会环境基础，提高区域自我发展能力和核心竞争力，提高区域一体化的发展水平，防止省际边缘区在区域经济发展中被再次边缘化。

第二节　省际边缘区区域经济的整合重点

一、经济整合

经济整合是省际边缘区空间整合的重要内容之一，经济效益的最大化和利益的合理分配是省际边缘区空间整合的重要动力。省际生产要素的互补性流动是省际边缘区经济整合的基本出发点，产业的协调发展是其外在表现。要求省际边缘区各相关利益主体树立共赢、多赢的发展观，并在这一原则下促进经济要素的合理流动。

（一）生产要素优化配置

生产要素的互补性主要是指区域空间内各种资源或生产要素因禀赋差异而引起的区域间所存在的相互需要、相互补充的关系。以强弱型省际边缘区为例，经济发达的省份可能在高级生产要素上有相对优势，比如高级技术人才、资金、高端信息咨询服务等，但土地和劳动力资源较缺乏；而经济欠发达的省份可能在劳动力资源、区位条件、自然资源等方面有优势，但技术与资金等要素供给不足。因此，两者之间的经济梯度差异就会引起生产要素的相互流动。其中，劳动力资源会不断向经济发达省份集聚，高端技术也不断流向欠发达省份。生产要素的流动密切了省际边缘区的经济联系，随着省际边缘区经济整合的不断推进，又进一步推动了生产要素的动态流动，从而加速省际边缘区空间经济整合。省际边缘区经济整合的实质就是使生产要素在邻域间实现自由流动，从而带来区域经济要素的有效配置与生产效率的提高。

（二）产业分工与合作

合理的产业分工与合作是省际边缘区区域经济整合的关键，省际边缘区产业整合可分为供应链互补型、资源共享型、优势互补型、蛛网辐射型等，以省际之间产品结构的互补和产业梯度转移为推动力，充分利用各区域生产要素的差异性以及产业结构的互补性，促进生产要素和产业在省际间转移。因此，省际边缘区产业整合不仅会降低相关产品的生产成本，强化空间上的经济联结效应，加快区际间要素的流动性，还能打破相互竞争的局面，实现区域产业分工的均衡性和高效性。省际可以通过产业协作网络建设，从产业链配套协作、专业化生产的角度，促进区域产业结构不断优化。省际边缘区往往具有相同的资源禀赋，可以在跨界区域两侧打造同一产业链不同环节的产业集聚体，合理分工；或当产业集群间存在经济优势时，可以将部分生产环节外包给区域外的其他集群，加强与跨区域集群间的合作互动，促进产业共同发展和相关资源的高效利用。

二、制度整合

省际边缘区受行政界线和经济组织管理等原因的影响，其经济活动往往被动地束缚在本地区内部，导致跨省界经济链条的中断与地方保护主义的盛行。地方政府为追求经济利益的最大化，往往采用行政手段干预经济活动，从而损害了省际边缘区的整体利益，导致省际边缘区受人为的屏蔽效应影响较大。为扭转这种局面，促进中介效应的发挥，必须对各种经济政策、制度安排等进行整合。

（一）制度对接

制度整合既包括省际边缘区各级政府在一系列正式规则的制定和制度实施机制方面保持高度的统一协调性，又包括各种非政府组织、企业等主体自觉遵守现行制度安排，保证实施机制效能的充分发挥。有效的制度安排可以使得技术、劳动力等资源发挥更大的效益而极大提高生产效率，降低生产成本和交易成本，促进经济的增长。要求省际间应在各级地方政府的统一组织协调下，对省际间各区域的经济制度、金融制度、企业制度、管理制度、土地使用制度及运行机制等进行全面的协调与整合，强化各项制度的对接，形成合力，避免恶性竞争，促进社会、经济要素跨省界的有序流动。

（二）组织建设

跨边界的组织建设能够降低省界的屏蔽效应，激发中介效应的积极影响，同时对于降低省际边缘区的交易成本也具有直接的作用。要求省际边缘区可由各级政府牵头，建立一种次区域经济合作组织即超区域管理机构，实现管理制度的创新，其跨边界经济、交通及区域制度的安排与管理都由合作组织完成，这样地方政府间的集体决策能够得到更多的利益集团支持，从而推动区域经济的整合效果。具体的组织建设的层次如图6–4。

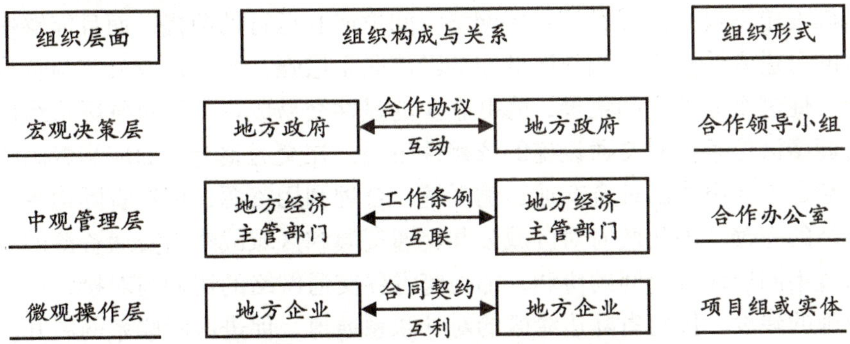

图6–4 省际边缘区经济合作与协同发展的组织结构 [19]

第一，宏观决策层。在省际边缘区推进基础设施建设和产业布局一体化。如：联合制定省际边缘区城镇体系总体规划、详细规划、行业发展规划、区域土地利用规划、区域环境治理和保护规划等，协调省际边缘区各个城镇的利益，发挥区域整体优势，增强综合竞争力。第二，中观管理层。通过建立不同层次的区域合作组织，实施跨省域管理。省际边缘区地方政府间要加强在经济活动和政策领域的协调，为边缘区域产业的集聚化发展创造宽松的政策环境。第三，微观操作层。优化边缘区域整体的产业布局，差异化的重点发展县域产业集群，以避免重复建设和恶性竞争，实现优势互补、协同发展。

三、环境整合

（一）文化环境整合

当前区域文化的显性和隐性的经济功能被广泛肯定，区域文化的不断融合是区域一体化发展的重要识别指标。省际文化的整合是促进边界效应不断正向转化的前提和基础，省际文化的认同是省际主体交往和联系的基础，是群体性价值取向形成的基础，也是省际边缘区产业集聚、经济发展的社会基础。省际边缘区文化整合并不是要求把省际间不同的地域文化其内在的规定性实现均质化、同一化，而是要让区域文化在精神上彼此亲近、认同，克服地域文化间可能存在的偏见和歧视，以此来促进省际边缘区区域主体思想意识开放度的提升和信任基础的建立，加强省际边缘区的社会可进入性。同时，不同地域的文化之间具有良好的互补性，省际文化整合能够促进政府、企业、居民、非政府组织间的交往和理解，增强社会联系，为潜在的社会资本形成创造条件，为实体性企业跨界投资、区域经济合作提供契机。

（二）设施环境整合

针对历史上省际边缘区“断头路”分布较多、以交通为代表的基础设施较为落后的现状，内部和跨界交通整合是促进边界效应正向转化的刚性要求。发达的交通基础设施不仅是区域经济发展网络空间形成和运行的前提，而且能够使省际边缘区的可进入性提高、相邻区域间的经济联系增强，带动产业分工与合作的有序开展，促进企业的空间集聚，降低企业的显性交易成本。针对省际边缘区因特殊的过渡型区位条件对交通设施的依赖性较强，在交通整合方面应当着眼于区域内不同交通方式组成的综合交通运输系统，合理利用资源，促进省际边缘区内部交通网络的完善。强化政府对区域公共交通资源和区域战略性交通资源的有效控制，通过不同层级政府间的协调，加强跨省界交通网络的协调与对接，通过交通基础设施的建设，优化省际边缘区的对外联系通道，促进区际联系的展开。构建交通基础设施的跨界共建共享机制，实现对外交通通道共同建设，重大基础设施与社会服务联合投资，形成省际边缘区交通设施的共建平台，提高各类生产要素流动的效率。

（三）生态环境整合

省际边缘区自然、地理环境较为复杂，我国省际的划界往往以山水为基础划定省界。为了调和省际潜在的生态性矛盾，弱化其可能对区域经济发展产生的自然屏蔽效应，突出省际边缘区的生态功能，有必要对省际边缘区的环境进行跨界整合。省际环境整合的重点是，要树立共同的环境观，充分认识省际边缘区独有的生态功能，形成共同保护与治理的理念。构建环境整合的跨界协调与合作机制，加强界河、界山等环境的共同管理，通过共同的管理机构，共同的环境设施建设，达到共用共管的效果。设定共同的区域性企业准入门槛和相关产业禁入标准，各地方政府共同遵守，互相监督。通过生态补偿机制等促进区域环境问题的共同治理，形成环境友好型的合作区域。

四、路径选择

中国省际边缘区的整合发展，由于行政区的刚性和经济区的柔性相互交织及共同作用，单一的整合路径很难奏效。借助公共治理理论，省际边缘区多元主体如政府、企业与社会都不是该类型区唯一的治理主体，需要三者之间相互协调、相互补充。应从自上而下和自下而上两个路径展开整合，平衡好政府与市场之间的关系、平衡好短期与长期的协同机制之间的关系、平衡好显性的客观设施与隐性的社会关系整合之间的关系。

（一）自上而下的整合路径

省际边缘区不同层级的政府，既是规范市场竞争的主要责任者和引导者，又是推进区域协作的主导者和协调者。在省际边缘区空间经济整合方面，政府有责任思考如何把规划做得更科学，并且积极推动重大产业政策、生产布局在国家层面的整体规划框架下和区域发展相协调，因势利导，从生态、经济、社会、管理等领域着手，对省际边缘区功能布局、战略性资源、开发边界、生态控制线、关键性公共服务和基础设施等方面进行全局性的协同。自上而下的整合路径重点包括以下几个方面的内容。

第一，构建省际边缘区市场整合机制。核心问题是处理好政府和市场的关系，省际边缘区由于行政界线的影响，是市场分割与衔接的中继点，跨界整合发展即是以市场为基础进行资源配置的过程，遵循比较优势原理，自觉引导资源要素、生产要素在不同层级城镇间流动，通过资源互补与产品互补，实现城镇之间的合理分工和优势互补。打破区域壁垒和市场分割，构筑统一开放、竞争有序的区域大市场，制定统一的区域性商品市场标准，真正建立区域市场机制，实现生产要素在区域城市间的有序自由流动、资源高效配置、市场深度融合，形成竞争新优势。

第二，构建利益分配协调机制。区域内要统一规则，规范各类政策法规，防止各省际边缘区不同省域、城镇基于自身利益而出台特殊优惠政策造成“内耗式”恶性竞争，使边缘区各城镇获得平等发展机会，有权分享协作的收益；完善要素价格的形成机制和分配机制，在充分考虑市场供求状况、资源稀缺程度和边缘区各城镇具体情况的基础上，完善要素价格的形成机制，合理确定边缘区各城镇协作收益的分配比例与方式；建立利益补偿机制，在利益兼顾、适当补偿的原则下，对因参与区域协作分工而可能蒙受损失或自身发展能力相对较落后的地区，在资金、技术、人才等政策上给予适当的支持。

第三，强化运行机制的有效整合。省际边缘区涉及的地方政府、基层政府等利益主体较多，不同省际之间规制又有一定的差别，因此边缘区内部应当对运行机制进行有效整合，确保自上而下的相关战略能够有效推进。如可以采取统筹规划、高层协商、建立共享平台、定期召开边缘区城市协调论坛等，达成各种必要的区域性协议等，并将之常态化，形成一整套行之有效的运作机制。

（二）自下而上的整合路径

省际边缘区的企业和居民等微观主体，应在政府的发展理念、制度设计、区域管治等指导下，呼应政府自下而上的整合路径，重点包括以下几个方面的内容。

第一，基层政府层面。作为区域宏观决策的具体实施者，应当全面执行上级政府制定的不同类型省际边缘区的区域发展战略，共同推进产业分工合作和区域开放市场体系建设，共同布局交通基础设施建设，在生态文明和环境保护方面建立长效的协同机制，共建科技创新民生服务平台，共同维护省际边缘区的社会治安环境，从而建立起完善的省际边缘区区域联动整合的机制，有效打破省际边缘区内部行政界限，加快推进省际边缘区空间经济整合的纵深发展。

第二，企业层面。企业作为省际边缘区经济增长的重要抓手，应当呼应政府的产业规划与产业政策，不同类型的企业应当在共赢思想的指导下，有所为有所不为，力求彰显省际边缘区的产业特色，注重边缘区生态环境的容量，形成持续性发展的格局。通过“企业联盟”“产业联盟”共同发展，从而形成一种立足于比较优势的差异化分工格局，推进省际边缘区产业价值链整合、提升。

第三，边缘区微观主体层面。随着省际边缘区社会开放度的提高，边缘区居民应当摒弃“小富即安”“等、靠、要”“消极待业”的想法，以更为开放、包容的态度去改善省际边缘区区域整合的外部发展环境，如区域开放度、社会治安环境、产业成长环境和区域市场环境等，呼应政府层面自上而下的宏观决策。

实　证　篇

第七章　中国省际边缘区的发展现状

第一节　中国典型省际边缘区的分布情况和发展概况

一、中国典型省际边缘区的分布情况

中国历史上省界的划分，通常以大山、大河等自然屏障为界，因此客观上决定了大部分省际边缘区的地形地貌条件复杂，地理环境封闭，区域的可进入性差，自然地理的边缘性显著。虽然大部分区域自然资源丰富，但是在当时的社会生产力发展水平下，受技术、人力、财力等综合影响，资源的开发难度大，区域经济增长缓慢。从区位环境上看，省际边缘区一般远离省域经济中心区，受距离衰减规律的影响，不能有效接收省域核心区的经济辐射，在行政区经济运行系统下，处于经济发展的劣势位置，因此经济地理区位的边缘性显著，“老、少、边、山、穷、库”区（革命老区、少数民族聚居区、边境边疆地区、山区湖区、集中连片特殊困难区、库区）是对中国典型省际边缘区的高度概括，是区域经济、社会发展的弱势区域，下面介绍中国典型省际边缘区的发展概况。

（一）典型省际边缘区之一：革命老区

革命老区是中国典型的省际边缘区之一，是中国革命老根据地的简称，指土地革命战争时期和抗日战争时期，在中国共产党领导下创建的革命根据地，包括土地革命战争时期的17块革命老区（革命根据地）和抗日战争时期的18块革命老区（抗日根据地）。在这35块革命老区中，比较著名的9块根据地被誉为中国革命的摇篮，包括：井冈山革命根据地、中央革命根据地、鄂豫皖革命根据地、川陕革命根据地、鄂豫陕革命根据地、陕甘宁抗日根据地、晋察冀抗日根据地、晋冀鲁豫抗日根据地、鄂豫皖湘赣抗日根据地，这些根据地都处在不同的省际边缘区，其发展的历史概况如表7–1所示。

表7-1　中国典型省际边缘区之一：革命老区

序号	时期	名称	位置	历史概况
1	土地革命战争时期	井冈山革命根据地	湖南、江西两省边界	土地革命战争时期，中国共产党在湖南、江西两省边界罗霄山脉中段创建了第一个农村革命根据地，总面积约为4 000平方千米。从1927年10月到1930年2月止，共2年4个月。为中国共产党领导的各地武装斗争树立了榜样，成为中国革命走上建立农村根据地，以农村包围城市，最后夺取全国胜利的道路的开端
2	土地革命战争时期	中央革命根据地	赣南、闽西	由赣南、闽西两块根据地合并而成，毛泽东、朱德1929年6月直接领导开辟，1933年秋处于鼎盛时期，辖江西、福建、闽赣、粤赣4个省级苏维埃政府、建立24个县级苏维埃政府，拥有60个行政县，总面积约为8.4万平方千米，总人口达453万，是土地革命战争时期全国最大的根据地，是全国苏维埃运动的中心区域，是中华苏维埃共和国党、政、军首脑机关所在地
3	国内革命战争时期、土地革命战争时期、抗日战争时期、解放战争时期	鄂豫皖革命根据地	湖北、湖南、安徽三省边界的鄂豫边、皖西、豫东南	地处大别山，由湖北、湖南、安徽三省边界的鄂豫边、皖西、豫东南三块革命根据地发展而成；是红四方面军、红二十五军、红二十八军的诞生地，包括20余县共350万人口，主力红军4.4万余人，地方武装、民兵20万余人；是全国唯一具有第一次国内革命战争时期、土地革命战争时期、抗日战争时期、解放战争时期等各个时期全部斗争历史的革命根据地
4	土地革命战争时期	川陕革命根据地	四川、陕西边界地区	红四方面军1932年12月战略转移到四川、陕西边界地区创建的又一个革命根据地，在全国绝无仅有，是中华苏维埃共和国的第二个大区域
5	土地革命战争时期	鄂豫陕革命根据地	湖北、河南、陕西三省交界地带	红二十五军长征途中，在湖北、河南、陕西三省交界地带创建的以商洛为中心的革命根据地，人口约50万，面积3万多平方千米，根据地的斗争共坚持2年4个月
6	抗日战争时期	陕甘宁抗日根据地	陕西、甘肃和宁夏三省交界地区	在陕西、甘肃和宁夏三省交界地区建立的抗日根据地，在党的历史上具有特殊的贡献和重要地位，延安市中共首脑所在地，成为全民族抗战的领导核心，是当时爱国青年心中所向往的圣地
7	抗日战争时期	晋察冀抗日根据地	北岳、冀中、冀热辽三区	晋察冀边区是中国共产党在敌后开创的第一个抗日根据地，包括北岳、冀中、冀热辽三区，下辖108个县共约2 500万人口，在聂荣臻率领下，以山西五台山为中心，粉碎日军多次"扫荡"，同日伪军作战3.2万余次，毙伤日伪军35万人
8	抗日战争时期	晋冀鲁豫抗日根据地	晋冀鲁豫	1938年5月，徐向前等率领一二九师主力建立冀南抗日根据地，8月20日，宣布成立中共晋冀鲁豫中央局和晋冀鲁豫军区，与抗战时期成立的晋冀鲁豫边区政府同驻河北省涉县，后迁至邯郸市
9	抗日战争时期	鄂豫皖湘赣抗日根据地	鄂豫皖湘赣	1938年10月，中共在鄂豫皖发动群众，展开抗日救国斗争；1939年1月，李先念率新四军独立游击大队从河南竹沟出发，挺进鄂中，与信阳挺进队一部合编为新四军鄂中游击支队；1939年11月，新的中共豫皖边区委员会成立，整编新四军豫鄂挺进纵队，李先念任司令员，朱理治任政治委员

资料来源：根据相关资料整理而成。

（二）典型省际边缘区之二：少数民族聚居区

中国是个多民族国家，有56个民族，由于历史原因中国的少数民族聚居区也多位于省际边缘区。中国有5个少数民族自治区，分别是：西藏自治区、新疆维吾尔自治区、宁夏回族自治区、内蒙古自治区、广西壮族自治区，其多位于边疆地区；30个少数民族自治州中，位于两省或多省交接区域或紧邻国界区域的有28个，占自治州总数的90%以上（表7–2）；117个少数民族自治县多分布在省、自治区等省际边缘区或自治州等行政交界区域（表7–3）。内陆省际边缘区少数民族自治州和自治县，由于地理位置的特殊性、生态环境的脆弱性、民族宗教的多元性和经济发展的滞后性，使其成为中国全面建成小康社会的重点支持地区。

表7–2　中国典型省际边缘区之二：少数民族聚居区——自治州

序号	名称	是否紧邻省份边界	位置说明
1	延边朝鲜族自治州	是	吉林省东部，地处中、俄、朝三国交界，面临日本海。东与俄罗斯滨海边疆接壤，南隔图们江与朝鲜咸镜北道、两江道相望，西邻吉林市、白山市，北接黑龙江省牡丹江市
2	恩施土家族苗族自治州	是	地处湘、鄂、渝三省交汇处
3	湘西土家族苗族自治州	是	湖南省西北部，地处湘、鄂、黔、渝交界处
4	阿坝藏族羌族自治州	是	四川省西北部，北与青海、甘肃省相邻
5	甘孜藏族自治州	是	川、滇、藏、青四省六地交界处
6	凉山彝族自治州	是	四川省西南部，川滇交界高原
7	黔东南苗族侗族自治州	是	贵州省东南部，东与湖南省怀化地区毗邻，南和广西壮族自治区柳州、河池地区接壤，西连黔南布依族苗族自治州，北抵遵义市、铜仁地区
8	黔南布依族苗族自治州	是	贵州省中南部，东与黔东南州相连，南与广西壮族自治区河池市毗邻，西与安顺市、黔西南州接壤，北靠贵阳
9	黔西南布依族苗族自治州	是	贵州省西南部，地处黔、滇、桂三省区的结合部
10	楚雄彝族自治州	是	云南省中北部，南连普洱市和玉溪市，西接大理白族自治州，北临四川省攀枝花市和凉山彝族自治州，西北隔金沙江与丽江市相望
11	红河哈尼族彝族自治州	是	云南省东南部，东接文山，南与越南社会主义共和国接壤，西邻玉溪，北连昆明，北回归线横贯东西
12	文山壮族苗族自治州	是	中国西南边陲的云南省东南部，东与广西百色市接壤，南与越南社会主义共和国接界，西与红河哈尼族彝族自治州毗邻，北与曲靖市相连

续表

序号	名称	是否紧邻省份边界	位置说明
13	西双版纳傣族自治州	是	东西面与江城县、普洱市相连，西北面与澜沧县为邻，东南部、南部和西南部分别与老挝、缅甸山水相连，邻近泰国和越南
14	大理白族自治州	否	东邻楚雄州，南靠普洱市、临沧市，西与保山市、怒江州相连，北接丽江市
15	德宏傣族景颇族自治州	是	东面与保山市相邻，南、西、北三面都被缅甸包围
16	怒江傈僳族自治州	是	云南省西北部，东靠丽江市，南接保山市，西南连大理白族自治州，北接西藏自治区，东北临迪庆藏族自治州
17	迪庆藏族自治州	是	云南省西北部，滇、藏、川三省区交界处
18	临夏回族自治州	是	甘肃省中南部，东临定西市，南靠甘南藏族自治州，西倚青海省，北濒兰州市
19	甘南藏族自治州	是	甘肃西南部，南与四川阿坝州相连，西南与青海黄南藏族州、果洛藏族州接壤，东部和北部与陇南市、定西市、临夏州毗邻
20	海南藏族自治州	否	青海省东部，东与海东地区和黄南藏族自治州毗连，南与果洛藏族自治州为邻，西与海西蒙古族藏族自治州接壤，北隔青海湖与海北藏族自治州相望
21	海北藏族自治州	是	青海省东北部，北与甘肃省毗邻
22	海西蒙古族藏族自治州	是	青海省西部，东临本省海北、海南藏族自治州，南通西藏，西出新疆，北达甘肃
23	黄南藏族自治州	是	青海省东南部，东、南部与甘肃省甘南藏族自治州交界，西南接果洛藏族自治州，西连海南藏族自治州，北与海东地区毗邻
24	果洛藏族自治州	是	青海省的东南部，东临甘肃省甘南藏族自治州，南接四川省阿坝藏族羌族自治州和甘孜藏族自治州，西与青海省玉树藏族自治州毗连，北和青海省海西蒙古族藏族自治州、海南、黄南藏族自治州相依
25	玉树藏族自治州	是	青海省西南部，东与果洛藏族自治州互通，东南与四川省甘孜藏族自治州毗邻，西南与西藏自治区昌都市和西藏自治区那曲地区交界，西北角与新疆的巴音郭楞自治州接壤，北与该省海西蒙古藏族自治州相连
26	伊犁哈萨克自治州	是	东北与俄罗斯、蒙古国接壤，西与哈萨克斯坦共和国交界，内邻克拉玛依市、阿克苏地区、巴音郭楞蒙古自治州、昌吉回族自治州和石河子市
27	博尔塔拉蒙古自治州	是	东部与塔城地区相连，南部与伊犁哈萨克自治州相毗邻，北部与哈萨克斯坦共和国接壤
28	昌吉回族自治州	是	东邻哈密地区，南与吐鲁番地区、巴音郭楞蒙古自治州毗邻，西接石河子市，北与塔城、阿勒泰地区接壤，东北与蒙古国交

续表

序号	名称	是否紧邻省份边界	位置说明
29	巴音郭楞蒙古自治州	是	东邻甘肃省、青海省，南倚昆仑山与西藏自治区相接，西连和田、阿克苏地区，北以天山为界，与伊犁、塔城、昌吉、乌鲁木齐、吐鲁番、哈密等地相连
30	克孜勒苏柯尔克孜自治州	是	新疆维吾尔自治区西部，东部与阿克苏地区相连，南部与喀什地区毗邻，北部和西部分别与吉尔吉斯斯坦和塔吉克斯坦两国接壤

资料来源：根据相关资料整理而成。

表7-3　中国典型省际边缘区之二：少数民族聚居区——自治县

省/自治区/直辖市	名称	是否紧邻省份边界	位置说明
河北(6)	承德市围场满族蒙古族自治县	是	河北省最北部，东邻内蒙古赤峰市，南与隆化县接壤，西南与丰宁满族自治县接壤，北接内蒙古克什克腾旗
	承德市丰宁满族自治县	是	东接承德市围场县、隆化县、滦平县，南邻北京市怀柔区，西面与张家口市赤城县、沽源县接壤，北靠内蒙古自治区正蓝旗、多伦县
	承德市宽城满族自治县	是	东与辽宁接壤，南面隔长城与秦皇岛和唐山市相邻，西与兴隆县邻，北与平泉和承德县相连
	沧州市孟村回族自治县	否	东南与盐山县毗连，西与南皮县、沧县接壤，北、东北与渤海沿岸的黄骅市、海兴县为邻
	廊坊市大厂回族自治县	是	东、北、西北与三河市毗邻，南面与香河县接壤，西、西南与北京市通州区相望
	秦皇岛市青龙满族自治县	是	东与辽宁绥中相连，南与河北迁安、卢龙、抚宁相邻，西和河北宽城、迁西接界，北与辽宁凌源、建昌交接
辽宁(8)	朝阳市喀喇沁左翼蒙古族自治县	是	东临朝阳县，南接建昌县，西靠凌源市，北连建平县
	阜新市阜新蒙古族自治县	是	东与彰武县、黑山县、新民接壤，南与北镇、义县相连，西与北票毗邻，北靠内蒙古库伦旗、奈曼旗
	本溪市本溪满族自治县	否	东与桓仁满族自治县、宽甸县相临，南与丹东市毗邻，西与本溪市、辽阳市接壤，北接沈阳市、抚顺市
	本溪市桓仁满族自治县	是	东与吉林省、集安县、通化县相连，南与宽甸满族自治县交界，西与本溪满族自治县接壤，北与新宾满族自治县毗邻，东北部和通化县、集安市交界
	丹东市宽甸满族自治县	是	东与朝鲜隔江相望，南接丹东市区，西与凤城市、本溪满族自治县毗邻，北与桓仁满族自治县、吉林省集安市相连

续表

省/自治区/直辖市	名称	是否紧邻省份边界	位置说明
辽宁(8)	抚顺市清原满族自治县	是	东临吉林省东丰县、梅河口市、柳河县，南临新宾满族自治县，西与抚顺县、铁岭县交界，北与西丰县、开原市相连
	抚顺市新宾满族自治县	是	东与吉林省通化市、柳河县搭界，南与本溪市、桓仁满族自治县为邻，西与抚顺市相连，北与清原满族自治县接壤
	鞍山市岫岩满族自治县	否	东及东南与凤城市、东港市毗连，南与庄河市相接，西与大石桥市、盖州市为邻，北及西北与辽阳县、海城市接壤
吉林(3)	白山市长白朝鲜族自治县	是	北与临江市、抚松县交界，东南与临江市交界，隔鸭绿江与朝鲜民主主义人民共和国两江道的一市五郡相对
	四平市伊通满族自治县	否	东与长春市双阳区、东南与磐石市接壤，南接东丰、东辽县，西南与梨树县为邻，西北面与公主岭市接界
	松原市前郭尔罗斯蒙古族自治县	是	东北临扶余县，东南与农安县接壤，西南与长岭县为邻，正西与乾安县毗连，西北与大安市交界，北临黑龙江省肇源县
黑龙江(1)	大庆市杜尔伯特蒙古族自治县	是	东靠大庆市，南与肇源县毗邻，西邻泰来县，西南与吉林省镇赉县隔江相望，北与齐齐哈尔市、林甸县接壤
浙江(1)	丽水市景宁畲族自治县	是	东邻青田县、文成县，南衔泰顺县和福建省寿宁县，西接庆元县、龙泉市，北毗云和县，东北连丽水市
湖北(2)	宜昌市长阳土家族自治县	否	东连宜都市，南抵五峰县，西接巴东县，北邻秭归县和宜昌市
	宜昌市五峰土家族自治县	是	东邻宜都市、松滋市，南抵湖南省石门县，西与鹤峰县、巴东县接壤，北与长阳土家族自治县毗连
湖南(7)	怀化市新晃侗族自治县	是	东连芷江，南、西、北三面分别与贵州省天柱县、三穗县、镇远县、玉屏县及万山区毗邻
	怀化市芷江侗族自治县	是	东邻中方县、鹤城区，南接洪江市、会同县及贵州天柱县，西连新晃侗族自治县万山特区，北接麻阳苗族自治县及铜仁市
	怀化市靖州苗族侗族自治县	是	东接绥宁县，南抵通道侗族自治县，西与贵州省黎平县、锦屏县、天柱县毗邻，北连会同县
	怀化市麻阳苗族自治县	是	东临辰溪县，南连鹤城区和芷江县，西接贵州省铜仁市，北靠泸溪县和凤凰县
	怀化市通道侗族自治县	是	东邻湖南绥宁县、城步苗族自治县，南毗广西三江侗族自治县、龙胜县，西连贵州黎平县，北接靖州苗族侗族自治县
	邵阳市城步苗族自治县	是	南与广西壮族自治区接壤，南邻广西龙胜、资源二县，西接怀化通道县
	永州市江华瑶族自治县	是	位于湘、粤、桂三省(区)结合部，分别与广东、广西各三个县(市、区)相邻

续表

省/自治区/直辖市	名称	是否紧邻省份边界	位置说明
广东(3)	清远市连南瑶族自治县	是	东北与连州市交界，东南与阳山县相连，南接怀集县，西邻连山壮族瑶族自治县，西北与湖南省江华瑶族自治县接壤
	清远市连山壮族瑶族自治县	是	西至广西贺州市八步区、北与湖南江华瑶族自治县相接
	韶关市乳源瑶族自治县	是	东邻武江区，南毗英德市，西连阳山县，北与乐昌市接壤，西北角与湖南宜章县相依
广西(12)	百色市隆林各族自治县	是	处在滇、黔、桂三省交界地带，东与田林县为邻，南与西林县接壤，北以南盘江为界，与贵州省的兴义、安龙、册亨等隔江相望
	河池市巴马瑶族自治县	否	与百色、田阳、田东、平果、大化、东兰、凤山、凌云等市县毗邻
	河池市都安瑶族自治县	否	东邻忻城县和宜州市，南隔红水河与马山县相望，西与大化瑶族自治县接壤，北靠河池市金城江区
	河池市大化瑶族自治县	否	由当时河池地区都安瑶族自治县、巴马瑶族自治县以及南宁地区的边缘结合部组成
	河池市环江毛南族自治县	是	东邻融水、罗城县，南接宜州、河池市，西隔打狗河与南丹县相望，北与贵州荔波、从江两县毗连
	河池市罗城仫佬族自治县	否	东北邻融水苗族自治县界，东南交柳县境，西南连宜山县地，西北与环江县接壤
	柳州市融水苗族自治县	是	东临融安县，南连柳城县，西与环江县、西南与罗城仫佬族自治县接壤，北靠贵州省从江县
	柳州市三江侗族自治县	是	东连龙胜县、融安县，南邻融安县、融水县，西接融水县、贵州省从江县，北靠湖南省通道县、贵州省黎平县
	桂林市龙胜各族自治县	是	东临兴安、资源县，南接灵川、临桂县，西南与融安、三江县为邻，北毗湖南省城步，西北与湖南通道县接壤
	桂林市恭城瑶族自治县	是	东与富川瑶族自治县及湖南江永县交界，南与钟山、平乐县毗邻，西接阳朔、灵川县，北临灌阳县
	贺州市富川瑶族自治县	是	东连湖南省江华瑶族自治县，南与钟山县接壤，西与恭城县接壤，北与湖南省江永县相连
	来宾市金秀瑶族自治县	否	东与蒙山县相连，南与平南县、桂平市、武宣县毗邻，西与象州县接壤，北与鹿寨县、荔浦县交界

续表

省/自治区/直辖市	名称	是否紧邻省份边界	位置说明
海南(6)	昌江黎族自治县	否	东临白沙黎族自治县,南临乐东黎族自治县,西南临东方市,西北濒临北部湾,东北部隔珠碧江同儋州市相连
	白沙黎族自治县	否	东与琼中县为依,东南与五指山市交界,南与乐东县相连,西与昌江县接壤,北与儋州市毗邻
	乐东黎族自治县	否	东南与三亚市毗邻,西北靠海南新兴工业城东方市
	保亭黎族苗族自治县	否	东接陵水县,南邻三亚市,西连三亚市、乐东县,北依五指山市、琼中县
	陵水黎族自治县	否	东濒南海,南与三亚市毗邻,西与保亭县交界,北与万宁市、琼中县接壤
	琼中黎族苗族自治县	否	东连琼海、万宁,南与通什、保亭、陵水毗邻,西接白沙,北和屯昌、澄迈、儋州交界
重庆(4)	石柱土家族自治县	是	东接湖北利川市,南连重庆彭水县,西南临重庆丰都县,西北接重庆忠县,北与重庆万州区接壤
	彭水土家族苗族自治县	是	东连黔江区,东南接酉阳县,南邻贵州省沿河县、务川县,西南连贵州省道真县,西连武隆县,西北与丰都县接壤,北连石柱县,东北接湖北省利川市
	酉阳土家族苗族自治县	是	东邻湖南省龙山县,南与秀山县、松桃、印江县接壤,西与贵州沿河县隔江(乌江)相望,西北与彭水县交界,正北与黔江县、咸丰县、来凤县相连
	秀山土家族苗族自治县	是	东临湖南省龙山县、保靖县、花垣县,西南连贵州省松桃县,北接酉阳县
四川(4)	凉山彝族自治州木里藏族自治县	是	东南临冕宁、盐源县,西北连稻城、理塘、雅江、康定、九龙县,西南临云南省香格里拉县、玉龙纳西族自治县、宁蒗彝族自治县,北靠甘孜州
	乐山市马边彝族自治县	否	东北邻沐川,西北交峨边彝族自治县,东部与宜宾市屏山县接壤,南部和西部分别与凉山彝族自治州的雷波和美姑毗连
	乐山市峨边彝族自治县	否	四川省西南部的小凉山区,与峨眉山毗邻
	绵阳市北川羌族自治县	否	东接江油市,南邻安州区,西靠茂县,北抵松潘、平武县
贵州(11)	毕节市威宁彝族回族苗族自治县	是	南、西、北三面与云南省毗连
	安顺市关岭布依族苗族自治县	否	东北、西北与镇宁自治县、六枝特区毗邻,西南以北盘江为界,和晴隆、兴仁、贞丰三县相望

续表

省/自治区/直辖市	名称	是否紧邻省份边界	位置说明
贵州(11)	安顺市镇宁布依族苗族自治县	否	东与安顺市西秀区、紫云苗族布依族自治县相邻，南濒北盘江与黔西南自治州望谟、贞丰两县隔江相望，西同关岭布依族苗族自治县接壤，北与普定县、六枝特区毗邻
	安顺市紫云苗族布依族自治县	否	东临长顺、罗甸两县，南与望谟县交界，西北与镇宁县接壤，北靠西秀区
	遵义市道真仡佬族苗族自治县	是	西北、东北与重庆市南川区、武隆县、彭水县毗邻，西南、东南分别与正安县、务川县接壤
	遵义市务川仡佬族苗族自治县	是	东与德江、沿河自治县相连，南与凤岗县接壤，西与正安、道真自治县毗邻，北与重庆市的武隆、彭水自治县交界
	铜仁市印江土家族苗族自治县	否	东北与松桃苗族自治县接壤，东南部与江口县，南部与石阡县，西部与思南县等，西北与沿河土家族自治县、德江县
	铜仁市松桃苗族自治县	是	东北与湖南省的凤凰、花垣两县相连，南面是贵州省的铜仁市，西与重庆市的酉阳县、秀山土家族苗族自治县交界
	铜仁市沿河土家族自治县	是	北部东部与重庆市秀山土家族苗族自治县、酉阳土家族苗族自治县接壤，南部、西部与省内松桃苗族自治县、印江土家族苗族自治县、德江县、务川仡佬族苗族自治县相连
	铜仁市玉屏侗族自治县	是	东南依湖南新晃，西接镇远、岑巩，北临铜仁市
	黔南布依族苗族自治州三都水族自治县	否	东邻榕江县、雷山，南接荔波，西接独山、都匀，北连丹寨
云南(29)	红河哈尼族彝族自治州金平苗族瑶族傣族自治县	否	东隔红河与河口瑶族自治县相望，南与越南老街省及莱州省接壤，西接绿春县，北连元阳县，与个旧市、蒙自县为邻
	红河哈尼族彝族自治州屏边苗族自治县	否	东面与文山壮族苗族自治州的文山、马关县隔河相望，南部与河口县接壤，北部与蒙自县毗邻，西南与个旧市相连
	红河哈尼族彝族自治州河口瑶族自治县	是	东北与文山壮族苗族自治州马关县接壤，西隔红河与金平苗族瑶族傣族自治县相望，北靠屏边苗族自治县，南与越南社会主义共和国老街省相邻
	普洱市澜沧拉祜族自治县	是	与景谷、思茅、勐海、孟连、西盟、沧源、双江7县(市)相邻，西部和西南部有两段与缅甸接壤
	普洱市西盟佤族自治县	是	东、东北、东南环接澜沧县，南与孟连县接壤，西、西北与缅甸毗邻
	普洱市孟连傣族拉祜族佤族自治县	是	东与澜沧县、北与西盟县相连，西部、南部与缅甸掸邦第二特区相连

续表

省/自治区/直辖市	名称	是否紧邻省份边界	位置说明
云南(29)	普洱市江城哈尼族彝族自治县	是	东与红河州绿春县为邻,东南与越南接壤,南与老挝交界,西与西双版纳州勐腊县、景洪市毗邻,西北与思茅区、宁洱县相连,北与墨江县隔江相望
	普洱市墨江哈尼族自治县	否	东与元江、红河两县接壤,东南接绿春县,南邻江城县,西与宁洱县隔把边江相望,西北连镇沅县,北接新平县
	普洱市宁洱哈尼族彝族自治县	否	与思茅、墨江、江城、景谷、镇沅五个区(县)山水相连
	普洱市景谷傣族彝族自治县	否	东临宁洱,南及东南与宁洱、普洱相连,西沿澜沧江与澜沧县及临沧市的双江、临沧两县隔江相望,北和镇沅县毗邻
	普洱市镇沅彝族哈尼族拉祜族自治县	否	东接新平,东南与墨江、普洱毗邻,南连景谷,西隔澜沧江与临沧相望,北与景东、双柏接壤
	普洱市景东彝族自治县	否	东与南华县、楚雄市、双柏县接壤,南与镇沅县相依,西同云县隔澜沧江相望,北和南涧、弥渡两县相连
	玉溪市元江哈尼族彝族傣族自治县	否	东与石屏县接壤,南与红河县相连,西与墨江县毗邻,北紧靠新平县
	玉溪市新平彝族傣族自治县	否	东与峨山彝族自治县毗邻,东南与石屏县接壤,南连元江哈尼族彝族傣族自治县,西南接墨江哈尼族自治县,西与镇沅彝族哈尼族拉祜族自治县相接,北隔绿汁江与双柏县相望
	玉溪市峨山彝族自治县	否	南接红河州石屏县,西南毗连新平县,西北与楚雄州双柏县隔绿汁江相望,北连易门县和昆明市晋宁县
	临沧市耿马傣族佤族自治县	是	东与临翔区、双江县接壤,南与沧源县毗邻,西与缅甸山水相连,北与镇康县、永德县隔南汀河相望
	临沧市双江拉祜族佤族布朗族傣族自治县	否	云南省西南部
	临沧市沧源佤族自治县	是	东部和东南部与澜沧拉祜族自治县相连,西部和南部与缅甸国接壤,北邻耿马傣族佤族自治县,东北接双江拉祜族佤族布朗族傣族自治县
	大理白族自治州巍山彝族回族自治县	否	东临弥渡县,南与南涧彝族自治县接壤,西与漾濞彝族自治县和昌宁县、凤庆县隔漾濞江相望,北与大理市相连
	大理白族自治州南涧彝族自治县	否	东临弥渡县,南与景东彝族自治县毗邻,西南与云县以澜沧江为界,西至黑惠江与凤庆县隔水相望,北与巍山县相连
	大理白族自治州漾濞彝族自治县	否	东与大理市、巍山彝族回族自治县毗邻,南交保山市昌宁县,西与永平、云龙二县接壤,北连洱源县

续表

省/自治区/直辖市	名称	是否紧邻省份边界	位置说明
云南(29)	怒江傈僳族自治州兰坪白族普米族自治县	否	东南靠剑川县,南邻云龙县,西与泸水县、福贡县接壤,北接维西傈僳族自治县,东北连玉龙纳西族自治县
	怒江傈僳族自治州贡山独龙族怒族自治县	是	东与云南省德钦、维西两县相连,南与怒江州福贡县相邻,西与缅甸联邦毗邻,北与西藏自治区察隅县接壤
	迪庆藏族自治州维西傈僳族自治县	否	东临香格里拉县,东南与丽江市玉龙县接壤,南与怒江兰坪县相连,西与怒江州贡山县、福贡县为邻,北与德钦县衔接
	丽江市玉龙纳西族自治县	是	东与古城区、宁蒗彝族自治县相邻,南与剑川县相连,西与维西傈僳族自治县、兰坪白族普米族自治县接壤,北隔金沙江与香格里拉县、四川省木里藏族自治县毗邻
	丽江市宁蒗彝族自治县	是	东、东北分别与四川省盐源、盐边县接壤,南、东南分别与华坪、永胜两县相连,西与玉龙纳西族自治县、古城区隔金沙江相望,北与四川省木里藏族自治县为邻
	昆明市石林彝族自治县	否	东部和南部与红河哈尼族彝族自治州泸西县、弥勒市接壤,西部和西北部与宜良县毗连,北部与曲靖市陆良县相邻
	昆明市禄劝彝族苗族自治县	是	东北接东川市,东与曲靖地区的寻甸回族彝族自治县相连,南和富民县接壤,西、西南同楚雄彝族自治州的武定县毗邻,北以金沙江为界与四川省的会理县、会东县隔江相望
	昆明市寻甸回族彝族自治县	否	东临马龙县、沾益区、会泽县,南接嵩明县,西与富民县、禄劝县相依,北与东川区、会泽县接壤,有东川铁路相通
甘肃(7)	酒泉市阿克塞哈萨克族自治县	是	甘肃、青海、新疆三省(区)交汇处。东接肃北蒙古族自治县,南邻青海省海西蒙古族藏族自治州,西接新疆若羌地区,北靠敦煌市
	酒泉市肃北蒙古族自治县	是	南部在祁连山脉的西缘、河西走廊西端。东与肃南裕固族自治县为邻,南与青海省天峻县接壤,西南与西部同阿克塞哈萨克族自治县毗连,北与敦煌市、瓜州县、玉门市衔接
	张掖市肃南裕固族自治县	是	南界为青海省,西与西北连酒泉、嘉峪关市,北靠高台、临泽、民乐县和甘州区,明花区在高台县西部,皇城区在山丹县东部,大泉沟乡在民乐县中南部
	武威市天祝藏族自治县	是	东连景泰县,南接永登县,西邻青海省门源县、海东市互助县、乐都区,北靠凉州区、古浪县,西北与肃南县交界
	天水市张家川回族自治县	是	东接陕西省陇县,南邻清水县,西连秦安县,北毗华亭、庄浪县
	临夏回族自治州东乡族自治县	否	东临洮河与定西市毗邻,南与广河、和政两县接壤,西接大夏河与临夏市、临夏县为界,北隔黄河与永靖县相望

续表

省/自治区/直辖市	名称	是否紧邻省份边界	位置说明
甘肃(7)	临夏回族自治州积石山保安族东乡族撒拉族自治县	是	东南与临夏县接壤,西与青海省循化撒拉族自治县毗邻,北与青海省民和县隔河相望,东北部与永靖县以黄河为界
青海(7)	海北藏族自治州门源回族自治县	是	东北与河西走廊中部的甘肃省天祝、肃南、山丹县接壤,南接青海省大通、互助县,西与本州祁连、海晏县毗邻
	西宁市大通回族土族自治县	否	地处青海省东部河湟谷地,祁连山南麓,湟水河上游北川河流域,是青藏高原和黄土高原过渡地带
	海东市互助土族自治县	是	北与海北州门源回族自治县相接,东北与甘肃省天祝藏族自治县和永登县毗邻,东南与乐都区接壤,南与平安区相望,西靠西宁市大通县,西南与西宁市城东、城北区相接
	海东市化隆回族自治县	否	东与民和县接连,南与循化、尖扎县隔河相望,西与贵德、湟中县接壤,北与平安、乐都毗邻
	海东市民和回族土族自治县	是	东北与甘肃省永登县、兰州市红古区相连,东与甘肃省永靖县接壤,南隔黄河与甘肃省积石山县相对,西、西北及北与本省循化县、化隆县、乐都区毗邻
	海东市循化撒拉族自治县	是	东与甘肃省积石山县、临夏县接壤,南临甘肃省夏河县和青海省同仁县,西靠尖扎县,北同青海省化隆回族自治县和民和回族土族自治县为邻
	黄南藏族自治州河南蒙古族自治县	是	东临甘肃省夏河县、碌曲县,南接甘肃省玛曲县,西南与青海省玛沁县、海南州同德县毗连,北与泽库县相邻,处于青甘川三省结合部
新疆(6)	喀什地区塔什库尔干塔吉克自治县	是	内与叶城、莎车及克孜勒苏柯尔克孜自治州的阿克陶县相毗邻,外与塔吉克斯坦、阿富汗、巴基斯坦三国接壤
	巴音郭楞蒙古自治州焉耆回族自治县	否	新疆维吾尔自治区天山中段焉耆盆地中央,东临博斯腾湖,南临塔里木盆地,西临贺拉山,北接乌鲁木齐
	伊犁哈萨克自治州察布查尔锡伯自治县	是	地处新疆西天山支脉乌孙山北麓,伊犁河以南,与伊犁哈萨克自治州首府伊宁市隔河相望,西与哈萨克斯坦国接壤
	伊犁哈萨克自治州和布克塞尔蒙古自治县	是	东邻阿勒泰地区,南部与玛纳斯县、沙湾县接壤,西南部以乌尔河为界与克拉玛依市相连,西与额敏县、托里县以白杨河为界,北部与哈萨克斯坦共和国毗邻
	哈密地区巴里坤哈萨克自治县	是	东邻伊吾县,南接伊州区,西毗木垒哈萨克自治县,北接蒙古人民共和国
	昌吉回族自治州木垒哈萨克自治县	是	东与巴里坤哈萨克自治县、哈密市为邻,南与鄯善县隔山相望,西与奇台毗邻,北与蒙古人民共和国接壤

资料来源:根据相关资料整理而成。

（三）典型省际边缘区之三：边境边疆地区

中国地域面积广大，陆地邻国有朝鲜、俄罗斯、蒙古、哈萨克斯坦、吉尔吉斯斯坦、塔吉克斯坦、阿富汗、巴基斯坦、印度、尼泊尔、不丹、缅甸、老挝和越南。中国陆地边界全长约2.28万千米，其中将近90%已经划定，是世界上陆地边界线最长、邻国最多的国家，也是边界情况较为复杂的国家之一。在这样的背景下，边境边疆地区是中国的第三类典型的省际边缘区，该边缘区兼具省界、国界双重属性，主体更为多元，发展情况更为复杂，如中国当前需要重点发展的沿边地区（表7–4）。

表7–4　中国典型省际边缘区之三：边境边疆地区

类型		数量	名称
重点开发开放试验区		5个	广西东兴重点开发开放试验区，云南勐腊（磨憨）重点开发开放试验区、瑞丽重点开发开放试验区，内蒙古二连浩特重点开发开放试验区、满洲里重点开发开放试验区
跨境经济合作区		1个	中哈霍尔果斯国际边境合作中心
边境经济合作区		17个	广西东兴边境经济合作区、凭祥边境经济合作区，云南河口边境经济合作区、临沧边境经济合作区、畹町边境经济合作区、瑞丽边境经济合作区，新疆伊宁边境经济合作区、博乐边境经济合作区、塔城边境经济合作区、吉木乃边境经济合作区，内蒙古二连浩特边境经济合作区、满洲里边境经济合作区，黑龙江黑河边境经济合作区、绥芬河边境经济合作区，吉林珲春边境经济合作区、和龙边境经济合作区，辽宁丹东边境经济合作区
边境城市		28个	广西东兴市、凭祥市，云南景洪市、芒市、瑞丽市，新疆阿图什市、伊宁市、博乐市、塔城市、阿勒泰市、哈密市，内蒙古二连浩特市、阿尔山市、满洲里市、额尔古纳市，黑龙江黑河市、同江市、虎林市、密山市、穆棱市、绥芬河市，吉林珲春市、图们市、龙井市、和龙市、临江市、集安市，辽宁丹东市
沿边国家级口岸	铁路口岸	11个	广西凭祥，云南河口，新疆霍尔果斯、阿拉山口，内蒙古二连浩特、满洲里，黑龙江绥芬河，吉林珲春、图们、集安，辽宁丹东
	公路口岸	61个	广西东兴、爱店、友谊关、水口、龙邦、平孟，云南天保、都龙、河口、金水河、勐康、磨憨、打洛、孟定、畹町、瑞丽、腾冲，西藏樟木、吉隆、普兰，新疆红其拉甫、卡拉苏、伊尔克什坦、吐尔尕特、木扎尔特、都拉塔、霍尔果斯、巴克图、吉木乃、阿黑土别克、红山嘴、塔克什肯、乌拉斯台、老爷庙，甘肃马鬃山，内蒙古策克、甘其毛都、满都拉、二连浩特、珠恩嘎达布其、阿尔山、额布都格、阿日哈沙特、满洲里、黑山头、室韦，黑龙江虎林、密山、绥芬河、东宁，吉林珲春、圈河、沙坨子、开山屯、三合、南坪、古城里、长白、临江、集安，辽宁丹东。

资料来源：《国务院关于支持沿边重点地区开发开放若干政策措施的意见》。

（四）典型省际边缘区之四：山区湖区

中国的第四类典型的省际边缘区是山区湖区，由于中国历史上省域的划分基本是以山脉、河流、湖泊等自然地理实体为界（表7–5），从地名上面也可以反映出来，如河南河北两省以黄河为界，湖南湖北两省以洞庭湖为界。同时由于行政区划的历史依存性和相对稳定性，一直以来中国的省际边缘区多是山川、河湖集中的分布区，所以此类省际边缘区往往地质、地貌复杂，交通条件不便，区域可进入性差，整体发展较为落后。

表7-5　中国典型省际边缘区之四：山区湖区

山川河湖名称	相邻边界省份名称	山川河湖名称	相邻边界省份名称	山川河湖名称	相邻边界省份名称
太行山	晋冀	昆仑山	新藏	嫩江	黑吉
大别山	鄂豫皖	芒砀山	豫皖	月亮泡	吉黑
武夷山	浙闽赣	大兴安岭	内蒙古黑	南盘江	黔桂
仙霞岭	浙闽赣	桐柏山	鄂豫	太湖	苏浙
怀玉山	赣浙	米仓山	陕川	乌江	川黔
祁连山	甘青	王屋山	晋豫	高邮湖	苏皖
越城岭	湘桂	大巴山	陕鄂渝	微山湖	鲁苏
都宠岭	湘桂	慕阜山	赣鄂	洪河	豫皖
萌诸岭	湘桂	巫山	渝鄂	昭阳湖	鲁苏
大庾岭	粤赣	九宫山	鄂赣	石臼湖	皖苏
骑田岭	湘粤	云开大山	粤桂	洞庭湖	湘鄂
诸广山	湘赣	黄河	晋陕、晋豫等	固城湖	苏皖
井冈山	湘赣	长江	鄂赣、苏沪	洪湖	鄂皖
万洋山	湘赣	淮河	豫皖	滨山湖	苏沪
罗霄山	湘赣	洪泽湖	苏皖	龙感湖	鄂皖
武陵山	湘鄂渝黔桂	金沙江	藏川	金堤河	豫鲁
鸡公山	鄂豫	丹江	豫鄂		

资料来源：《中国省级边界地区经济发展研究》，收入本书时有改动。

（五）典型省际边缘区之五：集中连片特殊困难区

中国第五类典型的省际边缘区，是集中连片特殊困难区，2011年国务院发布《中国农村扶贫开发纲要（2011—2020年）》，第十条明确指出：六盘山区、秦巴山区、武陵山区、乌蒙山区、滇桂黔石漠化区、滇西边境山区、大兴安岭南麓山区、燕山–太行山区、吕梁山区、大别山区、罗霄山区等区域的连片特困地区和已明确实施特殊政策的西藏、四省藏区、新疆南疆三地州（表7–6）是扶贫攻坚主战场。该类型区2011年农民人均纯收入2 676元，仅相当于全国平均水平的一半；在全国综合排名最低的600个县中，有521个在该类型区内，占86.8%。同时该类型区往往是自然条件比较差的多省交界的山区，一般的经济增长无法有效带动这些地区的发展，常规的扶贫手段难以奏效，需要进行综合扶贫开发。

表7–6　中国典型省际边缘区之五：集中连片特殊困难区

序号	名称	所在地	主要特征
1	六盘山区	陕西、甘肃、青海、宁夏（15市/州，61县）	基本包括了中国西北的主要干旱地区；我国地质灾害高发区；我国比较贫困的地区之一，在14个片区中，贫困发生率排第五位；我国信奉伊斯兰教少数民族的主要聚集区，有20个民族县；革命老区县集中的地区之一
2	秦巴山区	河南、湖北、重庆、四川、陕西、甘肃（18市，75县）	水资源丰富，地处我国自然环境的十字交叉带，具有复杂的生态环境特点，保护生物多样性与发展地区经济的矛盾比较突出，是重要的生态功能区，也是革命老区县比较集中的地区
3	武陵山区	湖北、湖南、重庆、贵州（12市/州，64县）	我国跨省交界面积最大、人口最多的少数民族聚居区；我国地质灾害高发区；我国少数民族的主要聚集区，有34个民族县；革命老区县比较集中的地区
4	乌蒙山区	四川、贵州、云南（10市/州，38县）	气候和自然环境恶劣多变，自然灾害频繁，地方病高发；我国比较贫困的地区之一，在14个片区中，贫困发生率排第二位；我国彝族、苗族等少数民族的主要聚集区，有13个民族县
5	滇桂黔石漠化区	广西、贵州、云南（15市/州，80县）	地形地貌复杂，生态环境脆弱，自然灾害多发，交通等基础设施薄弱；我国比较贫困的地区之一，在14个片区中，贫困发生率排第四位；我国瑶、壮等少数民族聚集区，有73个民族县；革命老区县比较集中的地区
6	滇西边境山区	云南（10市/州，56县）	山区面积广大，地质灾害严重，我国的重要生态功能区；有18个陆地边境县，与越南、老挝等多国接壤，多数边境地段无天然屏障；我国人口较少民族的主要聚集区，有46个民族县
7	大兴安岭南麓山区	内蒙古、吉林、黑龙江（4市/盟，19县）	气候寒冷、地广人稀，重要的生态功能区；我国人口较少民族的主要聚集区，有5个民族县
8	燕山–太行山区	河北、山西、内蒙古（6市，33县）	地貌破碎，生态环境脆弱，京津风沙源和水源地，自然条件较差，交通不便，农牧交错分布，社会经济发展十分落后；革命老区县集中的地区之一
9	吕梁山区	山西、陕西（4市，20县）	地形起伏较大、土壤贫瘠，干旱和水土流失严重，重要的生态功能区；革命老区县集中的地区之一，有20个革命老区县
10	大别山区	安徽、河南、湖北（11市，36县）	南北水系发达，森林覆盖率低，水土流失严重；革命老区县集中的地区之一
11	罗霄山区	江西、湖南（6市，23县）	地处我国南方红壤区，暴雨频繁，生态失衡，洪涝灾害和水土流失严重；革命老区县集中的地区之一
12	新疆南疆三地州	新疆（南疆3地/州，24县）	有8个陆地边界县，5个牧业、半牧业县；环绕在塔克拉玛干沙漠的南缘，大部分地区是沙漠、戈壁和山地，常年气候干旱，自然灾害频繁，生态环境极其脆弱，典型的少、边、穷地区；我国比较贫困的地区之一，在14个片区中，贫困发生率排第一位

续表

序号	名称	所在地	主要特征
13	四省藏区	四川、云南、甘肃、青海（12市/州，77县）	全是民族县，其中有69个牧业、半牧业县；位于羌塘高原与横断山区，遍布高山峡谷，立体气候显著，地质灾害多发，交通不便；我国多条大江大河的发源地，重要的生态功能区
14	西藏地区	西藏自治区74个县级行政单位	地处世界上最大最高的青藏高原，地形复杂，气候类型复杂；我国比较贫困的地区之一，在14个片区中，贫困发生率排第三位

资料来源：国家统计局住户调查办公室. 2011中国农村贫困监测报告[M]. 北京：中国统计出版社，2012：111—121.

（六）典型省际边缘区之六：库区

中国的第六类典型的省际边缘区是库区，从自然背景分析，省际边缘区多为山区湖区，因此借助地势，因地制宜地修建水库成为利用自然、改造自然的一种理性的选择。因此，中国的很多水库位于不同层级的行政区交界的区域，不完全统计中国的大型水库，可以发现省际边缘区直接分布23个水库（表7–7），还有很多水库虽然不直接分布在省际边缘区附近，但其汇水的河流也流经此类型区，形成了面积广阔的库区，库区是生态移民的重点区域，也是生态保护的重点区域，由于开发条件受限，很多库区也是经济增长缓慢，发展较为落后的区域。

表7–7　中国典型省际边缘区之六：库区

序号	水库名称	库容（亿立方米）	河流	位置说明
1	三峡水库	393	长江	范围涉及湖北省和四川省的21个县市
2	丹江口水库	339.1	汉水	分布于湖北省丹江口市和河南省南阳市淅川县，水域横跨鄂豫两省
3	新安江水库	216.26	新安江	位于中国浙江省杭州西郊淳安县境内
4	溪洛渡水库	129.14	金沙江	四川省雷波县和云南省永善县
5	天生桥一级水库	102.57	南盘江	位于贵州、云南和广西三省交界处
6	三门峡水库	96	黄河	地处中条山和秦岭之间的山间盆地中，水库位于豫、晋、陕三省交界处
7	尼尔基水库	86.11	嫩江	位于黑龙江省与内蒙古自治区交界的嫩江干流上
8	向家坝水库	51.63	金沙江	位于云南水富与四川省交界的金沙江下游河段上
9	官厅水库	41.6	永定河	位于河北省张家口市怀来县和北京市延庆县界内
10	响洪甸水库	26.32	西淠河	位于鄂、豫、皖三省交界处的安徽省六安市金寨县

续表

序号	水库名称	库容（亿立方米）	河流	位置说明
11	花凉亭水库	23.98	长河	安徽省太湖县境内，临湖北省
12	梅山水库	23.37	史河	梅山水库位于鄂、豫、皖三省交界处的大别山腹地
13	富水水库	16.65	富水	湖北省、江西省
14	南湾水库	16.3	浉河	河南省、湖北省
15	岗南水库	15.71	滹沱河	岗南水库位于河北省平山县，平山县西与全国煤炭基地山西省接壤
16	王快水库	13.89	大清河	位于河北省阜平县，阜平县西与山西省五台县相接
17	鸭河口水库	13.2	白河	位于河南省南阳市城区以北40千米处，南至豫、鄂交界处；南阳位于豫、鄂、陕三省交界处
18	岳城水库	13	漳河	位于河北邯郸磁县境内，磁县南部和西南部分别与河南省安阳县、林州市毗邻
19	南水水库	12.8	南水湖	南水水库位于广东乳源县城西南部，乳源瑶族自治县西北角与湖南宜章县相依
20	察尔森水库	12.53	洮儿河	察尔森水库位于内蒙古科尔沁右翼前旗境内，科尔沁右翼前旗南连吉林省白城地区
21	黄龙滩水库	11.625	堵河	位于湖北省西北部，竹山县城东北部和十堰市西南缘；竹山县西北邻陕西省白河县，南接重庆市巫溪县
22	鹤地水库	11.51	九洲江	位于广东省湛江廉江市，廉江市为广东省湛江市代管县级市，与广西接壤
23	狮子滩水库	10.27	长寿湖	狮子滩水库位于中国重庆市长寿区，坝址位于狮子滩镇，长寿县西北与四川省邻水县相接

资料来源：根据相关资料整理而成。

二、中国典型省际边缘区的发展概况

中国的“老、少、边、山、穷、库”区是六类典型的省际边缘区，受自然、历史、社会等综合因素的影响，这些地区多是地理位置的特殊区、生态环境的脆弱区、经济的低谷区，其总体的发展概况可以从以下几个方面分析。

（一）六类典型的省际边缘区多位于国家（省域）经济核心区的边缘

从经济地理意义上来分析，省际边缘区可以理解为与核心区相对的一个概念，从全国范围来看，区域经济差异客观存在，无论省份的发达程度如何，几乎每个省份内部都有发展的核心区和边缘区。省域核心区是指一个省区内部具有明确界线的经济发达、资本集中、人口密集的城市集聚区，此类型区具有创新能力强，技术水平高，设施基础好，经济增速快，集聚引力大的特征，通常通过国家或省级层面的经济区规划，将此类型区划分出明确的界限，给予一定的政策倾斜将其培育成带动国家或省域经济的增长引擎。边缘区是指处在核心区域外围，与核心区相比，区域社会、经济整体发展水平相对滞后、基础设施较差、集聚引力较弱的经济低谷区（当然也不排除有一定的例外），此类型区游离于主要的经济区之外，其经济增长速度较慢。从上述中国典型省际边缘区的分布可以看出，六类典型省际边缘区几乎全在中国主要的国家层面的经济区或省域层面的经济区规划区域之外。

（二）六类典型的省际边缘区多是统筹协调困难的区域

上述六类典型的省际边缘区总体可以概括为自然资源丰富、水能、矿产、森林、草地、野生动植物和旅游资源得天独厚，但地理位置偏僻，交通不便，工业化、信息化、城镇化、市场化、国际化进程缓慢。并且往往不是单一的类型区，很多区域兼顾多重身份类型，如鄂、豫、皖三省交界处的大别山区，集革命老区、山区、库区和集中连片特困区等多重身份于一体，同时又是多省交界的省际边缘区，人口密度比较大，在这些不利因素的叠加下，区域发展的矛盾突出，如人地矛盾，即较为脆弱的生态环境承载力与较大的人口数量之间的矛盾；省际矛盾，由于处于三省多市县交界，地方利益主体多元，因此在资源开发、利益分配、设施建设等方面存在较多的矛盾；历史与现实的矛盾，即革命老区作为中国发展历史上的功勋地区的身份，与当前经济发展下的贫困地区身份的矛盾；区域之间的矛盾，大别山区等作为中东部经济发达地区的生态屏障，其重要生态价值如何通过生态资产定价得到与其密切关联区域认可之间的矛盾等。在多重身份、矛盾的叠加下，典型的省际边缘区往往统筹协调的困难大，牵一发而动全身，需要系统的、长期的制度安排来统筹区域的经济社会发展。

（三）六类典型的省际边缘区多是主体功能区规划中限制或禁止开发区域

2011年6月，《全国主体功能区规划》正式发布，将国土空间划分为优化开发、重点开发、限制开发和禁止开发四类。其中限制开发区域是指资源承载能力较弱、大规模集聚经济和人口条件不够好并关系到全国或较大区域范围生态安全的区域；禁止开发区域是指依法设立的各类自然保护区域。按照这样的标准，六类典型的省际边缘区多是中国地位非常重要的生态安全区，也是生态环境非常脆弱的地区。

如仅以少数民族聚居区为例，省际边界民族地区大部分属于国家主体功能区规划布局中的限制开发区和禁止开发区，生物资源多样、自然风光独特、民族风情浓郁，自然生态系统在全国具有十分重要的地位。大兴安岭林区是东北和内蒙古交界的少数民族聚居区；青海藏区是长江、黄河、澜沧江三大河流的发源地，有三江源、可可西里和隆宝滩3个国家级自然保护区和5个省级自然保护区；四川阿坝藏族羌族自治州拥有森林类型、湿地类型、野生动植物类型自然保护区24处，国家森林公园4处，国家生态功能区1处，还有大熊猫、金丝猴等国家一级保护动物等[20]。

可以看出，六类典型的省际边缘区除了比较典型的边疆边界地区中重点的沿边开发区之外，多位于资源环境承载力较弱，文化多元，不适宜人口大规模集聚的区域。国家对该类型区的宏观战略是以保护为主，政府投资重点支持限制开发、禁止开发区域公共服务设施建设、生态建设和环境保护等。在基层政府的绩效评价方面也有所调整，即限制开发区域要突出生态建设和环境保护等的评价，弱化经济增长、工业化和城镇化水平的评价；禁止开发区域主要评价生态建设和环境保护。因此，典型省际边缘区在产业选择、城镇化等方面需要开发环境影响小的生态型产业，如以旅游、生态农业等为主，城镇化方面引导限制开发和禁止开发区域的人口自觉自愿、平稳有序地转移到其他地区，如生态移民、库区移民等，不鼓励人口在此类型区的大规模集聚。

（四）六类典型省际边缘区也是当前国家政策的重要着力区

2012年党的十八大报告明确提出了确保到2020年全面建成小康社会，实现国内生产总值和城乡居民人均收入比2010年翻一番的目标。在这一总目标的要求下，六类典型的省际边缘区成为国家重要的政策着力区。第一，针对革命老区，国务院组织有关部门和地方推动实施了若干支持老区开发建设的规划和政策，初步形成了“1258”的老区支持政策体系，即“1个总体指导意见、2个区域性政策意见（赣南等原中央苏区、山东沂蒙老区18个县市区）、5个跨省区重点老区振兴发展规划（陕甘宁、闽赣粤、左右江、大别山、川陕）、8个涉及老区的片区区域发展与扶贫攻坚规划（武陵山、秦巴山、滇桂黔石漠化、六盘山、吕梁山、燕山-太行山、大别山、罗霄山），各个省也有相关的配套政策，如安徽省针对大别山区制定了《大别山革命老区振兴发展规划》《大别山片区区域发展与扶贫攻坚规划（2011—2020年）》《安徽省贯彻落实大别山革命老区振兴发展规划实施方案》等。第二，针对少数民族聚居区，国家根据各少数民族的特点和需要，实施差别化支持政策，帮助各少数民族加快发展本地区的经济、文化和各项社会事业。如针对性的对口支援等政策，完善一般性财政转移支付增长机制，率先在民族地区实行资源有偿使用制度和生态补偿制度，结合“十三五”规划制定，继续编制并实施国家扶持人口较少民族发展规划、兴边富民行动规划、少数民族事业规划，建立精准扶贫工作机制，等。第三，国务院针对沿边地区出台《关于支持沿边重点地区开发开放若干政策措施的意见》，强调发挥沿边地缘优势，制定和实行特殊开放政策，加快重点口岸、边境城市、边境（跨境）经济合作区和重点开发开放试验区建设，加强基础设施与周边国家互联互通，发展面向周边的特色外向型产业群和产业基地，把黑龙江、吉林、辽宁、内蒙古建成向东北亚开放的重要枢纽，把新疆建成向西开放的重要基地，把广西建成与东盟合作的新高地，把云南建成向西南开放的重要桥头堡，不断提升沿边地区对外开放的水平。可以看出，当前不同类型的典型省际边缘区在经济社会发展总目标的要求下，成为中国缩减区域发展差距的一系列政策的重要着力区。

综上所述，随着中国改革开放的快速发展，综合国力有了很大的提升，加快典型省际边缘区的发展必将受到重视。加快这些地区的发展，需要在加强省际协调、创新体制机制和深入调查研究的基础上，坚持统筹兼顾、因地制宜、因时制宜和分类指导的方针，以保护生态为前提、发展经济为基础、改善民生为核心、维护稳定为保障，进一步加大国家层面和所在省市对这些地区的支持力度。

第二节　中国省际边缘区的范围界定、类型划分及产业集聚特征

一、中国省际边缘区的范围界定

中国省际边缘区范围的界定，并没有约定俗成的划分依据和一般标准，根据目的不同，界定的角度也不同，主要包括以下几个方面：第一，从行政区域的角度界定省际边缘区；第二，从自然区划的角度界定省际边缘区；第三，从经济区划的角度界定省际边缘区。

（一）从行政区域的角度界定省际边缘区的范围

以行政区划为标准界定省际边缘区的范围，是比较直接、简洁、直观的一种方法，适用于政府部门对该类型区从事一般的社会经济管理、统计分析等。即根据行政区划，将相邻边界的较小一级地域单元的地域总和（交界地带）称为省际边缘区[21]，如以紧邻边界地级市为基本的地域单元，或者以紧邻省界的县（市）为基本地域单元来界定其范围，其中要考虑县的行政区划的相对稳定性和历史依存性（从历史地理的角度分析，县在我国的行政区划体系中的稳定性是比较高的，虽然有县改市、改区或划归别的辖市，一般在中国是整县改市、改区或划归别的辖市，较少将县切分后调整，其行政界限的范围一般不变，即使改变了也可以根据历史资料画出明确的范围），因此以县（市）为基本空间单元确定的省际边缘区范围稳定性较好。

如以紧邻省界为标准，中国省际边缘区（不包括台湾、香港和澳门）分布的

县级行政区域占全国县级行政单位的约40%（表7–8）[22]。也曾有学者提出以每个省的省界作为中轴线，向两边延伸15千米的范围为省际边缘区的划分依据，这个划分的结果和以县（市）为基本空间尺度划分的省际边缘区拟合程度高，与实际基本一致。

表7–8　中国省际边缘区县（市）统计

省/自治区	县（市）总计（个）	边界县(市)		省/自治区	县（市）总计（个）	边界县(市)	
		总计（个）	约占全部县比例			总计（个）	约占全部县比例
河北	149	66	44.3%	湖南	104	40	38.5%
山西	106	41	38.7%	广东	98	30	30.6%
内蒙古	88	54	61.4%	广西	88	34	38.6%
辽宁	58	20	34.5%	四川	191	55	28.8%
吉林	48	33	68.8%	贵州	82	34	41.5%
黑龙江	79	32	40.5%	云南	125	52	41.6%
江苏	75	29	38.7%	西藏	78	34	43.6%
浙江	75	18	24%	陕西	97	47	48.5%
安徽	78	40	51.3%	甘肃	80	57	71.3%
福建	70	19	27.1%	青海	40	24	60%
江西	90	43	47.8%	宁夏	20	19	95%
山东	110	29	26.4%	新疆	87	38	43.7%
河南	130	50	38.5%	全国	2 324	978	42.1%
湖北	78	40	51.3%				

资料来源：陈钊. 行政边界区域刍论[J]. 人文地理，1996，11(4)：47，收入本书时有改动。

（二）从自然区划的角度界定省际边缘区的范围

以自然地理区域为标准，通常该类型区有较为完整的自然地貌单元，如围绕某一山脉的山区或围绕某一河流的流域，适用于典型生态敏感区域的保护与治理。

比较典型的如以武陵山脉为中心的武陵山区，武陵山脉贯穿黔东、湘西、鄂西、渝东南地区，长度约420千米，是中国三大地形阶梯中的第一级阶梯向第二级阶梯的过渡带，为云贵高原的东部延伸区域，平均海拔约1 000米。武陵山区从行政区构成角度，片区包括71个县（市、区），其中湖北11个县（市）、湖南37个县（市、区）、重庆市7个县（区）、贵州16个县（市、区）。武陵山区是湘、鄂、渝、黔四省毗邻的省际边缘区，跨省交界面大，总面积达11万多平方千米。少数民族聚集多，总人口约为2 300万。其中，土家族、苗族、侗族等30多个少数民族共1 100多万人，约占总人口的48%。因在地质与地形、自然条件、经济生活、民族文化等方面，武陵山区相对自成一体，各民族长期交错杂处，形成了许多共性，该区域是连接中原与西南的重要纽带，也是重要的经济协作区。

（三）从经济区划的角度界定省际边缘区的范围

1. 从经济差异的视角模糊划分

借助当前国家层面和省际层面不同的经济区规划，将纳入核心经济区规划的区域视为核心区，核心区以外的区域为边缘区，这是一种比较模糊的范围界定方法，适用于宏观方面的社会经济分析。如江苏省的苏南和苏北地区；河南省的中原城市群区域和豫东、豫南地区；广东省的粤东和粤西地区；安徽省的皖江城市带区域和皖北地区；等。在全国范围内，经济地理意义上的分布广泛的省际边缘区如表7–9所示。

2. 从历史的经济社会联系的角度精确划分

以某一历史时期签订的区域合作协作文件或区域经济规划为依据，综合考虑区域的经济发展阶段、水平、经济、文化联系等因素，在省界两侧，划分出一定区域范围的交界地带作为省际边缘区[5]，适用于区域的综合管治和跨界综合规划等方面。

此类省际边缘区的区域范围具有一定的历史依存性，通常是一个较为完整的区域概念，此类型区一般以多主体的合作框架协议作为基础，强调区域内不同层级政府间的整体协同，解决区域内突出的需要跨界协同的经济、社会问题，如较为典型的苏、鲁、豫、皖四省交界的淮海经济区，因该区域为大平原，整个区域的文化、习俗、语言有较多的相似性。该区于1986年正式成立，核心包括苏、鲁、豫、皖的8个地级市，36个县（市）（表7–10）。

综上所述，由于省际边缘区划分依据的不确定性，对中国省际边缘区范围的界定，也有不同的选择。学者们从学术研究的角度借助现有的研究工具和技术，对如何从理论层面客观地刻画精确意义上的省际边缘区，进行了一定的尝试。研究成果主要分为两方面：其一，根据城市腹地测算方法。借助GIS软件的格网功能和fishnet模块及修正后的场强模型来测度省际边缘区的范围[23]，紧邻省界的地方中心城市的腹地范围之外与紧邻省界交接的区域，即为省际边缘区。其意义是，某一完整的行政区域从空间地理位置上可能与省界相邻，但是其行政区范围之内，只有部分区域是真正意义上的省际边缘区，部分区域从社会经济指标上统计，可能不属于边缘区的范畴。其二，是根据康维斯的断裂点理论，通过城市发展综合指标，提取省域中心、边缘区中心城市综合质量，进而通过其吸引范围来确定省际边缘区的界限[24]。该方法主要是从单个省的角度测度哪一些区域游离于该省省域内中心城市的吸引范围之外，处于吸引范围之外的可以将其界定为省际边缘区。

表7-9 中国部分省份经济地理意义上的核心区和边缘区统计

大区	省/自治区	核心区	边缘区
东部地区	江苏	苏南地区	苏北地区
	浙江	浙北平原、浙东沿海地区	浙西南地区
	山东	山东半岛和省会经济圈	黄河三角洲、鲁南地带
	河北	冀东北地区	冀西北地区
	福建	厦门、福州、泉州城市圈	闽西地区
	广东	珠江三角洲	粤北地区
	海南	琼东沿海地区	琼中地区
	吉林	吉林中部城市群	吉西地区
	黑龙江	黑南地区	黑北地区
	辽宁	辽中、辽宁沿海经济带	辽北地区
中部地区	河南	中原城市群区域	豫南、豫东地区
	湖北	武汉经济圈区域	鄂西、鄂南地区
	湖南	长株潭城市群区域	湘西、湘南地区
	江西	环鄱阳湖经济区	赣南、赣西地区
	安徽	皖江城市带区域	皖北地区
	山西	太原都市圈、晋南中部地区	晋北地区
西部地区	陕西	关中地区	陕东地区
	内蒙古	内蒙古中部“呼包鄂经济圈”	内蒙古东部地区
	甘肃	陇西地区	陇南、陇东地区
	宁夏	宁北川区	宁南山区
	青海	以西宁为中心的东部地区	青南、青西地区
	新疆	天山北坡区、东疆地区	南疆西南区、北疆西北区
	西藏	藏中、藏东南地区	藏北、藏西地区
	广西	桂南、桂东北地区	桂西地区
	云南	滇中经济区	滇西、滇南地区
	四川	成都、川东北、川南经济区	川西北、攀西地区
	贵州	黔中经济区	黔西、黔南地区

资料来源：根据相关资料整理而成。

表7-10　苏、鲁、豫、皖省际边缘区淮海经济区基本情况统计

省份	地级市	县(市)	合作机制、模式与重点
江苏	徐州、连云港、宿迁	沛县、丰县、邳州、新沂、睢宁、灌南、灌云、东海、沭阳、泗阳、泗洪	合作机制：核心区城市市长会议 合作模式：通过签署合作协议、专项协议等，强化区域一体化合作 合作重点：城市群建设、区域综合交通网络、产业对接，科技协同创新，人力资源合作，商会交流、环境共同保护，警务合作
安徽	淮北、宿州	萧县、砀山、灵璧、泗县、濉溪	
山东	济宁、枣庄	微山、鱼台、金乡、嘉祥、汶上、泗水、梁山、曲阜、兖州、邹城、峄城、薛城、滕州	
河南	商丘	永城、虞城、柘城、夏邑、民权、睢县、宁陵	

资料来源：根据相关资料整理而成。

二、中国省际边缘区的类型划分及产业集聚特征

（一）中国省际边缘区的类型划分

在省际边缘区分布状态研究的基础上，根据自然地理特征、省际经济发展水平、交界省区数量、省际经济联系强度等划分依据，可以将中国省际边缘区进一步细分为13个类型（表7-11），不同类型的省际边缘区，其主要特征、典型分布区域等均有一定的区别和联系，通过科学分类，可以因势利导，对不同类型的省际边缘区制定出针对性的发展对策，促进区域的全面发展。

（二）不同类型省际边缘区产业集聚特征

在中国省际边缘区类型划分的基础上，综合考虑多因素的共同影响，定性分析了不同类型省际边缘区主导的边界效应及区域产业集聚的难易度状况（表7-12）。在区域微观主体的作用下，不同类型省际边缘区的区域经济增长、产业集聚和边界效应转化的一般趋势可能被打破，表现出一种积极的发展态势，区域经济增长迅速。

表7-11　中国省际边缘区的类型及主要特征

划分依据	类型	主要特征	典型分布区域
自然地理特征	山区型	交通闭塞，横向经济联系弱，经济发展缓慢，经济区位条件较差	以大别山为界的鄂豫皖交界地带等
	流域型	交通条件较好，横向经济联系一般，发展潜力较优	以黄河为界的晋陕、晋豫交界地带等
	平地型	交通网络发达，通达度高，区域经济发展速度快，经济联系紧密	苏沪浙交界地带等

续表

划分依据	类型	主要特征	典型分布区域
省际经济发展水平	强强型	区域经济联系紧密,一体化发展,区域经济高度化优势明显	如东部地带的长三角区域等
	强弱型	区域经济联系较优,联系意愿强烈,经济势能差显著	主要分布在东部中部省区交界地带,如北京河北交界地带、皖浙、皖苏交界地带等
	弱弱型	区域经济发展缓慢,处于低水平均衡发展阶段	主要分布在中部和西部省区交界地带,如豫皖交界地带等
交界省区数量	二维型	区域经济关系简单,发展态势较好	如晋豫交界地带等
	三维型	区域关系一般,发展潜力较大	如鄂豫皖交界地带等
	四维型	区域关系复杂,协调难度较大,经济发展缓慢	如苏鲁豫皖交界地带等
	五维型	区域关系复杂,协调难度大,经济发展障碍较大	如湘鄂渝黔桂交界地带等
省际经济联系强度	成熟型	区域经济一体化发展态势明显	如东部地带的长三角区域
	成长型	区域经济联系较为紧密,一体化发展意愿强烈	如皖苏交界区域等
	潜力型	行政分割明显,区域经济横向联系较弱	如西部相邻省区交界地带

表7-12　不同类型省际边缘区主导的边界效应及区域产业集聚难易度

序号	省际边缘区类型	主导的边界效应	产业集聚的难易程度
1	山区型	自然屏蔽效应显著	困难
2	流域型	自然屏蔽效应显著	中等
3	平地型	中介效应显著	容易
4	强强型	中介效应显著	容易
5	强弱型	中介效应显著	容易
6	弱弱型	社会屏蔽效应显著	困难
7	二维型	中介效应显著	容易
8	三维型	社会屏蔽效应显著	困难
9	四维型	自然屏蔽效应显著、社会屏蔽效应显著	困难
10	五维型	自然屏蔽效应显著、社会屏蔽效应显著	困难
11	成熟型	中介效应显著	容易
12	成长型	屏蔽效应向中介效应转化	中等
13	潜力型	社会屏蔽效应显著	困难

第八章　安徽省际边缘区经济差异演化特征与成因

第一节　安徽省际边缘区区域经济差异演化过程与空间特征

一、安徽省际边缘区县（市）的分布概况

安徽省位于中国中部地区，是长三角的重要组成部分之一，东连江苏、浙江，西接湖北、河南，南邻江西，北靠山东，与6个省毗邻，省际陆地边界线4 634.6千米，省际边缘区类型丰富。其中以紧邻省界为标准，共有32个省际边缘县（市）（不包括市辖区），土地面积62 737平方千米，人口2 532万人。本章以安徽省际边缘区为研究区域，以县（市）为研究基本空间单元，选取32个县级行政单元为研究对象（表8–1），对安徽省际边缘区县域经济发展水平进行综合测度，以展示安徽省际边缘区的整体发展概况和演化趋势。

表8–1　安徽省际边缘区县（市）分布情况统计

省	边界市	边界县(县级市)
皖豫	淮北市	濉溪县
	亳州市	涡阳县
	宿州市	砀山县
	阜阳市	太和县、临泉县、阜南县、界首市
	六安市	霍邱县、金寨县
皖浙	宣城市	绩溪县、宁国市、广德县
	黄山市	歙县
皖鄂	六安市	霍山县
	安庆市	岳西县、太湖县、宿松县
皖苏	滁州市	来安县、全椒县、明光市、天长市
	蚌埠市	五河县
	宿州市	灵璧县、泗县、萧县
	马鞍山市	和县、当涂县
	宣城市	郎溪县
皖赣	安庆市	望江县
	黄山市	祁门县、休宁县
	池州市	东至县

资料来源：根据相关资料整理而成。

因皖鲁边缘区在安徽省境内仅有砀山县一县，其人均数据不具备边缘地区的总体代表性，且砀山县除与山东交界以外，也与河南、江苏相邻，故将砀山县纳入皖豫区域的研究范围之内；为了更好地刻画核心研究区域——皖浙区域概况，展示总体特征，将非紧邻省界的芜湖县纳入皖浙省际边缘区县域的计算范围；为更好地观察和解释安徽省际边缘区区域内部和区域之间县域经济差异演变的空间特征，须保证各省际边缘区之间地域的连贯性以便于进行空间探索性分析，故将连接各县域的10个区也纳入了空间分析的研究范围。

二、安徽省际边缘区县域尺度经济差异演变的时序特征

区域经济差异是指一定时期内，各区域之间人均意义上经济发展水平出现的非均等化现象[25]。改革开放以来，伴随我国经济的高速增长，快速增大的区域间经济发展水平差异日益成为社会各界普遍关注的热点问题。近年来，区域研究成果主要体现在以下几个方面：研究尺度上，有基于全国尺度的区域经济差异特征分析，有一些学者以市域或县域尺度为研究单元，探讨区域差异的时空特征及形成机制；研究方法上，将传统的统计分析方法（标准差指数、基尼系数、加权变异系数、泰尔指数等）与多层指标体系的主因子分析及ESDA等统计方法相结合，从地理关系上研究经济差异成为新趋向。本章在刻画安徽省际边缘区经济产业演变的时序特征方面，也采用了县域空间尺度为基本的研究单元，研究方法上由于县域经济差异可分为绝对差距和相对差距，测度区域间经济差异的方法包括级差指数、标准差指数、变异系数、加权变异系数、基尼系数、广义熵指数和泰尔指数等。在选取的时间序列范围内，通过对比标准差指数和变异系数的演变特征可同时从相对和绝对意义上测度出区域间的经济水平差异。本书的研究用标准差指数、变异系数和泰尔指数三个指标来具体测量。

（一）安徽省际边缘区总体经济差异演变的时序特征

1. 地区间经济发展水平不平衡

在改革开放起步阶段，由于计划经济体制的制度惯性，安徽省行政界限的刚性约束仍旧很强，省际边缘区是省域政策的交汇地，成为矛盾的焦点区域，经济发展缓慢。20世纪90年代，随着我国社会主义市场经济体制的确立和发展，国家政策鼓励区位条件优越的地域先行快速发展，省域经济布局中的中心城市导向明显，区域经济发展所需的人才、资金等要素向中心城市集聚，行政中心与经济中心高度重合，省际边缘区成为弱势区域，经济增长有限，与省域中心区的经济发展差距进一步拉大。因此，在2000年以前，安徽省际边缘区除极个别的县（市）发展较好以外（宁国等），整体上处于一种相对低水平均衡的发展阶段。2000年以后，随着我国加入WTO，市场经济体制日渐完善，市场配置资源的能

力大大增强，以企业为主体，以产业为支撑，以商品流动为表现形态的经济网络正在形成并强化，区域经济被纳入不同层级的全球生产体系中，省际边缘区也不例外。传统的区位边缘性、地域封闭性等不利条件被不断优化的区域交通、通讯等设施打破，特有的经济功能、环境功能、社会功能等被重新认识。因此，本书在时间节点的选择上，以2000—2011年为主要阶段，探讨快速发展期安徽省际边缘区县域经济的演化实时空间特征。

利用人均GDP这一指标测算后可以看出，安徽省各省际边缘区之间经济发展水平不平衡，2000—2011年各地区经济发展水平位序一直为："皖浙>皖苏>皖赣>皖鄂>皖豫"。皖浙地区在2011年人均GDP达到27 097.25元，分别为皖苏、皖鄂、皖赣及皖豫地区的1.39、1.59、1.59及2.86倍，其总体经济发展水平明显高于其他地区；皖鄂和皖赣地区之间经济发展总体水平差距不大；皖豫地区的经济发展自2000年以来一直处于较低水平，2011年人均GDP仅为9 491.13元。

2. 总体经济差异程度呈持续波动扩大趋势

由表8-2可知：2000—2011年，标准差指数从1 114.327增加到5 641.511，绝对差异持续扩大；变异系数表征区域整体的相对差异程度，2000—2011年变异系数有增大趋势，2004年增至峰值0.340 037，2005—2011年持续波动，2011年达到0.313 239；泰尔指数作为衡量地区间收入水平差距的指标，对于经济发展水平的变化很敏感，2000—2005年，泰尔指数呈现"倒U型"，2006—2011年快速上升，2011年达到峰值0.062 633。通过分析表8-2中整体区域内标准差指数、变异系数和总泰尔指数的时序演变特征，可知安徽省际边缘区总体县域经济差异程度呈现持续波动扩大趋势。

表8-2　2000—2011年安徽省际边缘区县域经济差异

年份	标准差指数	变异系数	泰尔指数	Moran's I
2000	1 114.327	0.285 547	0.037 052	0.510 6
2001	1 200.554	0.292 534	0.038 212	0.532 4
2002	1 307.911	0.297 955	0.038 62	0.521 2
2003	1 624.459	0.333 623	0.043 955	0.541 8
2004	1 993.100	0.340 037	0.042 861	0.517 4
2005	1 914.681	0.297 701	0.037 542	0.484 1
2006	2 548.595	0.334 789	0.041 088	0.598 1
2007	2 967.036	0.328 072	0.043 066	0.558 2
2008	3 550.791	0.327 595	0.047 185	0.576 5
2009	4 045.756	0.335 816	0.053 871	0.599 2
2010	4 559.939	0.312 804	0.059 715	0.565 4
2011	5 641.511	0.313 239	0.062 633	0.618 2

3. 县域经济整体集聚趋势增强，二元阶段性凸显

使用GeoDA 0.9.5-i软件测算了2000—2011年整体区域内人均GDP的Moran's I（表8-2）。观察Moran's I值的大小及演变趋势可知：安徽省际边缘区县域人均GDP呈现正的空间自相关特性，即发展水平相似的县域空间集聚特征明显；2000—2011年整体区域内县域经济集聚趋势增强，由2000年的0.510 6升至2011年的0.618 2；集聚趋势存在二元阶段性，2001—2005年Moran’s I值处于0.484 1~0.541 8间小幅波动状态，县域经济集聚趋势较稳定，2006年Moran’s I值快速升高，达到0.598 1，此后呈现小幅波动态势，2011年达到峰值0.618 2。这说明了研究区域范围内2000年已存在较为稳定的经济极化中心，具有一定的发展带动作用，2006年以后高值区域的经济聚集作用进一步强化，极化效应日趋增强。

二、安徽各省际边缘区之间经济差异演变的时序特征

泰尔指数是用来衡量区域间经济水平差异的常用指标，又称泰尔熵，其优势在于可以分解。泰尔指数可测度安徽省内各省际边缘区间的整体差异、各地区内差异以及各地区间的差异。

（一）安徽各省际边缘区内部经济差距格局及演变特征

由表8-3可知，2000—2011年皖浙、皖苏、皖鄂、皖赣和皖豫地区内部经济差距格局存在较大的差异性。皖浙地区内部的泰尔指数在2001—2006年之间呈现“倒U型”演变趋势，2003年达到峰值0.020 727，之后从2006年的0.013 191上升至2011年的0.019 567，总体而言，其内部经济差距呈小幅波动趋势，差异程度较小且保持较稳定状态；皖苏地区内部经济差距为各地区最大，由2000年0.027 42上升至2011年的0.051 238，总体演变趋势呈“U型”，2000—2007年内部经济差距较为稳定，2007—2011年泰尔指数快速上升且增幅持续增大；皖鄂地区2000年内部经济差距为各地区最小，泰尔指数仅为0.009 948，2000—2005年内部经济差距保持稳定，2005年之后泰尔指数总体呈现快速上升趋势，2008—2009年增幅进一步扩大，2011年达到0.021 947；皖赣地区内部经济差距为各地区中最小，泰尔指数由2000年的0.012 891降至0.010 083，演变趋势为“倒U型”，2006年上升至峰值0.020 16，之后开始持续下降，2011年降至最低值0.010 083，地区内部经济差距呈现缩小态势；皖豫地区内部泰尔指数由0.015 734升至0.028 578。2000—2008年地区内部泰尔指数在0.011 717~0.016 421间波动，2008—2011年地区内差异程度增大，增幅呈扩大趋势。

表8-3 2000—2011年安徽省际边缘区内部经济差距的泰尔指数

年份	皖浙地区	皖苏地区	皖鄂地区	皖赣地区	皖豫地区
2000	0.016 009	0.027 42	0.009 948	0.012 891	0.015 734
2001	0.015 935	0.024 194	0.010 148	0.013 705	0.016 421
2002	0.018 075	0.022 533	0.010 085	0.014 786	0.015 774
2003	0.020 727	0.023 879	0.010 404	0.016 791	0.014 609
2004	0.019 806	0.020 064	0.010 504	0.019 444	0.013 264
2005	0.017 38	0.018 258	0.011 381	0.020 149	0.011 781
2006	0.013 191	0.021 006	0.014 008	0.020 16	0.011 717
2007	0.015 212	0.022 812	0.016 135	0.016 454	0.013 633
2008	0.015 489	0.031 073	0.014 716	0.015 016	0.014 05
2009	0.017 163	0.039 504	0.021 521	0.015 419	0.020 979
2010	0.018 509	0.047 923	0.020 983	0.011 662	0.024 294
2011	0.019 567	0.051 238	0.021 947	0.010 083	0.028 578

（二）安徽各省际边缘区内部与省际边缘区之间经济差异格局的演变特征

从表8-4可以看出，2000—2011年安徽省五大边缘区内部县域经济差距和地区之间的经济差距对区域整体差异的贡献率格局发生了演变。2000—2001年，各地区内部和地区之间对整体经济差异的贡献率基本相同，两者同时存在且差异程度相近，表明各省际边缘区之间并未形成较明显的差异性，不论地区内部还是地区之间，其县域经济同质性均较强；2002—2008年地区内部和地区之间的贡献率分别呈现出典型的“U型”和“倒U型”态势，各边缘区内部的县域经济差距对整体差异的贡献率远高于各地区之间，2004年分别达到了62.05%和37.95%，表明此阶段同一省际边缘区内部县域经济水平异质性强，地区之间的经济水平差异并不突出；2008—2011年，两者的贡献率格局发生了显著的变化，各地区内部贡献率持续大幅下降，地区之间的经济差异水平成为区域整体差异的主导因素，并体现出进一步提升的趋势，表明2008年至今，安徽省际边缘区内部县域经济一体化发展程度得到增强，各地区之间的经济水平差异程度和异质化程度正不断加深。

表8-4　2001—2011年各地区内部经济差距与地区之间经济差距对区域整体差异的贡献率

年份	地区内部经济差距	地区之间经济差距	地区内部贡献率	地区之间贡献率	整体差异
2000	0.017 872	0.019 18	0.482 349 131	0.517 650 869	0.037 052
2001	0.019 815	0.018 397	0.518 554 381	0.481 445 619	0.038 212
2002	0.020 872	0.017 748	0.540 445 365	0.459 554 635	0.038 62
2003	0.025 881	0.018 074	0.588 806 734	0.411 193 266	0.043 955
2004	0.026 596	0.016 265	0.620 517 487	0.379 482 513	0.042 861
2005	0.022 582	0.014 96	0.601 512 972	0.398 487 028	0.037 542
2006	0.025 243	0.015 845	0.614 364 291	0.385 635 709	0.041 088
2007	0.025 717	0.017 349	0.597 153 207	0.402 846 793	0.043 066
2008	0.026 962	0.020 223	0.571 410 406	0.428 589 594	0.047 185
2009	0.027 002	0.026 868	0.501 243 735	0.498 756 265	0.053 87
2010	0.028 702	0.031 013	0.480 649 753	0.519 3502 47	0.059 715
2011	0.028 607	0.034 026	0.456 740 057	0.543 259 943	0.062 633

三、安徽省际边缘区县域经济差异演变的空间特征

ESDA是一系列空间分析方法和技术的集合，用于检验区域内某一现象是否显著与其相邻单元联系。通过对某一现象空间分布格局的可视化，探究其空间集聚性和空间异质性。ESDA包括全局空间自相关（Global Moran's I）和局部空间自相关（Local Moran's I）。全局空间自相关系数用来验证整个研究区域的空间模式和度量属性值在整个区域空间的分布态势，表示全局空间自相关的指标和方法包括Moran's I，Geary'C和Getis'G等，本书选取Moran's I来度量空间自相关。局部空间自相关指标Local Moran's I用来揭示空间地域单元与其邻近空间单元属性值之间的相关性，可用于数据的异质性识别。同时，结合GIS等手段对整体经济空间格局的演化进行空间分析。

在对安徽省际边缘区区域发展差异时序研究的基础上，为更好地观察和解释安徽省际边缘区区域内部和之间县域经济差异演变的空间特征，本书结合GIS的空间数据探索性分析，同时选取2000年、2006年和2011年的综合经济发展水平作为截面进行对比研究。该方法须保证各省际边缘区之间地域的连贯性以便于进行空间探索性分析，故将连接各县域的10个区和芜湖县纳入了空间分析的研究

范围。

（一）安徽省际边缘区县域经济空间集聚演变特征

采用GeoDA 0.9.5-i软件计算出安徽省际边缘区内33个县域和10个区的经济发展综合水平LISA值，并绘制出Moran散点图（图8-1），使用GeoDA进行空间自相关分析得到各时间截面的Moran显著性水平（通过P=0.05检验）。

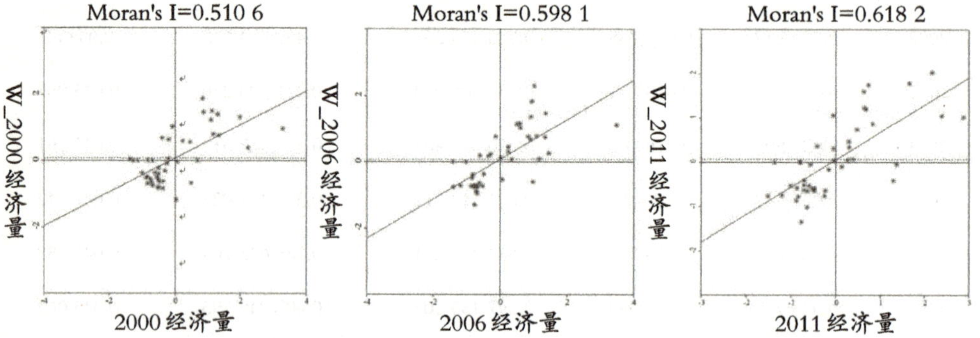

图8-1　2000年、2006年、2011年安徽省际边缘区经济综合发展水平的Moran散点图

在此基础上，可以得出安徽省际边缘区县域经济空间集聚演变的特征：①高-高（H-H）型单元2000—2011年数量由12个增加到14个，增加的县域地区主要集中在皖浙边缘区和皖苏南边缘区，2000年皖苏地区中部存在一定范围的经济高集聚地区，2006年之后集聚程度减弱。2011年县域经济空间高值集聚区域范围扩大，显现出由皖浙边缘区向皖苏南地区扩张的趋势。②低-低（L-L）型单元2000—2011年数量变化不大，主要集中在皖苏北边缘区和皖豫边缘区，2011年皖豫边缘区的L-L县域空间集聚程度进一步加强。③低-高（L-H）型单元数量较少，2000—2011年空间格局并未发生显著变化，仍然主要集中在皖豫边缘区与皖鄂边缘区的相邻县域，两地区之间较大的经济差异是该格局形成的重要原因。2011年，邻近皖浙及皖苏南地区的皖苏中地区出现L-H型县域单元（如和县），表明未来皖浙及皖苏南地区的极化作用将日益凸显。④高-低（H-L）型单元数量少，2000—2011年，随着各省际边缘区内部经济水平同质性的增强，欠发达地区内部县域的经济带动作用也逐渐减弱，H-L型单元数量减少。总之，2000—2011年，安徽省际边缘区县域经济空间集聚特征呈现出“两极分化”趋势，皖浙地区的高集聚范围增大，显现出向皖苏南地区扩张的趋势，极化作用不断提升，皖豫地区的低集聚程度进一步增强，H-L型与L-H型单元空间格局变化较小。

（二）安徽省际边缘区县域经济空间格局演变特征

根据表征各县域单元和地区经济发展综合水平指数的分位数将43个研究单元分为经济发达、次发达、欠发达和不发达4种类型区域。采用Arcgis软件将其分级可视化，对比分析2000年、2006年、2011年的安徽省际边缘区经济空间格局，总结出以下特征：①2000年研究区域内具有两个极化中心，分别为皖浙地区和皖苏中部地区，各省际边缘区内部具有一定程度的异质性，地区内部及地区之间差异性显著，经济欠发达地区主要分布于皖豫和皖鄂边缘区。②2000—2006年，皖苏中部地区极化区域消失，皖浙地区的极化效应加强，极化区域范围扩大，皖苏、皖豫、皖鄂和皖赣地区内部有少数县域单元在地区内起到极化带动作用，如天长市、祁门县、霍山县等。③2006—2011年，皖浙地区的极化作用进一步增强，极化区域向皖苏南部地区扩展；各省际边缘区内部县域经济差异明显减小，同质性增强；皖苏地区为内部差异最大的省际边缘区，南北差异程度较大，经济发达程度为皖苏南地区>皖苏中经济>皖苏北地区，与江苏省内经济格局呈现出高度的相关性。

第二节　安徽省际边缘区县域经济差异形成的制度分析

区域经济差异的形成和演变与区域的历史基础、资源禀赋、资本积累、技术进步等影响因素息息相关，但是对于省际边缘区来说，由于区位的边缘性和行政界线省界的双重阻隔，使得区域内的交易成本过高，如何通过有效的制度供给来降低交易成本，从而破除省际边缘区经济运行的约束机制是不可回避的问题。因此，制度因素对于此类型区经济发展的影响就更为显著，以下结合安徽省际边缘区县域经济发展的实际，从正式制度和非正式制度的影响两个方面对安徽省际边缘区县域经济发展差异和时空演化的机制进行分析。

一、正式制度的影响机制分析

正式制度是指人们有意识地创造的、正式的、由成文的相关规定构成的规范体系，它们在组织和社会活动中具有明确的合法性，并靠组织的正式结构来实施。正式制度对于区域经济的影响主要表现在政府通过制定一系列的政策、战略规划等对区域经济进行调节，包括整体性的宏观区域发展战略和局部的地方性区域发展战略，对于安徽省际边缘区而言，正式制度的影响显著（表8–5）。

（一）皖东区域

皖东区域包括皖苏、皖浙边缘区，2001年之后，安徽实施东向发展战略，在交通、产业等方面对接长三角区域，极大地促进了皖浙、皖苏省际边缘区县域经济发展，2011年皖江城市带承接产业转移示范区规划的实施，又进一步极化了作为皖江城市带南翼（如宁国市、广德县、郎溪县等）和皖江城市带北翼（天长市、来安县、全椒县等）县域的发展，区域内极化作用进一步增强。可以看出，由于区域整体正式制度供给的影响，省域中心区域极化作用进一步增强，导致部分边缘区县域发展较为缓慢，如受合芜蚌自主创新综合配套改革试验区建设规划、皖江城市带示范区规划的影响，皖苏区域的县域如明光市等均不同程度地受到影响。

（二）皖南区域

皖赣边缘区县域经济整体较为平稳，由于该区域旅游资源禀赋突出，在安徽省旅游发展总体规划、安徽省皖南国际文化旅游示范区规划等制度供给下，区域旅游经济较为发达。

（三）皖西区域

皖西区域包括皖鄂、皖豫边缘区，该区域以山区县为主导，是革命老区，部分平原县是产粮县，人多地少，且边缘区中心城市实力弱，同时历届政府在制度供给上均以农业、生态型产业发展的制度安排为主，一直没有将其纳入省域发展战略的关键区域，因此该区域的县域从时间序列上一直处于较弱的发展态势，不发达和欠发达区域连片集中。

（四）皖北区域

皖北区域从东到西涉及皖苏、皖鲁、皖豫三个区域，该区域也是以不发达和欠发达的边缘区县域为主导，该区域政府制度供给上比较充足，如淮海经济区、沿淮城市带等区域发展战略的制定。该区域虽有制度，但由于区位的特殊性，为河南、安徽、江苏、山东经济欠发达区域的连片集中区，整合发展困难重重，虽然在制度安排上有所侧重，但由于外部条件的限制，该区域县域以不发达和欠发达为主导（表8–5）。

表8–5　安徽省区域经济发展规划、政策、战略一览（2000—2012年）

年份	规划、政策、战略名称	核心思想	针对区域
2000	安徽省高新技术产业2000年计划及2010年发展规划	从高新技术企业取得的成就、发展目标、主要任务、主要措施等方面提出相关发展规划	全省
2001	安徽省人民政府关于继续支持文化事业促进文化产业发展若干经济政策	为加快实施建设文化强省的文化发展战略，从6个方面制定相关文化经济政策	全省
2002	安徽省人民政府关于积极做好加入世贸组织后应对工作进一步扩大开放加快发展的若干意见	从工业、农业、服务业等10个方面就安徽省如何适应加入WTO后的新形势，进一步扩大开放，加快发展，提出相关意见	全省
2002	安徽省人民政府关于进一步加快县域经济发展的若干意见	为进一步加快全省县域经济发展，从5个方面提出相关意见	全省

续表

年份	规划、政策、战略名称	核心思想	针对区域
2003	安徽省矿产资源总体规划	建立政府调控与市场机制相结合的资源优化配置新机制，推进资源管理方式和资源利用方式的根本转变，促进矿产资源开发利用与生态建设和环境保护协调发展	全省
2004	安徽省生态农业发展规划	从安徽农业发展的实际情况出发，重点分析了生态农业建设的有利条件、制约因素、发展概况，提出了发展生态农业的指导思想、规划原则、总体目标、建设步骤、建设重点、主要任务、保障措施	全省
2004	安徽生态省建设总体规划纲要	从安徽实际情况出发，重点提出了生态省建设的指导思想、基本原则、目标任务、保障措施和近五年的实施计划	全省
2005	安徽积极实施东向发展战略	提出产品东进、劳务东输、资金东引、产业东接——与长三角无缝对接的四大战略，向长三角要市场、要资金、要技术、要人才；2006年进一步提出，融入长三角、建设五大基地的设想	全省
2005	安徽省人民政府关于加快发展循环经济的若干意见	意见规定，冶金、化工、轻工、煤炭、电力、建材和建筑、农业为发展循环经济的重点产业，积极探索大中城市、开发区和工业园区的区域循环经济发展	全省
2005	沿江城市群"十一五"经济社会发展规划纲要	沿江城市群的发展问题	沿江城市群
2006	开发区发展	安徽省抓住国家清理整顿开发区的契机，合并提升皖北各类工业园区，将有条件的开发区升级为省级开发区	皖北
2007	安徽省大别山区"十一五"科技扶贫发展规划	迅速提升安徽省大别山区贫困地区的科技水平和科技对社会经济发展的支撑能力，引领大别山贫困地区依靠科技进步和提高劳动者科技文化素质摆脱贫困，加快全面建设小康社会的步伐	大别山区
2007	安徽省省级开发区条例	规范开发区发展	各省级开发区
2008	关于加快皖北和沿淮部分市县发展的若干政策意见	包括财政金融、项目和基础建设等5大类共10条政策措施，重点扶持亳州、宿州、阜阳3市以及沿淮的五河、固镇、怀远、凤阳、寿县、霍邱6县	皖北三市六县
2008	安徽省会经济圈发展规划纲要	提出建设以合肥为中心，以六安、巢湖为两翼的"省会经济圈"战略构想	合肥、六安、巢湖
2008	安徽省人民政府关于推进合芜蚌自主创新综合配套改革试验区工作的若干政策措施	对产业核心竞争力、科技成果转化、人才培养等方面作了具体的规定	合芜蚌试验区
2008	安徽省人民政府关于合芜蚌自主创新综合配套改革试验区的实施意见	决定设立合芜蚌自主创新综合配套改革试验区，实施六大创新工程，培育战略性创新产业、推进六项改革，完善自主创新的体制机制、强力推进综合配套改革试验区建设	合肥、芜湖、蚌埠

续表

年份	规划、政策、战略名称	核心思想	针对区域
2009	关于加快合肥经济圈建设若干意见	正式将"省会经济圈"名称更名为"合肥经济圈",并将合肥、六安、巢湖、淮南、桐城纳入其中	
2009	安徽省人民政府办公厅关于合芜蚌自主创新综合配套改革试验区创新平台建设的实施意见	实施五通工程,构建区域创新特色大平台、创新五个机制,充分发挥平台整体功能、完善保障措施	合肥、芜湖、蚌埠
2010	关于进一步加快皖北地区发展的若干意见	新十条是对2008年的补充和具体化(亳州市、宿州市、阜阳市和五河县、固镇县、怀远县、凤阳县、寿县、霍邱县、濉溪县)	皖北三市七县
2010	皖江示范区	安徽省出台了"40条"具有较高含金量的政策,省直部门研究制定了23项专项政策,皖江示范区各县市也相继推出了具有很强针对性和操作性的具体政策措施,皖江示范区的政策体系初步搭建完成	皖江城市带
2010	关于鼓励外来投资若干政策的规定	实现"一年打基础、三年见成效、五年大发展"的目标,结合江南产业集中区实际,特制定本政策规定	皖江示范区
2010	关于推进皖江城市带承接产业转移示范区自主创新的若干政策措施	围绕"加快产业技术升级""支持产业和技术同步转移""打造创新创业服务平台""加大自主创新政策激励""加强财政投入和金融支持"5个方面,省科技厅等5部门提出21条政策措施	皖江示范区
2010	"一揽子"税收优惠政策	包括10个方面60条内容,支持领域包括示范区基础设施建设、高新技术产业、现代服务业、文教卫事业、现代农业等,支持项目包括示范区内产业升级和技术创新、资源节约和环境保护、中小企业发展、自主创业、就业和再就业以及企业整体转移或重组	皖江示范区
2010	"价格20条"	赋予示范区更为灵活的价格调控权,对各项收费进一步规范,深化示范区资源价格改革,并通过价格杠杆作用促进示范区的技术创新和产业结构升级	皖江示范区
2010	安徽省优化皖江城市带承接产业转移示范区法制环境若干规定	区域内制定规范性文件,不得违法设定行政审批、行政处罚、行政强制、行政事业性收费等事项,不得违法增加投资者和企业的义务,不得违法限制投资者和企业的权利	皖江示范区
2011	"十二五"规划	"十二五"期间,统筹安徽发展将把皖北作为战略重点,作为安徽经济增长的新增长极	皖北为重点
2011	合作框架协议	围绕规划统筹、交通同网、科教同兴、环境同治以及产业联动、市场联体、旅游联线、信息联通等,广泛开展合作	合肥、六安、巢湖、淮南
2011	关于促进大别山革命老区又好又快发展的意见	湖北省提出了推进大别山老区经济社会发展试验区建设,河南省也正在进一步加大支持力度;多年来三省始终站在战略和全局的高度,着力推进大别山区的整体发展	大别山区

续表

年份	规划、政策、战略名称	核心思想	针对区域
2011	安徽"十二五"规划纲要	支持芜(湖)马(鞍山)同城化发展	芜湖、马鞍山
2011	芜湖经济圈规划	支持芜马同城化。同时,打破行政区划,将巢湖的无为等地划归芜湖,和县、含山等地划归马鞍山,其他县区划归合肥,加快推进芜湖、马鞍山跨江向北联动发展	芜湖、马鞍山、巢湖
2012	关于促进经济平稳较快发展的若干意见	出台30条具体措施,促进全省经济平稳较快发展	全省
2012	安徽省大别山片区区域发展与扶贫攻坚规划	对包括安庆、六安、阜阳和亳州17个县、市、区的大别山片区的基础设施、产业发展、改善农村条件等多方面进行了规划,并计划出台扶持政策	大别山片区
2012	经济强省建设实施纲要	提出力争经过10年左右的努力,初步建成总量大、结构优、竞争力强、生态良好、人民生活水平高的经济强省,为建设美好安徽、实现全面建设小康社会目标奠定坚实物质基础	全省
2012	阜阳市人民政府关于设立阜阳合肥现代产业园区综合保税区的请示	将阜阳市列为安徽省海关特殊监管区域规划布局中"重点培育"城市之一	阜阳
2012	皖南国际文化旅游示范区建设发展规划	上升为国家战略	皖南、皖西南

二、非正式制度的影响机制分析

非正式制度，又称非正式约束、非正式规则，是指人们在长期社会交往过程中逐步形成，并得到社会认可的约定成俗、共同恪守的行为准则，包括价值信念、风俗习惯、文化传统、道德伦理、意识形态等。人作为区域发展的重要因子，其思想观念、行为方式、价值取向、心理特质等，都会对区域发展目标和发展路径的选择产生积极或消极的影响，同时基于行为主体长时间形成的具有浓厚地方特色的区域文化，长期潜移默化地调控、支配着人们的行为，调节着社会关系，对区域发展影响深刻，成为区域发展的内在驱动力，并具有持久和稳定的影响力。因此，在探讨非正式制度对区域经济发展的影响时，以区域主体的行为选择为主要切入点。对于安徽省际边缘区来说，非正式制度的影响如下。

（一）皖浙区域

历史上浙江的民间资本以其特有的路径进入安徽的宁国市、广德县等县域，如改革开放前夕，出于谋生的需要，温州弹棉花的、义乌做沙发的、绍兴打井的、东阳搞建筑的手工业者开始进入宁国、广德、绩溪等沿边县（市），这些手工业者的创业能力、吃苦耐劳的品质、敢于创新的精神对当地居民的思想观念产生了一定的影响。2000年之后，在与浙江紧邻的区位特征和因区域经济发展阶段差异而产生的较强的互补性的前提下，省界的中介效应持续对宁国市、广德县、郎溪县等的发展优势产生放大作用，信息、资本、技术等大量流入，“温州模式”的跨界传播，促使皖浙边缘区县域民营经济发达。

（二）皖苏区域

皖苏区域可以分为皖苏南、皖苏北两个部分，皖苏南的县域如天长、来安、当涂等在“苏南模式”和区域中心城市南京的辐射影响下，县域经济发展较快，民众的思想意识、观念开放，政府的发展意愿强烈。但由于“苏南模式”是以乡镇集体资本为核心，因此其跨界的流动性较差。皖苏北区域由于区域发展基础薄弱，皖苏北省界两侧的经济、社会势差较小，中心城市经济实力弱，对所辖县带动力弱，因此县域经济整体发展较为缓慢，近年来在苏南资本向苏北流动的过程中，皖苏北的部分县（市）发展速度有所加快，正在从不发达县域向次发达县域过渡。

（三）皖赣区域和皖鄂区域

由于受长江和皖西山地的阻隔，该区域交通闭塞，一直是安徽产业布局较为薄弱的区域，以农业为主，民风淳朴，民营经济发展滞后，近年来在“合肥经济圈”和“武汉都市圈”双重极化作用下，外出务工人口较多，随着部分外出务工者回乡创业，交通条件的改善，以及以资源为依托的特色产业的发展，刺激了某些县域经济（如霍山县）的快速发展，但由于历史基础薄弱，区域总体上仍旧以不发达和欠发达县（市）为主。

（四）皖豫区域和皖鲁区域

该区域主要集中在鄂豫皖交界的革命老区，安徽淮河以北的农业区域，是粮食主产区，该区域民营经济落后，以农业为主导，民众思想观念保守，创业意识较弱，由于区域人口基数较大，素有为了生计迁徙的传统，多到沿海发达区域、本省沿江地区做工、安家落户。区域的产业基础薄弱，经济以对外输出的劳务经济为主，国家和省级贫困县较为集中，县域经济增长乏力，是不发达和欠发达县域集中的区域。

省际边缘区的县域经济发展具有自然地理背景复杂、区位相对边缘、边界效应显著、利益主体多元等不利条件，本书结合近年来安徽省际边缘区县域经济差异演变的实际，从制度供给和非正式制度安排的角度，初步探讨了安徽省际边缘区县域经济差异形成的原因，认为局部的制度供给会在一定程度上促进边缘区相关县域经济的快速发展，但是全局性的制度供给则会在一定程度上离散边缘区县域经济的发展要素，在多重正式制度叠加非正式制度安排的综合效应影响下，部分省际边缘区县域会获得持续的快速发展。非正式制度安排是正式制度显效的前提和基础，也是安徽省际边缘区县域交易成本空间异质性形成的原因，其影响边缘区内外部社会、经济要素的可进入性，二者的综合作用引致安徽省际边缘区县域经济时、空间演化的差异性。

第九章　宁国市的区域背景和总体特征

第一节　宁国市发展的区域背景

一、“强弱型”省际边缘区的发展背景

由上海、江苏和浙江共同组成的长三角区域，是中国经济实力最强、最具有活力的区域之一。但是，随着改革开放的大发展，长三角区域在经济腾飞的同时，区域经济发展在资源、能源、生态环境等方面的约束也日渐显露。其矿产资源、能源资源、土地资源等已相对匮乏，近几年出现了较为严重的地荒、电荒等现象。因此，长三角区域存在着产业结构转型与升级、部分产业转移的现实需求。安徽作为中部省份，与苏、浙仅有一界之隔，且资源、能源、劳动力等丰富，具有承接产业转移的优越环境。随着国家重要的战略导向的引领，“长三角”经济区域概念的提出，并将安徽纳入其中，安徽省的区域经济发展将进入重要的战略机遇期。

安徽省作为距离长三角最近的中部省份，是与长江三角洲地区无缝对接的纵深腹地。但是大量的数据表明（图9–1、图9–2、表9–1），作为浙江、江苏近邻的安徽，在省域经济层面与浙江、江苏等经济势差明显。从狭义的省际边缘区的角度考察，安徽与江苏、浙江两省紧邻，其东部省界绵延2 000多千米，有23个县（市、区）与江苏省和浙江省交接，为本书的相关研究区域。皖浙省际边缘区，为浙江与安徽的结合部，是安徽对接长三角区域的先行区域，也是安徽融入长三角地区的前沿和门户，起着联通中东部的桥梁和纽带作用。该区域经济落差、社会势能差等均显著，发展矛盾较为突出，是我国典型的“强弱型”（非均衡型）省际边缘区之一。在当前安徽实施的“东向发展”这一战略引导下，该区域成为安徽对外开放、融入长三角的优势区域，也是目前最具经济活力过渡型区域之一。正是这种“强弱型”省际边缘区的区域发展背景，省际经济势差长期存在，加之省域制度安排的定向引导，促进了社会经济要素从高势能区向低势能区的流动，安徽省的东部省际边缘区整体处于一种较优的发展态势。

二、皖浙省际之间区域经济增长变化趋势的比较

本书选取1978—2009年，浙江省、安徽省、宁国市3个区域的GDP总量、人均GDP的变化趋势来比较其区域经济增长变化的基本情况（图9-1、图9-2）。

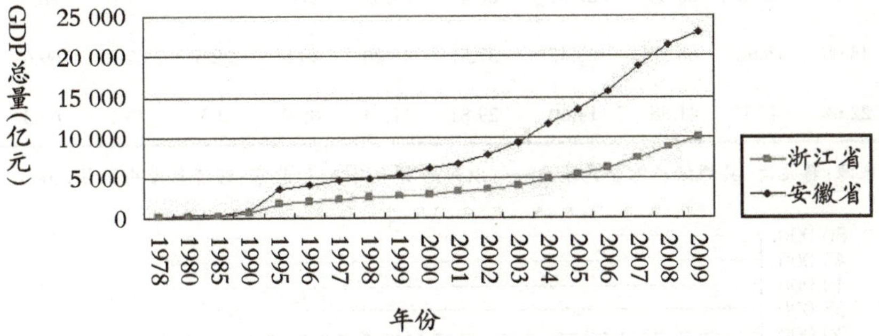

图9-1　1978—2009年安徽省、浙江省、宁国市GDP总量的增长曲线

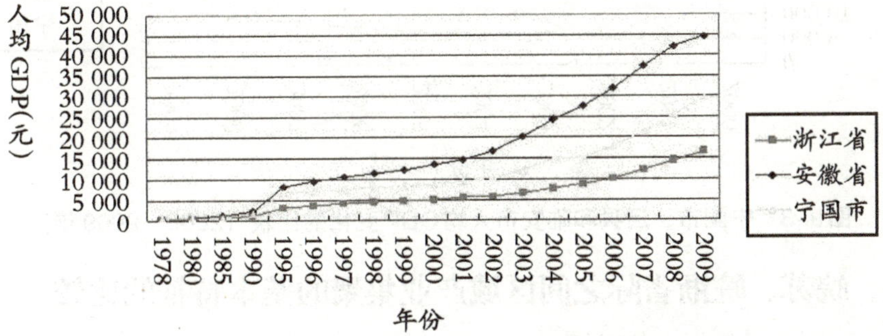

图9-2　1978—2009年安徽省、浙江省、宁国市人均GDP的增长曲线

从图9-1可以看出，1978—2009年，安徽省和浙江省的经济总体上呈现不断增长的趋势，浙江省的GDP保持了较高的增长速度且增速明显快于安徽省，改革开放初期，两省的经济总量和人均量基本持平，到1990年，差距开始逐渐显现，特别是从2000年以来，浙江省经济增长速度进一步加快，其与安徽省的区域经济差距也进一步拉大。三地人均GDP的增长趋势（图9-2）也与GDP总量（图9-1）的增长情况基本一致，总体表现为宁国市处于中间位置的过渡性特征。从宏观层面考察，皖浙省际边缘区属于经济势差明显的非均衡型省际边缘区。此类型的省际边缘区，由于经济的阶段差异明显，区域经济的互补性较强，具有边界效应从屏蔽效应向中介效应转化的先天有利条件。从次一级区域考察，以县域经济的综合竞争力（表9-1）或者是以省界两侧单个的县（市）——浙江省临安市、安徽省宁国市、泾县比较（图9-3）也可以看出，宁国市的人均GDP低于东侧的浙江临安市，高于西侧的安徽省泾县，存在一定的经济梯度，过渡型

的区位特征明显。

表9–1 长三角省区县域经济分项目竞争力指数排序

省区	经济发展指数	对外开放指数	生活水平指数	劳动力素质指数	基础设施指数	科技实力指数	社会稳定指数	政府效率指数	社会保障指数	生态环境指数	在全国的位次
江苏	49.49	32.93	60.80	27.51	66.44	37.35	67.3	15.6	51.6	76.2	5
浙江	48.08	15.52	68.52	25.47	37.57	35.28	49.3	22.5	67.7	69.6	7
安徽	22.66	4.77	41.88	14.60	29.81	11.14	86.0	2.3	33.1	69.3	24

资料来源：蒋兆岗.县域经济综合竞争力——以云南省为例[M].北京：经济科学出版社，2005.

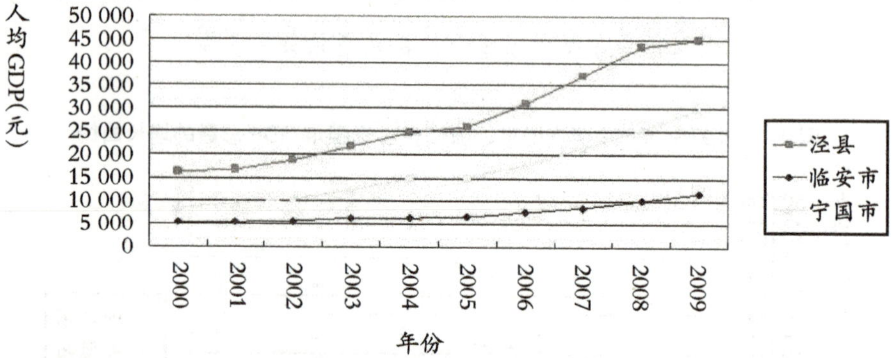

图9–3 宁国市、泾县和临安市人均GDP变化的比较（2000—2009年）

三、皖苏、皖浙省际之间区域产业集聚的基本特征的比较

通过系统梳理皖苏、皖浙省际边缘区县（区、市）的同类企业集聚和产业集聚的基本发展情况，可以直观地看出安徽与江苏、浙江省际边缘区县（区、市）产业集聚发展的现状（表9–2）。

表9-2　皖苏、皖浙省际边缘区同类企业集聚和产业集群发展情况

边缘区	省份	县(区、市)	企业集聚或产业集群
皖苏省际边缘区	安徽	砀山县	蔬果加工、板材加工、纺织服装、畜禽加工
		萧县	农副产品加工、机械电子、医药化工、煤电开发、建材、纺织服装
		泗县	林木加工、纺织服装、电源电池、畜牧养殖业
		五河县	精细化工、食品饮料、纺织服装、机械制造、农副产品加工
		灵璧县	黄牛养殖业、板材加工、面粉加工、奇石加工
		明光市	食品加工、凹凸棒黏土采掘加工、玄武岩和石英砂采掘加工
		天长市	机械模具、家电及配套件、光电缆、医药及医疗器械、电子、食品加工
		来安县	服装加工、化工
		全椒县	玩具服装加工、粮油饮料加工、机械制造
		和县	化工、泵阀、建材、船舶、旅游、农副产品加工
		马鞍山市	稀土加工、汽车零部件制造、机械加工、磁性材料
		当涂县	刀模具和机床制造、冶金压延、绿色食品、纺织服装、医药化工及新型材料
	江苏	丰县	农副产品加工、机械制造、电动车、木业、盐煤化工
		铜山区	板材、玻璃瓶、乳制品加工、食用菌
		睢宁县	白色家电、棉纺织、蔬果种植
		泗洪县	纺织服装、食品加工、机械制造、电子电器
		盱眙县	食品加工
		金湖县	石油机械、仪表线缆
		高邮市	羽绒服加工、灯具
		仪征市	汽车及零部件
		六合区	数控机床、船舶制造
		浦口区	现代物流
		江宁区	生物医药
		溧水区	机车配件、刀具制造
		高淳区	机油泵制造
		溧阳市	输变电设备制造
		宜兴市	化纤纺织、电线电缆、陶瓷、环保设备

续表

边缘区	省份	县(区、市)	企业集聚或产业集群
皖浙省际边缘区	安徽	宣州区	旅游业、碳酸钙业、船舶
		郎溪县	特种设备制造、箱包、再生铜循环、电力电子、茶产业
		广德县	汽车零部件、电子元器件、新型建材、光气医药、纺织家具箱包、农副产品加工、竹产品加工
		宁国市	汽车零部件、耐磨铸件、电子元器件
		绩溪县	不锈钢制造
		歙县	歙砚、传统绿色食品加工
		休宁县	茶产业、绿色食品加工、汽车零部件制造
	浙江	长兴县	电子电源、新型材料、家居服饰、机械制造、食品医药、特色化工、汽配
		安吉县	制椅业、竹产业
		临安市	精密元器件、竹笋加工
		淳安市	纺织服装
		开化县	硅产业

资料来源：根据相关资料整理而成。

产业集群专业镇在一定程度上可以反映区域产业发展活力，2014年安徽149个产业集群专业镇共有注册企业24 770户，全年实现增加值1 465.87亿元，实现了463.86亿元的利润。2015年安徽省又认定40个产业集群专业镇，全省产业集群专业镇达到189个。其中，皖苏、皖浙省际边缘区的产业集群专业镇占安徽省189个产业集群专业镇总数的约24%（表9–3），可见该区域产业集群发展的态势高于全省的平均水平。

从表9–2、表9–3可以看出，经过改革开放以来的发展，区域开放度逐渐提升，在县域尺度，狭义的皖苏、皖浙省际边缘区产业集聚或者是产业潜在集聚发展的态势突出，内生的资源型产业集聚、历史承继型产业集聚以及以配套生产为主要特征的现代产业集聚态势明显。作为非均衡省际边缘区的典型区域，该区域正在成长为与中东部对接的一条重要的纵向生产型产业集聚带，部分县市的产业集群已经发展成为在国际和国内市场占据相当市场份额的重要产品输出基地或者是长三角重要的产业配套基地，其对县域经济的发展具有极强的推动作用。以安徽省为例，该区域中的宁国市、天长市、广德县、当涂县等在县域产业集群的推动下，区域经济增长迅速，无论从人均指标、总量指标还是从经济增长速度等方面考察，上述4县

(市)连续多年入围安徽省县域经济十强县(市)之列(表9–4)。根据2009年较为全面的普查统计数据，全面分析安徽省所有县(市)的发展水平、发展活力和发展潜力等指标后可以看出，这4个县的综合发展指数均排在前10位。

表9–3　皖苏、皖浙省际边缘区安徽省产业集群专业镇的发展情况

边缘区	省份	县(区、市)	数量(个)	专业镇名称及集群产业
皖苏省际边缘区	安徽	砀山县	3	薛楼(板材加工)、周寨镇(果蔬、畜牧)、砀城镇(食品加工)
		萧县	3	永堌镇(防腐化工)、龙城镇(食品加工)、张庄寨镇(林产品加工及优质胶合板)
		泗县	2	长沟镇(纺织服装)、黄圩镇(板材加工)
		五河县	1	头铺镇(纺织服装)
		灵璧县	2	冯庙镇(农副产品加工)、尤集镇(汽车运输及面粉加工)
		明光市	2	涧溪镇(凹凸棒黏土深加工)、桥头镇(农副产品)
		天长市	10	万寿镇(农机装备及配件)、仁和集镇(实验器材)、永丰镇(汽车模具)、金集镇(汽车零配件)、郑集镇(雕刻工艺品)、冶山镇(玩具)、汊涧镇(农副食品)、秦栏镇(电子电器)、铜城镇(仪器仪表及电线电缆)、杨村镇(医药)
		来安县	2	新安镇(化工产品)、汊河镇(轨道车辆配件)
		全椒县	0	无
		和县	1	西埠镇(芝麻油加工)
		马鞍山市	2	博望区博望镇(机械制造)、花山区霍里镇(软件及服务外包)
		当涂县	3	丹阳镇(锻件)、黄池镇(食品加工)、博望镇(筑路机械及配件)
皖浙省际边缘区	安徽	宣州区	1	水东镇(玻璃及玻璃制品)
		郎溪县	3	梅渚镇(电梯器件)、新发镇(废杂铜综合利用)、建平镇(箱包及配套产品)
		广德县	2	新杭镇(新型材料及竹产品加工)、四合乡(丝绢纺织及精加工)
		宁国市	2	梅林镇(电子元件)、中溪镇(橡塑及汽车零部件)
		绩溪县	1	上庄镇(雕刻徽墨)
		歙县	2	北岸镇(黄山贡菊加工)、徽城镇(电器机械及器材)
		休宁县	3	溪口镇(汽车零部件)、无城镇(传统绿色食品加工)、海阳镇(有机眉茶精加工)

资料来源:根据相关资料整理而成。

表9-4　2008年度安徽省综合十强县（市）评价结果统计表

县(市)	是否紧邻省份边界	发展水平指数	位次	发展活力指数	位次	发展潜力指数	位次	综合发展指数	位次
宁国市	是	104.55	2	101.65	7	101.86	3	103.86	1
繁昌县	否	104.15	4	102.3	2	102.09	1	103.66	2
当涂县	是	104.36	3	101.75	6	101.04	10	103.6	3
凤台县	否	104.76	1	99.43	45	100.32	20	103.55	4
肥西县	否	103.74	5	101.76	5	101.68	5	103.23	5
芜湖县	否	102.57	7	102.31	1	101.96	2	102.46	6
肥东县	否	102.91	6	100.81	11	100.99	11	102.41	7
铜陵县	否	102.14	9	102.15	4	101.78	4	102.09	8
天长市	是	102.32	8	100.8	12	100.54	16	101.9	9
广德县	是	102.14	9	101.25	9	101.06	9	101.89	10

资料来源：宁国市统计局提供。

第二节　宁国市发展的总体特征

一、宁国市概况和经济增长轨迹

（一）宁国市概况

宁国是一个既古老而又年轻的城市，“古老”是因为宁国建县始于东汉建安十三年（公元208年），至今有1 800多年历史。悠久的历史孕育了深厚的文化底蕴，从儒释道文化、江南文化、徽文化、移民文化、西方文化到今天的浙商文化，各种文化随着人际传播相互影响、相互渗透、相互融合，形成了宁国包容共生的多元开放文化，也造就了宁国“土著少，客籍多，五方杂居，风俗不一”的市情和多元的移民文化，成就了宁国人豁达、包容的宽广胸襟和开拓、创新的进取思维。“年轻”是因为宁国在1997年撤县设市，至今也不过二十年。2010年，市域面积2 487平方千米，总人口38万，辖8个镇、5个乡（其中1个民族乡）、6个街道办事处。

1. 地理位置与自然概况

宁国市位于安徽省东南部，北临宣州区，南临绩溪县，西接泾县，东及东北与广德县相连，东南与浙江省临安市、安吉县交界。地跨东经118°37′～119°24′，北纬30°17′～30°47′。宁国市属皖南山地丘陵区，市域地形地貌复杂，以丘陵山地为主，间有岗地、河谷平原和盆地等，地貌组合差异明显。全市土地构成中，山地329.8平方千米，丘陵1 327.3平方千米，岗地430.9平方千米，平原350

平方千米，也正因为此，宁国素有“八山一水半分田，半分道路和庄园”之称。气象气候特征表现为北亚热带季风湿润气候区，气候温和，雨量充沛，日照充足，四季分明。境内有水阳江、青弋江、富春江三个水系，西津、东津、中津三条河流穿城而过，形成独特的皖南湿地景观，生物资源、矿产资源、水资源、旅游资源等较为丰富，其中最具特色的是宁国有北亚热带东北部最后一片原始森林——板桥自然保护区，宁国全市森林覆盖率近75%，素有“绿色氧吧”之称。

2. 经济区位

从经济区位分析，宁国市虽然不临江、不临海，但毗邻江苏、浙江和上海，紧临长三角边缘。从空间距离分析，距中国最发达的杭嘉湖地区和苏锡常宁中心地带仅200千米左右，距上海、宁波不到300千米（具体为宁国距上海290千米、距杭州160千米、距南京210千米、距合肥260千米、距黄山140千米）；从时间距离分析，宁国距离合肥骆岗机场3个小时车程，距离南京禄口国际机场2个小时车程，距离杭州萧山国际机场2个半小时车程，距离上海虹桥机场3个小时车程，距离浦东国际机场4个小时车程。宁国市是长三角产业西移的首站和中部地区承接长三角辐射的“跳板”，具有皖浙省际边缘区城市较易融入苏浙沪的地缘优势，是长三角制造业的配套基地和消费品的供应基地，是苏浙沪产业转移的重要承接地和扩散通道。

从安徽省内评价，宁国市位于安徽省城镇化重点建设区域，国家级承接产业转移示范区——皖江城市带上，又位于杭州、芜湖、黄山三市构成的三角形区域几何中心，是皖南地区同上海和江浙沿海发达地区经济交往和合作的门户，是皖江城市带东向发展的先行先试区域，同时宁国市在安徽省属于最具有发展潜力的县级市之一。20世纪90年代就入选全国百强县，2000年以来综合经济实力居安徽省领先位次，荣获2009年度“中国中小城市科学发展百强”和“中国最具区域带动力中小城市百强”等荣誉。

（二）宁国市区域经济增长轨迹

改革开放前，宁国市区域经济增长缓慢，经济封闭落后，是皖南一个有名的贫困县，“吃粮靠调进，财政靠补贴”，到改革开放前夕，上海的一些三线企业落户宁国，当地工业萌芽，经济有了一定的发展。但直到1987年，宁国仍旧是安徽省内的贫困县之一，2000年之后经济稳步增长，主要经济指标无论是从总量还是从人均的角度，均位于安徽省县域经济前几位（表9-5）。

表9-5 宁国市改革开放以来的主要经济指标（1978—2009年）

指标	单位	1978	1980	1985	1990	1995	2000	2005	2007	2009
总人口	万人	33.33	34.01	35.5	37.28	37.98	38.09	37.73	38.08	38.59
GDP总量	亿元	1.18	1.47	2.27	5.54	25.14	30.57	56.69	81.57	114.85
固定资产投资	亿元	0.01	0.12	0.36	0.18	6.67	8.59	31.57	77.13	149.49
社会消费品零售总额	亿元	0.46	0.55	0.92	2.33	6.46	8.76	15.37	20.69	30.87
财政收入	亿元	0.09	0.1	0.14	0.42	2.25	2.65	7.56	10.18	15.2
财政支出	亿元	0.08	0.08	0.15	0.44	1.54	2.07	6.45	9.19	14.85
金融机构存款余额	亿元	0.21	0.32	0.84	1.93	7.09	15.72	34.7	46.3	70.08
居民储蓄存款	亿元	0.02	0.05	0.29	1.28	6.35	11.23	22.88	27.84	41.09
金融机构贷款余额	亿元	0.3	0.34	1.82	2.76	9.63	16.11	33.07	47.33	63.65
在岗职工年平均工资	元	560	685	1 021	1 928	5 498	7 999	17 371	25 018	37 028
农民人均纯收入	元	100	94	331	510	1 643	2 408	3 954	5 635	7 293

数据来源：宁国市统计局提供。

仅从宁国市区域经济增长的角度分析，由图9-4可以看出，宁国市区域GDP总量及人均GDP均呈现不断增长的趋势，特别是2000年以后，宁国市经济增长速度进一步加快。

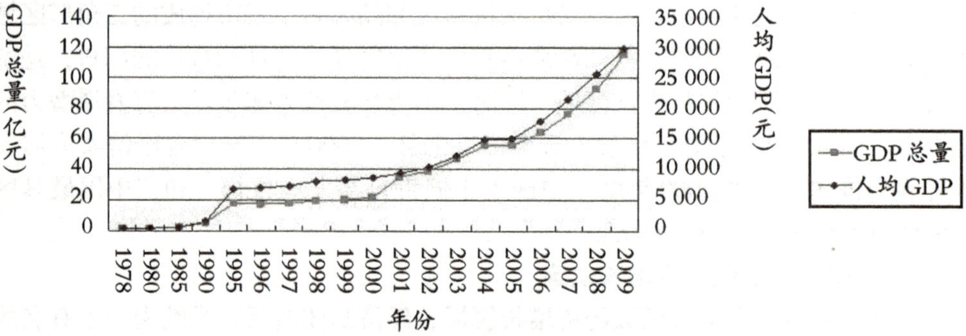

图9-4 改革开放以来宁国市区域经济增长曲线

结合改革开放以来宁国市历年的经济数据（图9-4），我们可以得出：1978年以后，宁国市区域经济的增长过程，经历了缓慢增长、波动增长和快速增长3个阶段，其原因如下。

缓慢增长期（1978年前）。改革开放以前宁国是皖南一个有名的贫困县，“吃粮靠调进，财政靠补贴”，计划经济时期一些三线企业落户宁国，工业处于萌芽期，经济封闭落后。

波动增长期（1978—1999年）。其中又可以细分为两个阶段，阶段一

（1978—1987年）。改革开放初期，农业经济仍旧在经济总量中占据相当大的比重，社队企业刚起步，由于经济基础薄弱，地处边缘，中心城市区域辐射有限，经济发展缓慢。通过学习“苏南模式”，社队企业逐渐转变为乡镇企业，通过将接收的上海“小三线”企业的资产无偿转移给乡镇企业经营，促进了乡镇企业的快速发展。1987年年底，全县乡镇企业产值占工农业总产值的49.3%，摘掉了贫困县的帽子。阶段二（1988—1999年）。随着乡镇企业快速发展，宁国县委进一步出台相关的产业政策，将闲置低效的国有资产给乡镇企业经营，使乡镇企业发展的质量规模有了质的提升，其间乡镇企业年产值以每年32.5%的速度逐年递增。1993年后，宁国县政府通过出台政策，一方面规范企业的内部管理，另一方面通过制度和机制激励企业家的创业行为，使宁国“老、中、青”企业家梯队形成，促进了政府和企业之间的良性互动，企业发展和经济实力大幅度提升，截至1994年年底，乡镇企业产值占工农业总产值的73.8%，县域经济实力排在安徽省第一位，进入全国经济百强县。1995年后，由于亚洲金融危机，“6·30”特大洪水灾害，宁国乡镇企业遭受沉重打击，乡镇企业发展的弊端如产权不明、机制不活、不能适应市场经济发展的要求等暴露出来。到1998年年底，全市原有的1 300多家乡镇企业，包括半停产状态的仅剩下800余家，其中绝大部分有产值无效益，负债累累。区域经济从1995年以前的高速增长，变化为1996—1999年的徘徊不前。

快速增长期（2000年至今）。1999年，宁国市开始对乡镇企业进行产权制度改革，政府通过债务担保、银行依法申请呆（坏）账，核销部分债务等促进乡镇企业进行股份制、股份合作制、个人独资、兼并、破产等改革，全市1 000余家乡镇企业全部改革到位。在此基础上，2000年以来，宁国市学习“温州模式”，通过创建私营经济园区、制定配套的一系列优惠政策等措施大力发展个体私营经济。2005年年末，民营企业创造了宁国市80%的国内生产总值和工业增加值、71%的税收、90%的社会销售总额和100%的出口总值。截至2009年年底，民营经济总量占全市经济总量的比重超过85%，对财政经济的贡献率超过80%，民营企业的全面发展稳步推进了宁国市经济的快速增长。2000年后的十几年间，宁国市县域经济总量一直处于安徽省县（市）域经济的前列，如2009年宁国生产总值114.9亿元，同比增长17.6%；财政收入15.2亿元，同比增长21.4%；固定资产投资149.5亿元，同比增长47.8%。这些数字远高于安徽省内基础条件优于宁国市的县（市）。

二、宁国市区域产业发展的变化特征

区域产业的发展壮大，是区域经济持续增长的重要基础。为了全面分析宁国市从改革开放以来区域产业集聚化的发展状况，本部分从产业结构变化、产业发展形态演化、产业门类多样化等方面对宁国市产业发展演化的基本情况进行阐述。

（一）产业结构的变化特征

产业结构是区域产业间的联系和比例，是区域经济结构的核心，与区域经济增长的相互促进作用明显。在前文宁国市区域经济增长轨迹分析的基础上，本部分侧重对宁国市改革开放以来产业结构的发展情况（表9-6、图9-5）进行分析，以揭示宁国市区域产业发展的基本特征。

表9-6 宁国市区域三次产业产值结构比例变化（1978—2009年）

年份	1978	1980	1985	1990	1995	1996	1997	1998	1999	2000	2001	2002	2003	2004	2005	2006	2007	2008	2009
一产	51	48	50	40	16	19	18	18	16	16	19	18	16	15	16	14	14	14	11
二产	37	37	33	41	63	60	60	61	61	61	44	45	49	52	48	51	52	55	56
三产	12	15	16	19	21	21	21	21	22	23	37	37	35	33	36	35	33	32	32

资料来源：宁国市历年统计年鉴。

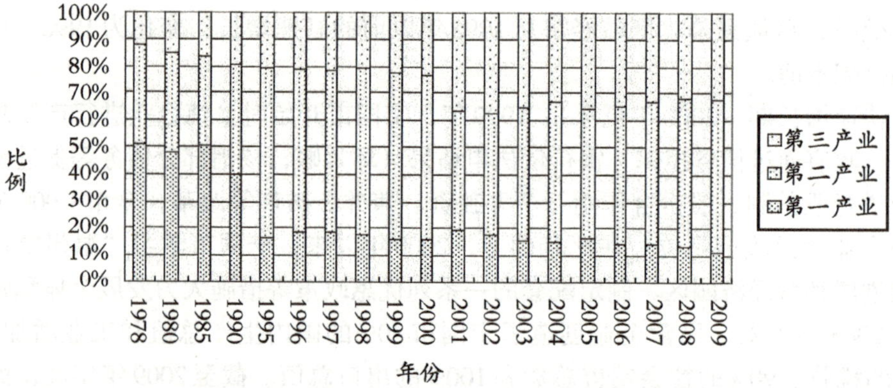

数据来源：宁国市历年统计年鉴。

图9-5 宁国市区域三次产业产值结构比例变化（1978—2009年）

由表9-6和图9-5可以看出，自改革开放以来，宁国市三次产业结构的变化主要呈现如下特征。三次产业产值占GDP比例的序列结构由1978年的“一、二、三”演变为2009年的“二、三、一”，即三次产业产值比由51∶37∶12演变为11∶56∶32。具体表现为第一产业产值的比例不断下降，第二、三产业产值比例不断上升。其中第二产业产值比例经过20世纪90年代中期的急速增长后，从2000年开始回落，后稳步增长。其表明工业经济在宁国市区域经济增长过程中，占据重要的位置，随着工业企业的发展，生产型服务业也日渐丰富，从而呈现出第二、三产业所占比例日渐提升的特征，产业结构呈现出高级化的发展趋势，符合区域产业演化的一般规律。同时，宁国市产业结构的发展变化情况，能够较明晰地反映1978—2009年县域尺度的经济增长情况、地方政府的产业调控政策和调控力度以及企业的发展状况，这三者之间存在较大的关联特征。

（二）产业的集聚化发展特征

改革开放以来，宁国市区域产业集聚化发展特征明显，主要表现在非农产业的集群化发展和企业的空间集聚两个方面。

从产业组织形态的演化角度分析，集群化是一个较为明显的特征。宁国市已经形成了具有国内影响的三大制造产业集群，汽车橡胶密封件、耐磨铸件、灯具电容器分别占全国市场份额的30%、21%和80%。这三大制造产业集群均是由1978年前后成立的小企业逐渐发展起来的，经历了从社队企业到乡镇企业再到民营企业的发展过程。从产业链延伸的角度，三大制造产业集群组织形态均较为完整，包括核心生产企业、上下游企业、旁侧联系企业以及协会和支撑服务机构等，集群企业形态呈现出大、中、小企业分工合作的轴辐式。在此基础上，宁国市当前又在积极促成包括节能建材与新能源应用、生物医药、电子信息等先进制造业的集聚化发展。

从企业空间布局的角度分析，宁国市区域产业空间集聚的态势也非常显著。20世纪80年代到20世纪末，宁国市以乡镇企业为主导，企业的空间布局较为分散。从2000年开始，宁国市通过省级经济技术开发区建设，打造企业集聚平台，到2010年全市已经形成了宁国经济技术开发区、宁国港口省级生态工业园区两个省级的工业园区（2013年3月，经国务院批准，宁国经济开发区升级为国家级经济技术开发区），和汪溪、梅林、东三角3个乡镇工业集中区，通过空间优化，引导企业向园区集中，促进产业的进一步集聚和集群化发展。如根据2010年7月的数据，以宁国经济技术开发区为例，开发区企业总数已达到553家，其中规模以上企业122家，亿元企业22家，企业的空间集聚效应进一步显现。

（三）产业的多样化发展特征

宁国市的产业经过改革开放的发展，在企业数量、所有制结构、产业门类、农业产业化等方面均呈现出多样化的发展特征。

其一，企业数量和所有制结构多样化。以工业企业为例，1978年宁国县全民和集体所有制企业总数为129个，其中全民所有制企业17个，集体所有制企业112个。至1987年年底，宁国县企业个数为246个，其中全民所有制企业25个，集体所有制企业221个，注册个体手工业者有945户，私营企业仅仅是一些小的作坊，没有真正意义上的私营企业，企业的数量少、规模小。根据宁国市工商局提供的数据显示，截至2009年年底，宁国市的注册企业数量为2 421个，注册的个体工商户16 310户，注册的农民专业合作社140家，涵盖了第一、第二、第三产业，所有制结构呈现出多样化的特征（表9-7）。

表9-7　宁国市注册企业数量分类统计

分类	所有制形式	合计	第一产业	第二产业	第三产业
内资企业	国有企业	39	1	8	30
	集体企业	38	2	15	21
	股份合作企业	18	4	12	2
	有限责任公司	178	5	74	99
	股份有限公司	72	0	2	70
	其他企业	21	0	0	21
	合计	366	12	111	243
私营企业	独资企业	383	10	261	112
	合伙企业	77	1	47	29
	有限责任公司	1 593	70	789	734
	股份有限公司	2	0	0	2
	合计	2 055	81	1 097	877
内资和私营企业		2 421	93	1 208	1 120
个体工商户		16 310	446	1 605	14 259
农民专业合作社		140	111	13	16

资料来源：宁国市工商局提供，企业注册截止日期2010年1月。

其二，产业门类和企业来源的多元化发展特征。从20世纪90年代中期以来，宁国市一直重视产业的培育。农业产业化方面，从1980年以后，宁国市将农业的资源优势逐渐向产业优势转化，通过技术、资金的引进和基地化发展，逐步形成了竹业、山核桃、畜禽、苗木花卉、茶叶5大主导产业，培育龙头企业483家，12个专业市场，农业经纪人8 000人，带动3.2万农村劳动力实现就地就业，农产品加工率达90%以上，年交易额在3亿元以上，其中80%的产品直接销往苏浙沪。因为宁国农业的产业化较早、体量较大，宁国市又被评为“全国农业产业化先进示范市”，也是中国山核桃之乡、中国元竹之乡。工业方面，如从1996年宁国工业经济滑坡时起，宁国市对企业的发展就注重“抓好大企业、扶持小企业、培育新企业”，形成了以骨干企业为主导，配套协作型中小企业为基础，新兴工业企业为补充的3个层次新型工业结构，促成了小企业向大产业的方向发展，逐步形成“小企业、大集聚”的金字塔式产业集群。当前，在提升汽车零部件、电子元器件、耐磨铸件等传统优势产业的基础上，大力发展节能建材与新能源应用、生物医药、电子信息等高技术产业，积极发展总部经济和现代物流、旅游、房地产等关联效益强的服务性产业，重点产业突出，产业门类较为齐全，外来企业集聚和内生型产业集群发展迅速。如以宁国经济技术开发区为例，截至2009年1月，开发区在册企业有487家，完成年产值105亿元，涵盖了汽车零部件、电子电器、耐磨材料、医药化工、农副食品加工、新型建材、机械制造、包装印刷、服装纺织等。从企业的来源地看，其中内资企业中宁国市企业342家，省内市外15家，浙江72家，上海20家，江苏4家，广东6家，其他地区9家；外商投资企业中美国3家，德国、韩国、比利时各2家，新加坡、土耳其、肯尼亚、瑞士、英国、西班牙各1家。说明宁国市外来企业来源地分布较广，其中又以浙江等长三角区域为重点，产业门类多元化与重点产业的集聚化特征明显。从企业上市情况来看，截至2010年年底，宁国市拥有中鼎股份、江南化工等上市公司，并拥有凤形、亚夏、莱恩、五星、恩龙等34家上市后备企业。

三、宁国市区域城镇化的发展情况分析

区域城镇化与区域产业集聚、区域经济增长之间关系密切，人口集聚、产业集聚与城镇化三者之间，在内容、速度、规模、周期等方面侧重点不同，但又交织在一起，不能绝对分割。人口、产业集聚，是城镇化的重要动力，城镇又是人口、产业集聚的重要平台，三者在经济不同的发展阶段分别起主要作用但又互为基础、互相促进。通过探讨区域城镇化的发展变化特征，能够较全面地了解区域经济增长、产业发展等方面的情况。1999年之前，宁国市的城镇化水平非常低，1997年以非农业人口指标计算的城镇化率为35.75%，1998年为36.58%。本部分将重点分析宁国市当前城镇化的主要特征和2000年以来宁国市区域城镇化水平的变化特征。

（一）宁国市城镇化的主要特征

宁国市城镇化特征主要表现为以下几个方面。其一，城市首位度高（表9-8）。城镇人口75%以上分布于市区，其他乡镇仅占25%。其二，城镇化水平已处在加速发展的中期阶段，但城镇规模普遍偏小（表9-8）。2009年，宁国市城镇化水平达51%，已处在城镇化水平加速发展的中期阶段。但除中心城市外，城镇规模普遍偏小，城镇化水平处于初级阶段，表现为一定的不均衡特征。其三，城镇建设步伐加快，基础设施和公共设施明显改善，但仍落后于经济发展水平。宁国市城镇化质量不高表现在市域城镇基础设施较落后不能适应经济发展的需要，

城市对区域的集聚作用不明显，对人口流动和转移的吸引力不强，未能较好发挥城镇对周边地区的带动作用。其四，城镇职能类型较丰富（表9-9），但其特色与优势有待进一步强化。其五，城镇化率高于全省平均水平，但城镇化质量有待提高，城市对区域的作用影响力不高。表现为市域人口的集聚引力较弱，人口总量较少，相关的生产生活型服务业发展较为缓慢。其六，区域人口文化程度不高，制约城镇化的快速发展。表现为宁国市域人口受教育程度不高，高中以上文化程度人口仅占总人口的6%，与宁国市的经济发展所需人力资源严重不符，制约着城镇化的快速发展。

表9-8　宁国市域城镇等级规模情况（2009年）

城镇等级序列	数量(个)	比率	人口规模(万人)	区域
市域中心城区	1	6.7%	10～20	宁国市区
中心镇	3	20%	3～5	港口、中溪、甲路
一般建制镇	6	40%	2～3	梅林、仙霞、宁墩、霞西、胡乐、天湖
农村集镇	5	33.3%	<2	方塘、南极、万家、云梯畲族、青龙

表9-9　宁国市域城镇职能分类（2009年）

职能类型	数量(个)	区域
综合型城市	1	宁国市
工业型城镇	7	梅林、中溪、甲路、港口、霞西、胡乐、宁墩
商业型城镇	1	仙霞
农贸型城镇	6	天湖、南极、万家、云梯畲族、方塘、青龙

（二）宁国市城镇化水平的变化特征

1. 2000—2009年宁国市城镇化水平测度的指标体系和权重

在对宁国市城镇化现状特征分析的基础上，借鉴已有城镇化水平测度的相关研究成果，结合省际边缘区的特点，遵循系统性、完整性和有效性等原则，从人口、经济、生活方式、基础设施4个方面，选取18个单项指标作为衡量标准，设计出能够较全面反映省际边缘区城镇化特征的综合评价指标体系（表9-10）。根据熵值法对2000—2009年宁国市18项单项指标的180个原始数据进行处理（表9-10），分析2000年来宁国市城镇化水平的变化特征。

熵值法是确定指标权重的客观赋权法，避免了主观赋权的人为主观因素的干扰，具有科学性和有效性。其计算方法是：设有m个待评对象，n项评价指标，形成原始指标数据矩阵$X=(X_{ij})_{m\times n}$，对于某项指标x_j指标值x_{ij}的差距越大，该指标提供的信息量越大，其在综合评价中所起的作用越大，相应的信息熵越小，权重越大；反之，该指标的权重越小；如果该项指标的指标值全部相等，则该指标在综合评价中不起作用。

表9-10　宁国市城镇化水平测度的指标体系和指标权重

系统层	要素层(权重)	指标层	信息熵	冗余度	权重
城镇化发展水平	人口(0.012)	市区总人口	0.999 9	0.000 1	0.000 1
城镇化发展水平	人口(0.012)	非农人口占总人口比重	0.999 2	0.000 8	0.001
城镇化发展水平	人口(0.012)	二、三产业的就业人口	0.992 8	0.007 2	0.009 3
城镇化发展水平	人口(0.012)	建成区人口密度	0.998 8	0.001 2	0.001 6
城镇化发展水平	经济(0.448 2)	人均GDP	0.965 2	0.034 8	0.045
城镇化发展水平	经济(0.448 2)	地方财政预算收入	0.922 2	0.077 8	0.100 4
城镇化发展水平	经济(0.448 2)	固定资产投资总额	0.811 1	0.188 9	0.244
城镇化发展水平	经济(0.448 2)	社会消费品零售额	0.956 3	0.043 7	0.056 5
城镇化发展水平	经济(0.448 2)	第二产业占GDP比重	0.998 9	0.001 1	0.001 5
城镇化发展水平	经济(0.448 2)	第三产业占GDP比重	0.999 4	0.000 6	0.000 8
城镇化发展水平	生活方式(0.141 1)	居民生活用电量	0.974 5	0.025 5	0.032 9
城镇化发展水平	生活方式(0.141 1)	万人拥有医务人员数	0.994	0.006	0.007 7
城镇化发展水平	生活方式(0.141 1)	职工年平均工资	0.946 2	0.053 8	0.069 5
城镇化发展水平	生活方式(0.141 1)	人均邮电业务量	0.976	0.024	0.031
城镇化发展水平	基础设施(0.398 8)	建成区面积	0.981 9	0.018 1	0.023 4
城镇化发展水平	基础设施(0.398 8)	基础建设支出总额	0.802 8	0.197 2	0.254 7
城镇化发展水平	基础设施(0.398 8)	年货运周转量	0.923	0.077	0.099 4
城镇化发展水平	基础设施(0.398 8)	年客运周转量	0.983 5	0.016 5	0.021 3

（1）数据标准化处理

假定评价指标j的理想值为x^*_j，其大小因评价指标性质不同而异。对于正向指标，x^*_j越大越好，记为x^*_{jmax}；对于负向指标，x^*_j越小越好，记为x^*_{jmin}。

正向指标：$x'_{ij}=x_{ij}/x^*_{jmax}$

负向指标：$x'_{ij}=x^*_{jmin}/x_{ij}$

将数据归一化处理，得：

$$y_{ij}=x'_{ij}/\sum_{i=1}^{m}x'_{ij}$$

由此得数据的标准化矩阵：

$$Y=\{y_{ij}\}_{m\times n}$$

（2）计算第j项指标的熵值：

$$e_j=-k\sum_{i=1}^{m}y_{ij}\ln y_{ij}\quad（其中k=1/\ln m）$$

（3）计算第j项指标的偏差度：

$$d_j=1-e_j$$

（4）计算第j项指标的权重：

$$w_j=d_j/\sum_{i=1}^{n}d_j$$

由表9-10可知，18项指标的信息熵、冗余度和权重，权重前三位是基础建设支出总额（0.254 7）、固定资产投资总额（0.244）和地方财政预算收入（0.100 4），其次年货运周转量、职工年平均工资、社会消费品零售额、人均GDP等指标的权重也都在0.045以上，说明其对宁国市城镇化水平的影响较大。其余指标的权重均在0.045以下，说明其影响较小。从各子系统权重来看，经济和基础设施子系统的权重分别为0.448 2和0.398 8，表明2000年以来，经济因子和基础设施因子对宁国市城镇化水平的影响较大；其中人口因子的权重仅为0.012，生活方式相关因子的权重为0.141 1，与省域内人口、基础设施等向中心城市区域集聚基本一致，说明省际边缘区在边缘区位条件、自然背景复杂、城镇规模小、跨界交通等基础设施和市域内部生活设施等相对落后的客观因素制约下，对人口、人才等引力较弱，表现出的人口和生活方式相关因子对区域城镇化水平影响小。

2. 2000—2009年宁国市城镇化水平总体变化特征

为全面分析宁国市城镇化的总体特征，根据表9-10计算的权重值，结合宁国市2000—2009年各项指标标准化后的值，从而定量地反映出2000—2009年间，宁国市城镇化综合水平和各子系统发展状况的变化特征（表9-11）。

表9-11　宁国市城镇化综合水平、各子系统得分及增长率（2000—2009年）

年份	城镇化综合水平	人口子系统		经济子系统		生活方式子系统		基础设施子系统	
		得分	增长率	得分	增长率	得分	增长率	得分	增长率
2000	0.174 2	0.007 9		0.063		0.045		0.058 2	
2001	0.172 8	0.007 6	−0.041 8	0.060 8	−0.035 2	0.050 7	0.127 5	0.053 6	−0.079
2002	0.190 9	0.008 5	0.122 5	0.069 4	0.140 8	0.053 1	0.047 2	0.059 9	0.117 5
2003	0.229 6	0.009 3	0.087 8	0.083 3	0.199 8	0.06	0.128 9	0.077 1	0.287 1
2004	0.290 1	0.009 6	0.034 4	0.114 7	0.377 8	0.067 5	0.126 2	0.098 2	0.273 7
2005	0.363	0.01	0.040 7	0.147 3	0.284 4	0.082 3	0.217 8	0.123 4	0.256 6
2006	0.454 8	0.010 3	0.031 9	0.190 3	0.291 8	0.098 6	0.199	0.155 5	0.260 1
2007	0.582 6	0.010 5	0.018 1	0.262 5	0.379 1	0.108 3	0.097 8	0.201 4	0.295 2
2008	0.787 1	0.011 7	0.118 6	0.330 5	0.259 3	0.122	0.127	0.322 8	0.602 8
2009	0.995 6	0.010 8	−0.080 1	0.448 1	0.355 5	0.130 4	0.068 4	0.406 4	0.259

从表9-11、图9-6、图9-7可知，2000—2009年，宁国市城镇化综合水平不断提高，由2000年的0.174 2提升到2009年的0.995 6。经济和基础设施城镇化是主要方面，其次是生活方式城镇化，最后是人口城镇化。

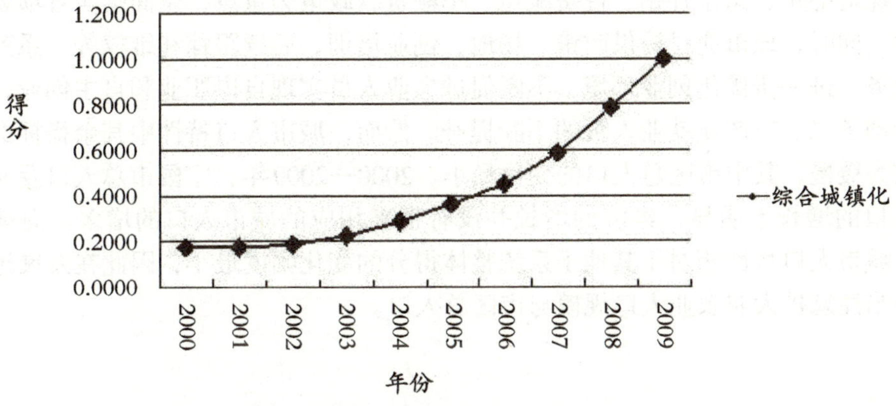

图9-6　宁国市城镇化水平总体变化特征（2000—2009年）

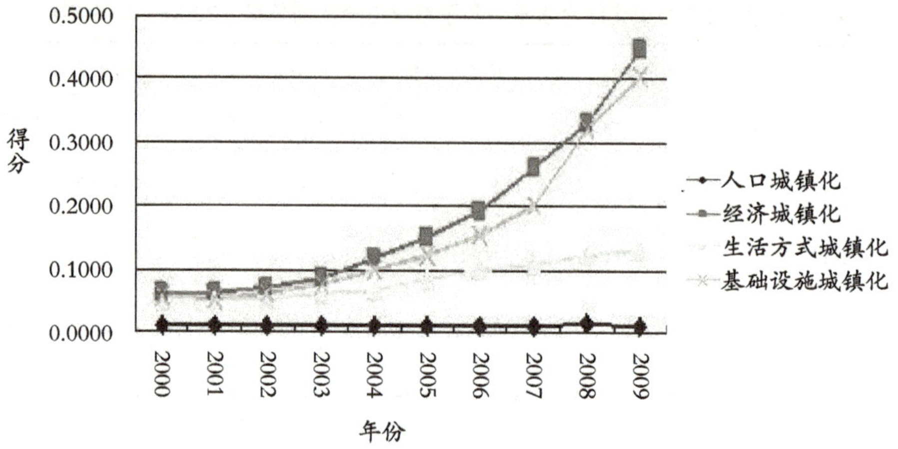

图9-7 宁国市城镇化各子系统发展水平的变化特征（2000—2009年）

3. 2000—2009年宁国市城镇化水平各子系统变化特征

（1）城市人口特性子系统

城市人口特性的综合评价值由2000年的0.007 9增长到2009年的0.010 8，相对增长率约为37%，这说明宁国市的城市人口特性因子是不断增长的。从发展过程来看（表9-11），2000—2003年，从0.007 9增长到0.009 3，年均增长为0.000 35；2004—2009年，从0.009 6增长到0.010 8，年均增长0.002，后一阶段年均增长约是前一阶段的0.6倍，与前述城市发展特征总体评价的阶段划分相一致。

通过图9-8，从图9-8（a）具体指标看，第二、三产业的就业人口增长最快，从2000年的0.005 4增长到2009年的0.008 4，增长了0.003。近年来，宁国市积极制定贯彻国务院、省政府有关文件关于就业的实施意见和配套政策，并以社会保险补贴、岗位补贴、税费减免、小额贷款政策为重点，全面落实各项就业政策。同时，该市通过提供政策、场地、创业培训、后续跟踪和维权等一系列扶持服务，进一步优化创业环境，不断促进失业人员实现自谋职业和自主创业，从而带动了二、三产业就业人数的不断提升。然而，城市人口特性中其余指标的增长较为缓慢，其中市区总人口的变化最小。2000—2009年，宁国市总人口及非农业人口的增长不明显，经济的增长并没有带来相应的城市人口的增多。总体来看，城市人口特性相对于其他子系统整体得分的变化幅度最小，因此在发展过程中应当注意扩大非农业人口规模与市区总人口。

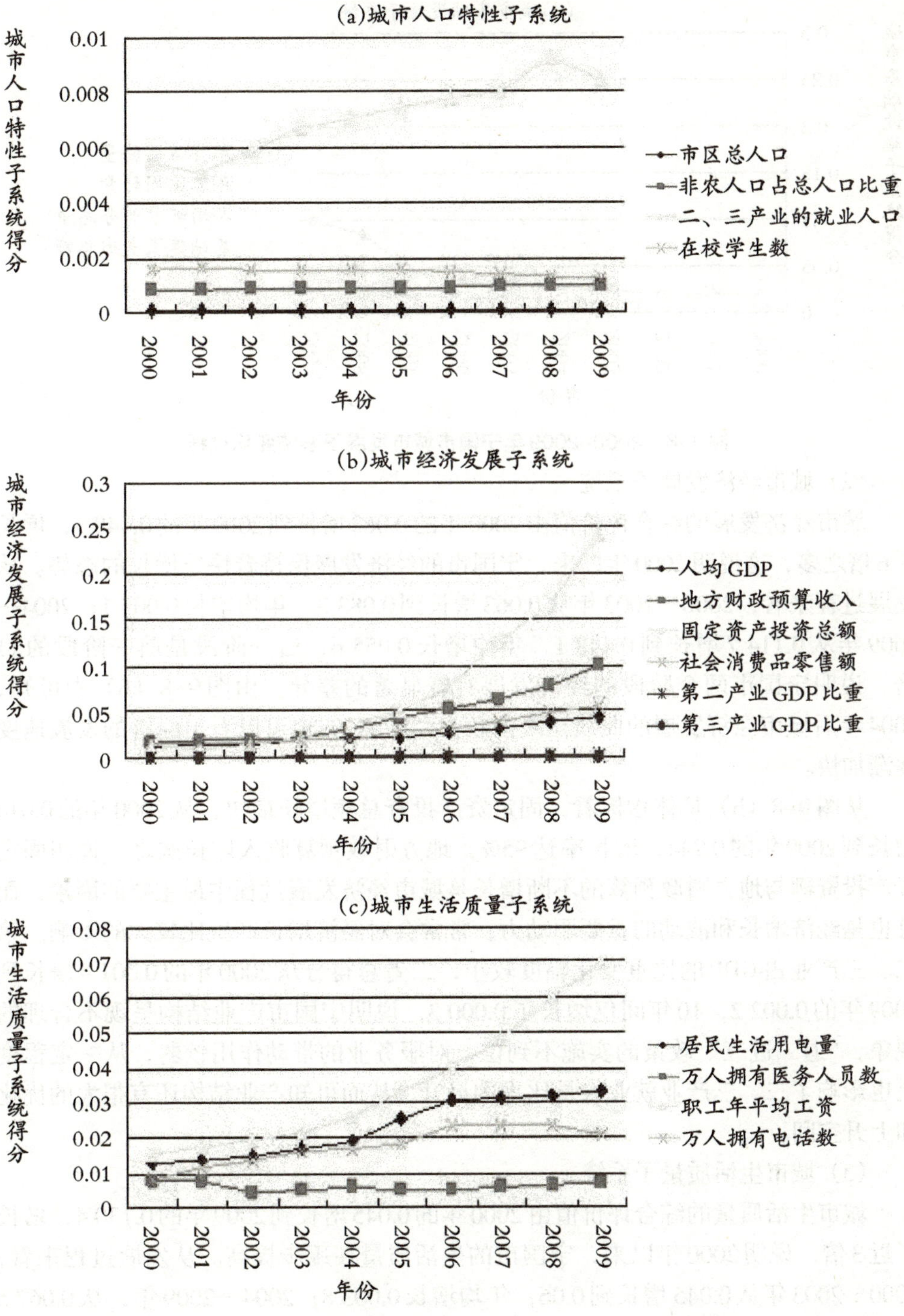
(a)城市人口特性子系统
城市人口特性子系统得分
0.01
0.008
0.006
0.004
0.002
0
2000
2001
2002
2003
2004
2005
2006
2007
2008
2009
年份
市区总人口
非农人口占总人口比重
二、三产业的就业人口
在校学生数
(b)城市经济发展子系统
城市经济发展子系统得分
0.3
0.25
0.2
0.15
0.1
0.05
0
年份
人均GDP
地方财政预算收入
固定资产投资总额
社会消费品零售额
第二产业GDP比重
第三产业GDP比重
(c)城市生活质量子系统
城市生活质量子系统得分
0.08
0.07
0.06
0.05
0.04
0.03
0.02
0.01
0
年份
居民生活用电量
万人拥有医务人员数
职工年平均工资
万人拥有电话数

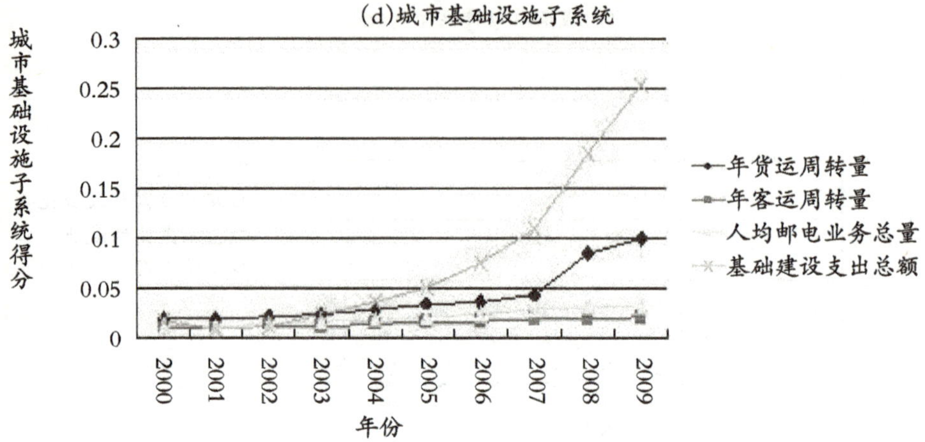

图9-8　2000-2009年宁国市城市发展子系统变化过程

（2）城市经济发展子系统

城市经济发展的综合评价值由2000年的0.063增长到2009年的0.448 1，增长了6倍之多，这说明2000年以来，宁国市的经济发展保持着快速增长的态势。从发展过程来看，2000—2003年从0.063增长到0.083 3，年均增长0.005 1；2004—2009年从0.114 7增长到0.448 1，年均增长0.055 6，后一阶段是前一阶段的11倍，说明宁国市两个阶段的经济发展有着显著的差异。由图9-8（b）中可知，2004年后城市经济发展的曲线比之前较为“陡峭”，也可以看出经济的发展速度逐渐加快。

从图9-8（b）具体指标看，固定资产投资总额增长最快，从2000年的0.014增长到2009年的0.244，增长率达95%，地方财政预算收入增长次之，说明固定资产投资额与地方财政预算的不断增长是城市经济发展过程中最主要的因素，而且也是经济增长和波动的重要驱动力，常常会对经济增长产生比较大的影响。第二、三产业占GDP的比重变化幅度较小，二者总得分从2000年的0.001 9增长到2009年的0.002 2，10年间仅增长了0.000 3，说明宁国市产业结构呈现不合理的现象，“退二进三”政策的实施不到位，对服务业的带动作用较弱，从一定程度上也影响了二、三产业就业人员比重的提升，从而可知产业结构还有很大的优化和上升空间。

（3）城市生活质量子系统

城市生活质量的综合评价值由2000年的0.045增长到2009年的0.130 4，增长了近3倍，说明2000年以来，宁国市的生活质量在逐步提高。从发展过程来看，2000—2003年从0.045增长到0.06，年均增长0.003 8；2004—2009年，从0.067 5增长到0.130 4，年均增长0.010 5，后一阶段是前一阶段的2.8倍，与前述城市发展特征总体评价的阶段划分基本相一致。

从图9-8（c）具体指标看，职工年平均工资增长最快，由0.015 4增长到0.069 5，说明经济发展加快，劳动就业充分，生产效益提高，社会保障比较完善，呈现了各行各业职工工资全面增长的良好局面。此外，居民生活用电量和万人拥有电话数的增长也比较快。万人拥有医务人员数增长最低，说明当地的医疗条件较为落后。

（4）城市基础设施子系统

城市基础设施的综合评价值由2000年的0.058 2增长到2009年的0.406 4，增长了近7倍，说明2000年以来，宁国市的城市基础设施有了明显的改观。从发展过程来看，2000—2003年从0.058 2增长到0.077 1，年均增长0.004 7；2004—2009年从0.098 2增长到0.406 4，年均增长0.051 4，后一阶段是前一阶段的11倍，与前述城市发展特征总体评价的阶段划分也是相一致的。

从如图9-8（d）具体指标看，基础建设支出总额增长最快，由2000年的0.016 4增长到2009年的0.254 7，增长了15.5倍，说明随着经济水平的提高，城市发展逐渐致力于对基础设施的建设，拉动经济的进一步发展，促进社会进步。另外，伴随着城市基础设施功能的不断完善，可以促进二、三产业的发展，培植新的税源，还能够安置大量人员就业。其次是年货运周转量，增长较慢的是人均邮电业务量和年客运周转量。

根据以上对宁国市城镇化特征和城镇化水平变化趋势的分析，说明在开放的市场经济条件下，处于东部发达省份和中部欠发达省份过渡区域的强弱型省际边缘区域值，在发达省份经济辐射的影响下，主要表现在发展观念的传递、资本技术的传导、产业的转移、设施的对接等方面，经济发展能力大大强化，区域经济增长迅速。基础设施城镇化的快速发展，说明省际边缘区在历史发展过程中，特别是在行政区经济运行系统下，要素跨省界流动受阻，行政中心与经济中心高度一致，区域经济发展所需的人才、资金等要素向省域中心区域集聚，省际边缘区成为弱势区域，经济发展速度慢，设施水平低，历史“欠账”较多，近年来基础设施的快速发展，表现为对前期滞后状态的一种补偿性异速增长。在这一过程中，生活方式城镇化呈现出稳步发展的态势，相对平稳。我们通过实地访谈也发现，当地居民对城镇生活设施便利程度的认可度较高，居民的幸福指数也逐渐升高。但是，省际边缘区由于区位的边缘性及区域自然背景复杂，本地人口存在向省域中心城市和东部发达区域双向迁移的选择，机械增长率低，加之人口基数较少及计划生育等社会因素，人口自然增长率也较低，表现出城镇人口集聚效应较弱，甚至在一定时段内呈现负增长的态势，因此人口城镇化水平变化较小。

第十章　边界效应转化与宁国市产业集聚环境的形成

第一节　宁国市边界效应转化阶段与主体跨界联系的变化特征

一、宁国市边界效应转化的阶段分析

从宁国市区域经济演化的历史考察，宁国市和浙江省之间，省界的边界效应是不断从屏蔽效应向中介效应转化的过程。经历了自然的历史联系过程，由于宁国市与浙江省山水相连的区位特征，宁国和浙江存在着一定的联系。在清代（咸丰四年即1854年宁国县改属露宁太广道，属浙江巡抚兼管，太平天国失败后，复归安徽省）和民国时期，浙江省浦江、诸暨、临安、富阳等地的人移民到宁国的东南部，宁国人民与浙江人民在通婚和亲戚往来等方面存在一定的联系。历史时期行为主体的跨界联系表现了一种自然联系的特征，受当时社会生产力发展水平和自然边界屏蔽效应的制约，这种联系也仅仅是民间个别行为主体之间低频度的交往。在此之后，可以分为三个主要的演化阶段。

（一）屏蔽效应作用阶段（1949—1978年）

新中国成立后至1978年，我国的整个社会经济运行系统独立封闭，以自上而下的垂直经济联系为主导，地方政府缺乏进行横向经济联系的能力和动力，区域间经济联系态势表现为强烈的对外排斥型，区域主体心理上的排他性，加之社会的生产力水平处于一种低水平均衡的状态，省际之间的跨界经济交往和人员往来等都非常有限。就宁国市的区域实际分析，宁国市位于皖南山区，自然地理背景复杂，经济、基础设施等落后，距离省界两侧的安徽和浙江省域中心区域均较远，给人的整体印象就是“穷乡僻壤”，区域的自然和社会可进入性等均较差，进一步限制了要素的流出和流入，边界的屏蔽效应作用明显。

（二）屏蔽效应向中介效应转化阶段（1979—2000年）

这一时期又可以具体分为两个阶段。第一阶段是1979—1991年。由于计划经济体制的制度惯性，在体制转型的初期，政企一体，企业竞争表现为地方政府间的竞争，行政界限的刚性约束仍旧很强，各省通过贸易保护、原材料争夺、设置限制要素流动的关卡等方式来增加财政收入。省际边缘区在能源资源、矿产资源、农副

产品等方面具有优势。但是，省际边缘区是省域政策的交汇地，成为矛盾的焦点区域，“关卡林立”“以邻为壑“的现象普遍存在，“资源—商品—交易”链条受阻，经济发展缓慢，这一阶段表现为省界的屏蔽效应仍非常显著。第二阶段是1992—2000年。自1992年十四大提出了建立社会主义市场经济体制的目标模式后，非公有制经济在国民经济体系中不断发展壮大，市场配置资源的能力大大增强，区域间客观上有加强联合的需要，但是地方保护主义仍然存在，并阻碍着区域经济的共同发展。“自成体系”“大而全”“小而全”的经济现象和地方政府处于自利目的的“市场分割”“市场封锁”仍然广为存在，但与改革开放初期相比，地方间的经济联系已经逐渐加强，区域性的共同市场已经基本形成。宁国市在这一阶段，在苏南模式、温州模式等影响下，乡镇工业发展迅速，经济基础不断加强，对经济要素的吸引力增强，产品的跨界输出和资本的跨界流入，使得省际边缘区的中介效应显现。

（三）中介效应作用阶段（2000年以后）

改革开放以来，我国的区域经济高速发展，市场经济体制不断完善。同时，2001年国务院公布并实施了《关于禁止在市场经济活动中实行地区封锁的规定》，进一步规范了全国统一、公平竞争、规范有序的市场体系。市场机制在区域经济配置中的作用进一步增强，区域经济开放程度全面提升，省际间横向经济联系逐渐密切。宁国市在前期乡镇企业等发展的基础上，区域经济的总体水平有了较大的提高，经济基础强化，区域主体的开放意识、发展意识增强。

二、宁国市在边界效应转化不同阶段区域主体跨界联系的变化特征

改革开放以后，随着边界效应的不断转化，宁国市区域主体在跨界交往的过程中，受浙江省社会经济发展的积极影响，主体的发展观念、价值取向、心理特征和行为方式等不断发生转变。具体表现在与边界效应转化各个阶段相对应的主体联系的目的、方式、频度等变化方面，呈现出明显的阶段特征。

（一）屏蔽效应作用阶段宁国市区域主体跨界联系的特征

新中国成立后至1978年之前，由于计划经济体制的影响，省界的屏蔽效应强烈，宁国与苏、浙、沪主体在交往频度等方面仍旧发展缓慢，但是也存在一定的变化。如从企业的迁移角度分析，主要表现为20世纪60年代，处于战备需求影响下的上海、江苏等17家三线厂落户宁国，来自上海、江苏的工人与宁国本地工人一起工作，对之后的宁国工业发展起到了思想启蒙的作用。同时，改革开放前夕，温州、义乌、绍兴、东阳等地的手工业者进入宁国，他们吃苦耐劳，敢于创新的精神对宁国当地居民的思想观念等产生了一定的影响。

民间力量主导，屏蔽效应作用显著。这一阶段行为主体的跨界交往特征，主要表现为政治和体制因素主导的联系的有限性和定势性，以及民间个别的、自发

的谋生型交往。从跨界联系的方向上表现为单向联系的特征，交往的频度低、主体少、目的单一。

（二）屏蔽效应向中介效应转化阶段宁国市区域主体跨界联系的特征

改革开放至2000年，发展经济成为全党和全国的中心工作，这一时期宁国市区域行为主体的跨界联系主要表现在三个方面。其一，企业间联系。上海市将在宁国的17家三线企业的全部资产、流动资金无偿地移交给宁国县政府，促进了宁国工业和乡镇企业的发展。集体企业和部分国有企业引进苏南和浙北地区乡镇企业管理模式，实行计件工资制度。20世纪90年代后期，在学习浙江农业技术的基础上，宁国当地的部分资源型农业企业开始发展。其二，政府间联系。1985年宁国县委、县政府主要领导到江浙考察后，提出了“四轮驱动”（即县办、乡办、村办、户办）和“三为主”（以工业为主、以乡办为主、以骨干企业为主）的乡镇企业发展战略。1992年，党的十四大提出建立社会主义市场经济体制的改革方向后，“温州模式”得到肯定，个体私营企业迅速发展，乡镇企业纷纷改制。1995年，宁国县委、政府领导到浙江萧山、绍兴和温州考察学习后，出台了关于加快个体私营企业发展的文件，着手对乡镇集体企业和城镇集体企业进行股份制改革。其三，民间联系。宁国东南部的仙霞镇、云梯乡农民通过邀请浙江林学院教授到当地讲课，学习浙江农民的早笋覆盖增温技术、毛竹低产林改造技术，使元竹笋的产量大幅提高，荒山得到利用。乡镇和村组干部引进了浙江的山核桃的低改和加工，优质水稻品种的培育，苗木花卉的种植等技术，农业产业发展较快，同时将竹笋、山核桃、花卉苗木推向江、浙、沪市场。

政府的力量介入，屏蔽效应向中介效应转化。这一阶段的行为主体的跨界交往特征，主要表现为跨界联系的主体包括政府、居民、企业三方，主体的构成数量较少，政策学习、发展模式学习、农业技术学习等成为主体交往的主要目的。双向联系的起步，促进了区域发展思维和模式的传播和市场联系的起步。

（三）中介效应作用阶段宁国市区域主体跨界联系的特征

2001年，宁国市委、市政府提出了“学习苏浙沪、融入苏浙沪经济圈”的战略决策，较安徽省提前两年实行“东向发展战略”。区域发展的社会环境大大优化，在与浙江紧邻的区位特征和因区域经济发展阶段差异而产生的较强的互补性的前提下，省界的中介效应持续对宁国市的发展优势产生放大作用，信息、资本、技术等大量流入，区域产业发展环境形成，外来企业集聚和内生型产业集群发展态势明显，省界的中介效应作用突出。

政府强势推动和市场机制共同作用，中介效应作用显著。在政府推动和市场选择机制作用下，这一阶段行为主体的跨界交往特征表现为：跨界主体交流的广度和深度较前两个阶段有了质的提升。涉及的主体量大（政府机构、企业、居民、组织等)、交流的频度高、联系的目标具有多向性，互动要素涵盖了资金、技术、市场、管理、政策等各个方面，产业联系涉及工业、农业、服务业等，政府间联系和强势推动态势明显，跨界主体联系的目的性强，双向互动联系形成。

第二节　边界效应转化与宁国市产业集聚社会环境的形成

一、边界效应转化与宁国市适宜产业集聚的社会环境形成概述

为了进一步深入论证边界效应转化、区域产业集聚和区域经济增长的互动机制，我们从时间序列和空间联系纵横两个方向切入，对边界效应转化的区域环境效应展开分析。本节主要从区域微观主体的不同作用入手，探究中介效应作用阶段，宁国市主体行为与区域产业集聚环境形成之间的关联。在分析宁国市产业集聚环境形成的基础上，结合当前宁国市外来企业的区位选择的问卷调研，进一步验证边界效应转化与区域外来企业集聚的互动过程和机理。为了测度社会行为主体对区域产业集聚环境的影响，本书主要通过筛选对区域产业集聚有重要影响的行为主体，包括企业、政府、居民，通过深度访谈和问卷辅助调查，来观测三类行为主体对区域产业集聚的不同影响。对当地居民和外来人员的调研，主要包括由省际间人流的互动而产生的隐性的文化交流和扩散（思想观念、区域认同等）和显性的交流的方向、频度、广度和深度等指标，是区域产业集聚的社会环境的重要识别指标，也是区域产业集聚形成的社会基础。

二、宁国市居民的跨界联系行为促成产业集聚社会环境形成的测度

省际居民间的非正式交往，是区域主体间相互了解进而产生群体性文化认同和社会认同的重要途径之一，这种文化认同，调节、控制着主体的思维方式、行为方式、道德观念、价值取向等，对于省际间社会资本、关系网络等关系的形成有重要的意义，对区域产业集聚和区域经济增长的影响，集中表现为有利于区域的社会可进入性提高，促进了区域产业集聚社会环境的形成。为了测度在中介效应作用下，宁国市的社会可进入性，进而研究其产业集聚的社会环境，首先要观测宁国市区域主体交往的方向，即其社会联系的主要方向。通过对区域主体跨界非正式交往的频度、广度和深度的识别以及跨界主体的构成等，进一步研究区域主体的群体特征，探讨宁国市区域产业集聚的社会环境形成的基础。

（一）宁国市居民问卷设计

为了测定宁国市区域产业集聚社会环境的形成，我们采取了对当地居民进行

访谈和问卷调查的方式。在问卷设计上，调查内容涵盖了基本的人口学特征，重点考察了宁国市当地居民和省界两边中心城市和同级城市间联系的方向、频度、流量和目的。我们想通过这种显性的人际互动，来测定区域间隐性的文化交流。同时，我们重点考察了宁国市居民对区域经济的关注度，对外来投资者来源地的认知、态度和综合感知，区域归属感，崇商的意识，区域环境感知等方面的内容，以此来综合论证边界效应在中介效应作用下，主体行为与区域产业集聚的社会环境的形成。我们对当地居民进行了100人次以上的深度访谈，发放居民问卷1 002份。问卷的发放区域包括宁国市区和部分乡镇，主要通过两种形式：第一，由调查组成员直接与当地居民接触，当面填写，当场回收，共计212份；第二，通过宁国市当地的学校发放问卷，涵盖小学、初中和高中，让学生带回家请家长填写，然后统一回收，共回收有效问卷599份。以上调查时间为2009年7月。我们对居民调查问卷采用社会经济统计分析软件SPSS16.0进行统计分析，对访谈的信息则通过细致的整理，建立访谈信息库，进行相关内容的补充分析。

（二）被调查居民的基本情况

从表10–1可以看出，该调查反映了宁国市被调查居民的基本情况，包括性别、年龄、文化程度、职业、收入等。从样本的百分比可以看出，该调查随机性较强，具有较高的可信度和科学性。从样本数量和样本的职业构成看，各行业分布得比较均匀，能够较全面、客观地反映问题。

表10–1　被调查居民的人口学特征及所占比例

项目	分类	样本数	百分比	项目	分类	样本数	百分比
性别	男	352	58.8%	年龄	22岁以下	11	1.9%
	女	247	41.2%		23—30岁	37	6.2%
职业	工人	149	24.9%		31—44岁	447	74.7%
	农民	97	16.2%		45—59岁	96	16.0%
	公务员	23	3.9%		60岁以上	7	1.2%
	企事业管理人员	56	9.4%	文化程度	初中及以下	289	48.2%
	教师	37	6.1%		高中及中专	208	34.7%
	专业技术人员	51	8.5%		大专	77	12.8%
	商贸服务人员	11	1.9%		本科及以上	26	4.3%
	私营业主	34	5.6%	月收入	2 000元以下	281	46.9%
	个体工商户	91	15.2%		2 000–3 999元	273	45.5%
	离退休人员	2	0.3%		4 000–5 999元	26	4.4%
	其他	46	7.7%		6 000元以上	19	3.1%
职业技能	有	400	66.8%	职业技能	无	199	33.2%

（三）调查结果分析

定量地考查边界效应转化和省际边缘区产业集聚的社会环境，可以从当地居民跨界的日常交往行为特征、思想观念及对周边设施环境的感知等角度进行全面的探讨。一般是在完全屏蔽效应作用下，省际边缘区是边缘性区域，居民的跨省界互动行为极少发生，且以有血缘关系的个别行为主体之间自然的亲缘联系为主，整个社会思想观念保守封闭，不容易接受外来新事物，特别是跨界交通设施严重滞后，省际“断头路”多。在这样的社会环境氛围的影响下，区域产业集聚的基础环境差，企业进入的社会阻力强，交易成本高，很难促成企业区域集聚的发生。与此相反，在省界中介效应作用下，省际边缘区是省际联系的窗口和纽带，主体的跨界联系密切，与之相对应的是省际主体之间多元化的交流和价值认同，主体思想观念开放，容易接受新事物，且以交通为代表的省际之间联系通道较为便捷，企业进入的社会基础较好，较易促成外来企业的空间集聚。

1. 宁国市居民的跨界空间联系行为和特征

我们结合研究需要，通过观测宁国市居民与周边主要城市之间的联系状态和目的，测度出中介效应作用下宁国市居民跨界交往的频度、广度和深度。该结果有助于解释边界效应转化条件下，宁国市区域产业集聚社会环境形成的原因。

从表10–2可以看出，调研样本去过合肥、芜湖、宣城等安徽省省内城市的宁国市居民所占的比例分别为68.5%、76.8%、86.4%，呈现较为明显的距离衰减规律。从跨省界联系的角度分析，去过浙江省会杭州的样本占总样本的72.2%，比例较高，由于安吉为县、临安为县级市，从城市规模来说较小，引力较弱，因此虽然与宁国市紧邻，但去过的样本总量相对较小，分别占总量的40.2%和41.7%。从频度和总量两个方面，对合肥和杭州两个省会城市的比较分析，被访样本中宁国市居民到杭州的量比到合肥的量大，高频度的交流的样本基本持平，说明省界的屏蔽效应较小，中介效应起主导作用。宁国市居民的联系方向存在双向的联系特征，是省际边缘区城市较为典型的一个特点。

表10–2　宁国市居民到省界两边中心城市和同级城市间的联系的频度

频度		合肥	芜湖	宣城	杭州	安吉	临安	桐庐
经常去	样本量	85	120	235	76	53	54	13
>1次/月	百分比	14.2%	20.4%	39.5%	12.7%	8.9%	9.1%	2.2%
偶尔去	样本量	325	338	279	356	186	194	96
1~4次/年	百分比	54.3%	57.4%	46.9%	59.5%	31.3%	32.5%	16.0%
没去过	样本量	189	131	81	166	355	348	490
0次	百分比	31.5%	22.2%	13.6%	27.8%	59.8%	58.4%	81.8%

从表10–3可以看出，宁国市居民到杭州旅游的人次比例，远远超过到安徽省省内的几个城市。这一数据验证了表10–2中，偶尔到杭州的样本量较大的原因：以旅游为主要目的的短暂性交往。在宁国市居民跨越省界交往的主要目的方面，呈现出多元化的特征。如到杭州的主要目的依次为旅游、其他、探亲访友、经商、购物、学习技术和务工。从到安吉和临安的目的也可以看出其他、探亲访友、经商和旅游的比例较高。说明由于地域相邻，宁国市与周边城市间民间的亲缘关系较为密切。

表10–3　宁国市居民到省界两边中心城市和同级城市间联系的主要目的

目的	合肥	芜湖	宣城	杭州	安吉	临安	桐庐
旅游	12.1%	17.3%	7.9%	35.1%	6.4%	4.7%	4.0%
购物	5.5%	13.0%	13.7%	5.4%	2.9%	2.0%	1.0%
学习技术	8.6%	4.7%	7.7%	3.5%	2.4%	2.8%	0.7%
务工	1.2%	2.4%	2.8%	3.0%	1.7%	3.4%	0.3%
经商	9.6%	11.3%	19.9%	6.2%	4.5%	6.5%	1.5%
探亲访友	11.1%	11.3%	9.2%	6.2%	6.7%	6.9%	2.7%
其他	19.3%	16.1%	22.6%	11.3%	14.8%	12.9%	7.0%

结合前文的研究，可以得出：宁国市民间的跨省界交往已由屏蔽效应作用阶段的以亲缘、谋生为主要目的，以单一主体、低频度、低密度为主要特征，转化为中介效应作用阶段的多主体、高频度、高密度、多目的的特征。在这样的人际互动过程中，区域文化的融合程度不断加深，区域主体在思想观念、价值取向等方面，将对发展的强势区域产生一定的区域认同。浙江经济发达，区域商业氛围浓厚，且县域尺度的产业集群发展特色鲜明，所以对宁国市区域产业集聚的社会环境的形成具有较大的潜在影响。

为了进一步检验上述问卷调查的相对准确性，本书选取宁国市公路交通中客车车次为指标，验证居民的对外联系的方向。我们在实际调查中发现，从宁国发往黄山方向的是中型客车，从宁国发往合肥方向，上海、江苏方向，浙江方向的均为大型客车。同时，我们还发现：宁国市与长三角方向的联系紧密，其中从宁国发往浙江方向为每天22车次，高于发往合肥方向的车次频度。向上海、江苏方向每天也有15车次，表现出跨省界联系频度较高，日常通勤较为频繁，与问卷调查情况基本吻合。

2. 宁国市居民对外来企业的关注度与态度

地方居民对外来企业的感知状况和整体态度，有利于说明地方主体对外来企业的接纳程度，间接地反映出地方居民思想观念的开放程度、区域开放度和区域宏观的社会经济发展氛围，是外来企业投资区位选择的重要影响因子之一。本书选取了宁国市居民对外来客商来源地的感知，对外来投资者的态度，对外来企业效应的综合感知，居民对周边县域经济发展的关注度及方式、区域归属感和居民群体的崇商意识等指标，综合反映了中介效应作用下宁国市居民整体的思想观念和价值取向，从而体现该区域的社会可进入性。

从宁国市居民对外来投资者来源地的感知分析（表10-4）可以看出，浙江省的投资者占来宁国投资者总量的75%，通过访谈也可以得到同样的信息："并非通过哪种渠道了解到宁国的投资者大部分是浙商，而是在日常生活中就可以直接感觉到，在很多场合经常会遇到浙江投资者，他们对宁国市的发展影响很大。"根据浙江投资者商会提供的数据，有近7 000位浙商在宁国投资。当进一步询问宁国市居民通过何种方式关注外来投资者时，有35.8%的样本选择亲戚、朋友、同事、街坊等互相交流的方式，有35.2%的样本选择通过收看新闻节目来了解。这间接说明宁国市的产业氛围浓厚，民间对于外来投资者很容易接纳。

表10-4　宁国市居民对外来投资者来源地的感知状况分析

投资者来源地	安徽省	江苏省	浙江省	上海市	其他省份
样本量	28	40	449	7	75
百分比	4.6%	6.7%	75.0%	1.2%	12.5%

从宁国市居民对外来投资者的态度可以看出（表10-5，表10-6），有88.9%的居民对外来投资者表示欢迎。在对外来投资企业的综合感知方面，宁国市居民的态度比较客观，普遍认为投资者带来了较多的工作机会，但不是特别明显，外来企业者带来先进的思想观念、管理经验、向投资者学习的机会等赞成率也只有约1/3。在外来投资引起的负面问题上，宁国市居民普遍认为并不是外来企业的到来影响了交通、环境和挤占了发展资源，这在一定程度上验证了宁国市居民对外来投资者的态度是欢迎的。在我们对政府官员的访谈中，有官员说："外来投资企业，特别是和宁国紧邻的浙江省，对宁国市产业、经济发展帮助很大，他们除了给宁国市带来产业资本，还给宁国人带来了无形的影响，如加速宁国人思想观念的转变、改变企业分工合作的形式等。这种融合式的交流与学习，促成了宁国人思想观念的提升，优化了产业集聚的社会环境。

表10-5　宁国市居民对外来投资企业所持的态度分析

态度	非常欢迎	欢迎	无所谓	反对	非常反对
样本量	192	341	58	7	1
百分比	32%	56.9%	9.7%	1.2%	0.2%

表10–6　宁国市居民对外来投资企业的综合感知分析

调查内容	赞成率	反对率
外来企业提供了较多的工作机会	57.0%	43.0%
外来企业带来了先进的思想观念	37.0%	63.0%
外来企业带来了先进的管理经验	28.1%	71.9%
外来企业带来了向投资者学习的机会	33.6%	66.4%
外来企业造成了交通拥挤	8.9%	91.1%
外来企业引起了环境问题	23.1%	76.9%
外来企业挤占了发展资源	7.7%	92.3%

通过表10–7可以看出，宁国市居民的商业意识非常强。在“如果急需一份工作”的问题中，50.8%的人选择了“首选个人做生意、开办公司或办企业”，说明宁国民间受江、浙商业文化影响较大，崇商的意识较强，思想较为开放。在调查结果中，选择“首选到宁国市本地的工厂或企业找工作”，占样本量的35.7%，说明当地的产业基础较好，对当地的劳动力有较大的吸纳能力。在实地访谈中，部分被访者说：“近年来，宁国当地人把钱存在银行的较少，把钱用于投资的较多。”这也说明当地人受浙江等地的思想影响较大。

表10–7　宁国市居民的创业意识分析

调查内容	样本量	百分比
如果急需一份工作，首选个人做生意、开办公司或企业	304	50.8%
如果急需一份工作，首选到农村务农	19	3.2%
如果急需一份工作，首选到宣城、芜湖、合肥等省内城市找工作	21	3.5%
如果急需一份工作，首选到宁国市本地的工厂或企业找工作	214	35.7%
如果急需一份工作，首选到浙江的安吉、临安、杭州等地找工作	41	6.8%

3. 宁国市居民对周边区域经济的关注与外部设施环境感知

通过定量分析居民对周边区域经济的关注程度、关注方式、对生活设施和主要基础设施等的感知状况、对区域的归属感和认同感等，有助于我们认识中介效应作用下，区域主体信息交流的主要方向和目的，增强对区域经济发展的信心，从而影响区域主体的创业、创新、就业等行为。同时，区域基础设施的完善程度，一方面，反映了区域发展的经济基础；另一方面，对外来企业区位选择和区域产业的发展方向等具有较大的影响。

从表10–8可以看出，宁国市居民比较关注浙江的发展状况。宁国市居民主要通过电视机，关注浙江电视台的新闻、娱乐类等栏目。这种经常性、反复性和具有示范性的信息传递，在潜移默化中加深了宁国市居民对浙江人的生活方式、浙江文化、浙江社会经济发展状况等方面的理解，对于宁国市居民思想观念的更新有重要作用。

从表10-8、表10-9可以看出，宁国市居民关注周边县（市）发展的总量较多，有37.3%的样本不同程度地关注宁国周边区域的发展，其中有20.1%的样本表现为经常关注的状态。进一步探究其关注的目的发现，有41%的样本关注的目的是与宁国市的发展情况进行对比，关注的方式主要是走亲访友、实地交流，说明宁国市居民比较关注周边县（市）的发展态势，以及宁国市在区域中的经济位次，也反映出同类城市之间存在一定的竞争关系，间接反映出宁国市居民的经济意识、竞争意识较为普遍。

表10-8　宁国市居民日常生活中对周边区域的关注情况调查表

调查内容	百分比
您是否经常收看浙江电视台的节目	是(58.4%)　否(41.6%)
收看浙江电视台节目的栏目分类	新闻类(51.1%)　经济类(16%)　娱乐类(25.4%) 科普类(2.7%)　其他(4.8%)
关注浙江等周边县(市)经济发展的频度	经常关注(62.7)　偶尔关注(20.1)　不关注(17.2%)

表10-9　宁国市居民关注周边区域发展的目的和方式

关注目的	样本量	百分比	关注方式	样本量	百分比
关注周边县(市)经济发展走势	155	31.2%	通过电视上的新闻节目	312	63.3%
有亲属或有社会关系在周边县(市)	47	9.5%	通过网络	62	12.7%
与宁国发展位次进行对比	203	41.0%	走亲访友、实地交流	63	12.8%
寻找新的工作机会	33	6.8%	通过政府公开信息	24	4.8%
其他目的	57	11.5%	其他方式	32	6.4%

从表10-10可以看出，宁国市居民普遍认为周边生活服务设施能够基本满足他们的需求，但这其中，他们对交通环境的满意度最低，有72.8%的居民认为宁国市的内外交通环境急需改善，说明宁国市的内外交通条件较差。访谈中也有被访者提及"曾经浙江省最差的公路就是在安吉等通往安徽省的地段"。从表10-11中可以看出，宁国市无论从行政等级还是从技术等级，均是以较低等级的公路为主，缺少国道、高速和一级公路，内外的交通条件差，与居民的感知状况基本一致。在访谈中也发现，部分去过浙江的居民说："跨过省界到浙江省安吉县，公路比宁国市好，也通高速，差距非常明显。"

表10-10　宁国市居民对区域内外设施和宁国发展前景感知情况调查

调查内容	百分比
您认为宁国市城市整体环境的哪些方面需要改善	内外交通设施(72.8%)　网络等信息设施(9.1%)　银行等金融网点(4.5%)　商业网点等购物设施(5.1%)　其他(9.5%)
您对宁国市外部生活服务设施环境的综合评价	非常便利(15.9%)　一般(79.0%)　不方便(5.1%)
您对宁国市发展前景的认同情况	很好,充满信心(91%)　不看好,没有信心(5.1%)　不关心(3.9%)

表10-11　2009年宁国市公路等级基本构成

行政等级			技术等级		
行政等级	里程(千米)	约占总里程比例	技术等级	里程(千米)	约占总里程比例
国道	0	0	高速	0	0
省道	147	6.6%	一级	0	0
县道	271	12.1%	二级	184	8.2%
乡道	365	16.3%	三级	175	7.8%
专用公路	159	7.1%	四级	1 786	79.9%
村道	1 293	57.9%	等外	89	4.1%
合计	2 235	100%	合计	2 234	100%

数据来源:根据宁国市交通局提供的数据整理得出。

从表10-10可以看出,有91%的居民对宁国市的发展前景充满了信心,认为将来宁国市会发展得很好,说明当地居民对宁国市的认同感好,主体意识、归属意识、发展意识强烈。主体的区域认同,对于区域的产业氛围、发展氛围的营造和社会环境的和谐稳定有重要影响,是外来投资者最关注的宏观社会环境之一。

三、宁国市产业集聚社会环境形成的综合效应分析

从上文对宁国市居民的跨界空间联系行为和特征,对外来企业的关注度与态度,对周边区域经济的关注与外部设施环境感知3个方面的分析可以看出:除了自然环境外,宁国市区域产业集聚社会环境的形成,来源于中介效应作用阶段,微观主体的多渠道、多目的、高频度的跨界交往过程,对相对发达的浙江区域产生的群体性的社会认同和文化认同的结果。同时,在主体交往的过程中,随着彼此认识的加深、社会资本存量增加、彼此之间的信任基础建立、关系网络优化等,共同构成了宁国市区域产业集聚的社会环境。其形成机制如图10-1。

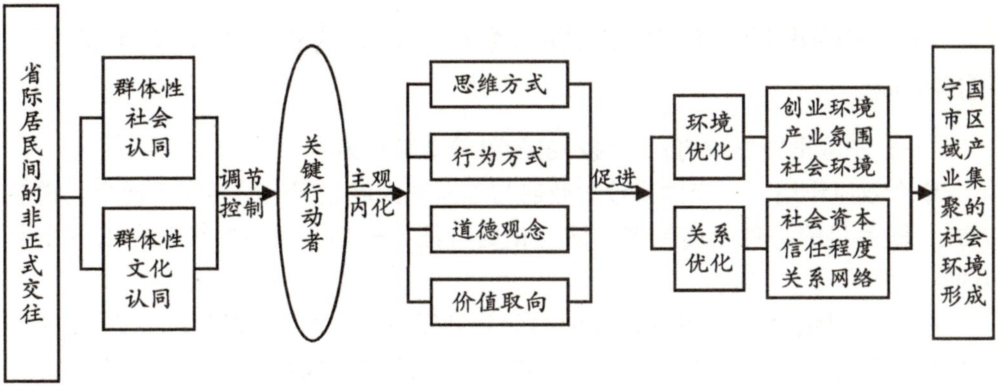

图10-1　省际主体非正式交往与区域产业集聚社会环境的形成机制

这种产业集聚社会环境的形成，从现象层面来解释，一方面，提高了宁国市的社会可进入性，基于跨省界的强联系和信任增加了省际主体相互学习和影响的概率，有利于外来企业的集聚；另一方面，降低了宁国市区域的创业门槛，有利于本土企业家群体性创业行为的发生，为内生型产业集群的发展奠定了坚实的社会基础。从理论层面解释，这种环境效应促成了社会网络的形成，宁国市区域行为主体嵌入这种社会网络之中，并受其影响，在更广泛的范围内，行为主体所构成的社会网络嵌入其所构成的社会结构之中，并受跨界互动过程中所形成的社会文化、价值因素等的影响，而这种社会文化和价值主要表现在浙江的商业氛围、企业文化和发展意识等方面。

第三节　边界效应转化与宁国市产业集聚制度环境的形成

结合中国经济的发展实际，长期以来，政府行为对区域产业集聚的形成具有至关重要的作用，政府行为的外在表现，主要是通过一系列的制度安排体现。宁国市区域产业集聚制度环境的形成，除了国家提出的统筹区域经济社会发展的长三角战略导向、国家级规划区皖江城市带承接产业转移示范区的宏观规划以及安徽省提出的东向发展的战略外，小尺度的地方政府行为起关键性的作用。主要包括边界效应转化过程中宁国市地方政府的学习行为，制度模仿、跟进与创新行为，对区域产业集聚选择、培育行为，对区域显性和隐性产业环境的营造行为等内容，其行为的主要表现是通过一系列持续的政策制定和制度安排，来塑造区域产业集聚的制度环境，从而促进区域产业集聚的形成。

一、宁国市地方政府的跨界联系和学习行为促成产业集聚制度环境的形成

（一）宁国市地方政府对区域经济的引导学习行为

中介效应作用下，宁国市地方政府与苏浙沪区域之间的跨界联系行为、联系方式、联系目的呈现出高频度、多元化的特征，概括起来主要表现在以下几个方面。

第一，强化经济主导联系方向的宏观政策导向行为。2001年，宁国市委、市政府提出了“学习苏浙沪，融入苏浙沪经济圈”的战略决策，2001年底做出了《关于抢抓机遇，加快发展，尽快融入苏、浙、沪经济圈的决定》，全面部署东向发展的战略决策，2003年提出把宁国建设成为面向苏、浙、沪的两个基地（工业协作配套基地、优质农产品供应基地）和一个后花园（旅游度假的后花园）。

第二，革新观念的集体学习行为。2000年之后，宁国市委、市政府每年都组织市六大班子领导到苏、浙、沪地区考察学习。宁国市委组织部采取“走出去、请进来”的方法对干部进行培训，截至2007年年底，组织了17批269人次到苏、浙、沪参观考察，先后安排20多名乡镇以上干部到江、浙县（乡）挂职学习；改革干部培训主体班次办学模式，先后在浙江省委党校、温州市委党校、江苏省委党校、苏州农村干部管理学院、无锡市委党校、江阴市委党校、上海财经大学举办了科局长、乡镇长、村干部、妇女干部、年轻后备干部各类培训班，共培训干部532人次；邀请苏、浙、沪地区著名学者、党校教授、企业家共2 100人次来宁国市讲学。在学习的基础上，对宁国市的财政体制、行政区划、行政审批制度仿照苏、浙、沪等发达区域进行改革；对通往苏、浙、沪的省道进行升级改造。

第三，促进内涵发展的企业引导行为。企业间联系是区域经济发展的核心，市委、宁国市政府组建了招商局和驻杭州、上海、温州3个办事处，市委、市政府领导带队在苏、浙、沪召开项目推介会，多次举办中国山核桃文化节、中国元竹文化节，以节招商，以商引商。截至2010年，共引进省外内资100亿元以上，其中70%以上来自苏、浙、沪地区。据宁国浙江投资者商会提供的数据显示，有7 000多名苏、浙、沪客商在宁国办企业，包括工业、商业、服务业、建筑业、餐营业、旅游业等，成立了浙江投资者宁国商会，部分投资者还成为宁国的人大代表、政协委员和荣誉市民。宁国原有企业与苏、浙、沪地区的企业、大专院校、科研院所广泛合作，80%的工业企业与苏、浙、沪地区企业形成了稳定的合作或配套协作关系，其中技术合作项目30多项，部分企业与上海交大、浙江林

学院等共建实验室和研究中心。2001年以来，有20多家农业企业的100多个产品参加了上海、杭州、南京、无锡等地的农产品交易会，利用上海东方电视台等媒体宣传宁国名优农产品。截至2008年，宁国市共有16家企业的产品进入57家各类大型超市，500多家超市连锁分店，在苏、浙、沪地区建立专营店200多家。企业在市场开拓方面，也以苏、浙、沪为重点地区，名优农产品、水泥、耐磨材料、复合肥等在苏、浙、沪区域市场占有较高的份额。劳动力输出方面，2000年以来宁国市面向苏、浙、沪的劳务输出以每年10%的速度增长，在苏、浙、沪建立了15个劳务输出基地，稳定的用工企业有300家以上，有20 000多名宁国人在苏、浙、沪区域工作。城市建设方面，2000年以来有30家以上的苏、浙、沪开发商在宁国从事房地产开发与城市公共设施建设，优化了宁国市民的居住环境。旅游资源开发方面，浙江的商人通过购买景区使用权，对宁国境内的旅游资源进行开发，吸引了大批苏、浙、沪的人口来宁国旅游。

（二）宁国市地方政府微观的企业服务行为特征

宁国市地方政府在一系列的宏观制度环境的基础上，在促进区域产业集聚方面，通过针对企业的一系列精细的微观政策和制度安排，促进了企业在空间上的集中和产业发展上的集聚。其主要包括开发区建设和针对不同产业、不同类型企业的个性化的服务行为。

1. 企业集聚平台的针对性打造行为

为了能够吸引企业到宁国市投资，宁国市政府大力推进企业发展平台的建设，通过开发区、乡镇工业集中区等建设来吸引企业投资。2000年12月，省级宁国经济技术开发区成立；宁国市委、市政府通过2004年的开发区建设大会战、2006年的河沥园区建设、2009年的扩区规划完善了开发区的基础设施；2010年提出将宁国市经济技术开发区建设成为国家级经济技术开发区的发展目标，促进企业的空间集聚。在开发区企业的投资成本核算方面，宁国市也通过比照苏、浙、沪的投资成本，从企业投资成本节约的角度形成了具有针对性的企业投资成本比照表（表10-12）。综合测算，企业在宁国的投资成本比江苏低16%、比浙江低25%、比上海低38%。通过投资成本节约的吸引机制，促进中介效应的进一步强化，引导企业向开发区集中。

表10-12 宁国市与长三角部分城市投资成本的比照

投资地		安徽省	浙江省	上海市	江苏省
		宁国	萧山	松江	宜兴
土地价格	工业	167.7元/平方米	267.0元/平方米	750.0元/平方米	252.0元/平方米
	商业	招拍挂	招拍挂	招拍挂	招拍挂
水	工业	1.1元/吨	2.8元/吨	1.55元/吨	2.27元/吨
	商业	1.3元/吨	2.2元/吨	5~15元/吨	3.42元/吨
	生活	0.7元/吨	1.5元/吨	1.03元/吨	2.8元/吨
电	工业	0.602元/千瓦时	1.5元/千瓦时	0.646元/千瓦时	0.88元/千瓦时
	商业	0.812 5元/千瓦时	1.2元/千瓦时	0.646元/千瓦时	0.813元/千瓦时
	生活	0.565 3元/千瓦时	0.538元/千瓦时	0.617元/千瓦时	0.528 3元/千瓦时
集装箱运输费	上海港	20′ 2 650元 40′ 3 100元	20′ 1 550元 40′ 1 950元	20′ 800元 40′ 800元	20′ 1 550元 40′ 1 900元
	芜湖港	20′ 1 700元 40′ 2 200元	无	无	无
	宁波港	无	20′ 1 500元 40′ 1 900元	无	无
建筑成本	散装水泥	245元/吨 (32.5级)	225元/吨 (32.5级)	240元/吨 (32.5级)	225元/吨 (32.5级)
	袋装水泥	225元/吨 (32.5级)	200元/吨 (32.5级)	220元/吨 (32.5级)	200元/吨 (32.5级)
	钢材	4 100元/吨	4 300元/吨	3 750元/吨	3 800元/吨
	人工	75元/天	110元/天	100元/天	80元/天
	标准厂房	400~420元/平方米	700~800元/平方米	600~800元/平方米	650~700元/平方米
	办公楼	750~800元/平方米	900~1 000元/平方米	800~1000元/平方米	800~850元/平方米
	标准化厂房租赁	6~7元/月/平方米	12~15元/月/平方米	24元/月/平方米	8~12元/月/平方米
劳动力成本	中层管理	2 000~2 500元/月	5 000~6 000元/月	4 000元/月	1 500~2 500元/月
	技工	1 500~1 800元/月	3 000~3 500元/月	3 000元/月	2 000~2 500元/月
	普工	1 000~1 200元/月	1 700~2 000元/月	2 000元/月	850~1 500元/月
三险	养老保险	基本工资的28%: 单位20%,个人8%	基本工资的24%: 单位16%,个人8%	城镇30%, 小城镇17%	基本工资的24%: 单位17%,个人7%

续表

投资地		安徽省	浙江省	上海市	江苏省
		宁国	萧山	松江	宜兴
	失业保险	基本工资的3%：单位2%，个人1%	基本工资的3%：单位2%，个人1%	城镇3%，小城镇2%	社保缴纳基数的1%
	医疗保险	基本工资的8.5%：单位6%，个人2.5%	基本工资的5%（外加大病保险3元/月）	城镇14%，小城镇5%	企业300元/年个人120元/年
相关规费及税收		市本级零规费	减免部分省级外的地方政府性收费	城建税5%，教育附加费3%，河道费1%，房产税	减免部分地方性行政事业性收费

数据来源：宁国市经济技术开发区管委会。

2. 企业发展环境优化行为

通过一系列针对性的发展政策进一步优化企业集聚的制度环境，涉及一系列税收优惠、土地使用制度、金融服务制度等内容。如宁国市政府于2003年出台了44号文件《关于扩大开放、鼓励投资、优化环境的若干规定》；2004年出台了《关于加快省级宁国经济技术开发区建设和发展的决定》，从组织领导、完善规划、功能定位、设施建设、财政投入、用地支持、人事改革、管理体制等8个方面给予开发区政策支持；2008年宁国市政府出台了5号文件《关于鼓励外来投资有关政策》，对进入开发区的企业在税收、土地及贸易促进等方面实施了诸多优惠政策。具体包括：在宁国投资的境内外企业，在享受国家、中西部地区及安徽省有关优惠政策的基础上，符合条件的可进一步享受以下优惠政策（表10-13）。除上述企业发展优惠政策和制度安排外，宁国市委、市政府针对宁国市汽车橡胶零部件、耐磨铸件、电子元器件三大产业集群，及优势产业和农业产业化发展的实际，从集群培育和产业引导的角度拟定了相关产业、企业专项的财政、金融等政策。

表10-13　宁国经济技术开发区的企业发展外部环境及相关政策

政策	内容
开发区设施环境建设	2001—2005年，开发区完成固定资产投资24亿元，其中基础设施建设投入7.8亿元。区内道路、供电、供水、通讯、排水、排污等基础设施均按照城市新区要求高标准规划和建设，达到“七通一平”“五纵五横”道路框架，并建成220KV变电所1座、35KV变电所4座，日供水10万吨水厂和占地8 000平方米的物流仓储中心
开发区制度环境创新	自2005年起建立开发区一级财政，实行分税制财政管理体制，同时，设立与体制运行相配套的开发区国税、地税及金库机构
开发区融资环境建设	加强与金融机构对接，开发区与安徽省担保集团、中国建设银行、浦发银行、国家开发银行等建立了密切的合作关系，畅通了开发建设募集资金渠道

续表

政策	内容
针对企业的配套服务	开发区建立了中小企业创业园和科技创业中心，对入园企业在税收、金融、办公等方面给予优惠；区内有国家级职业中学一所，每年可为企业输送熟练技工数千人；成立了人才工作站，每年根据企业需求开展专业技术培训和组织外出招工
针对企业的税收优惠政策	固定资产投资500万美元或5 000万人民币以下的内外资生产性工业企业，企业所得税自获利年度起，地方留成部分前2年补助90%，第3~5年补助45%；增值税自投产之日起，3年内增值税地方所得部分补助45%；营业税、房产税和土地使用税自投产之日起，5年内补助50%
	固定资产投资500万美元或5 000万人民币以上的内外资生产性工业企业，企业所得税自获利年度起，地方留成部分前2年补助90%，第3~8年补助45%；增值税自投产之日起，3年内增值税地方所得部分补助50%；营业税、房产税和土地使用税自投产之日起，5年内补助60%
	固定资产投资500万美元或5000万人民币以上的内外资非生产性企业，企业所得税自获利年度起，地方留成部分前2年补助90%，第3~5年补助50%；营业税、房产税和土地使用税自投产之日起，5年内补助60%
针对企业的土地使用制度	国内外投资者在宁国市投资兴办企业，需要使用土地的根据投资产业分类，符合条件的，将优先预审，优先报批，按国家规定的招拍挂方式和价格供地
引资奖励	积极鼓励市内外组织或个人向宁国市引荐项目、企业。引荐成功的，市政府给予项目引荐组织或个人奖励，其中单个项目的最高奖励金不超过100万元人民币

数据来源：宁国市经济技术开发区管委会。

二、宁国市产业集聚制度环境形成的效应分析

中介效应作用下，宁国市地方政府在跨界联系的过程中，通过不断学习浙江等地的区域经济管理经验，促进了区域经济管理知识的流动，结合宁国市区域经济发展的阶段特征和实际，有针对性地进行了宏观和微观的制度选择与创新，形成了独具特色的区域产业集聚的制度环境。

概括起来，宏观层面主要包括三个主要方面。第一，成熟的信用环境。信用和诚信是区域资本集聚和产业集聚的基础之一，宁国市在经历了20世纪90年代的经济波动后，地方政府和企业转变观念，加强信用自律和诚信经营，形成了更加成熟的信用环境和诚信氛围。第二，市场化的政策环境。宁国市地方政府通过学习浙江经验，立足于通过市场机制激发经济活力，按照市场机制设定政策。把发展民营经济作为新的启动点和增长点，以股份制和民营化改造国有和集体企业，盘活存量资产；通过发展民营经济，积聚增量资产。宁国经济政策不是在行政放宽与收紧之间徘徊，而是通过制度安排，坚定不移地完善市场机制，推进市场化改革，促进了区域产业和企业集聚制度环境的形成。第三，高效的政务环境。宁国市政府把诚实守信作为提高工作效率的首要条件，认真兑现出台的各项

政策和承诺。他们特别注重强化服务观念，确立了“服务是第一要务”的理念，提倡“保姆式”服务，公开办事程序和办事时限，公布收费项目和收费标准。优质高效的服务，大大增强了投资者的信心，促进了企业的集聚。

微观方面，边界效应的转化对地方政府等行为主体影响显著，政府间的相互交流和相互学习在宁国市区域产业集聚形成和发展过程中扮演着重要的角色。地方政府通过跨界互动，在制度模仿、跟进、创新等方面学习能力增强，区域经济管理和区域产业集群的培育能力得到提升。特别是针对企业的发展实际，从具体的金融制度、土地制度、产权制度、交易制度、政策导向、中介及服务作用等方面，优化了区域的制度环境，促进了区域产业的集聚发展。

第四节　边界效应转化与宁国市适宜集聚的区域产业环境的形成

在不考虑区域产业集聚的社会环境、制度环境等条件下，区域产业环境的形成，是企业集聚和产业集群化发展的最直接、最关键的影响因素。区域产业环境的形成，一方面受区域内部企业发展历史的影响；另一方面，则是受外来投资企业持续的跨界联系形成的产业市场、信息、品牌、技术、管理等相关知识交汇的影响。区域产业环境的形成有利于外来投资企业的不断集聚和本土企业的不断创立。

一、宁国市企业跨界联系行为促成区域产业环境形成概述

企业作为跨界联系的行为主体之一，是边界效应转化的最重要和最核心的推动力量，因为外来企业的跨界区位选择，表明外来投资者对投资区域的自然资源条件、经济区位、产业氛围、社会环境、制度安排和发展预期等方面的一种综合认同。企业的扎根和发展，将会引导省际人流、物流、资金流、技术流和信息流的中继和互动。一方面，进一步促进边界效应从屏蔽效应向中介效应的转化；另一方面，进一步优化区域产业集聚环境，有利于相关产业的协调发展。因此，在中介效应作用下，对省际边缘区外来企业的空间联系行为进行研究，对于探究边界效应转化作用下省际边缘区区域产业环境的形成具有重要意义。

二、宁国市外来企业跨界联系的综合测度与特征

在定量考查中介效应时，企业投资的区位选择行为与企业跨界联系行为，可以从人流、物流、资金流、技术流和信息流的流量和流向来识别。在完全屏蔽效应作用下，会影响外来企业的区域集聚和区域产业环境的形成。而在中介效应作用下，企业的相互联系则会促进区域形成浓厚的产业氛围，加速产业的进一步集

聚。我们为了测度上述5种联系流态的状况，在设计问卷时，主要通过以下几个方面来测定。

（一）宁国市外来投资者（企业）的主要来源地

从表10-14可以看出，在被访的来宁国市的外来人员和投资人员中，浙江人最多，特别是在外来的投资者中，浙江投资者占宁国外来投资者总量的一半以上，远远超过安徽省内和其他区域。一方面说明省界的中介效应作用显著，促成了要素的集聚。另一方面也说明，中介效应主导阶段，浙江投资者对于宁国市具有较强的区域认同感，因此选择在宁国投资。

表10-14 宁国市外来人员及投资者流向和流量统计

外来人员的来源地	样本量316	百分比	投资者来源地	样本量115	百分比
浙江	96	30.4%	浙江	58	50.4%
江苏	71	22.5%	江苏	11	9.6%
上海	38	12%	上海	10	8.7%
安徽	56	17.7%	安徽	14	12.2%
其他	55	17.4%	其他	22	19.1%

（二）宁国市外来投资企业的主要技术联系方向

从被访样本企业的技术来源看（表10-15），有40%的企业是浙江等企业的技术转移，进一步询问企业主要技术人员的来源，有47.8%的企业技术人员来自浙江。二者说明在中介效应作用下，宁国市外来投资企业的生产技术，主要受浙江技术扩散的影响，企业跨省界的技术联系密切。

表10-15 宁国市外来投资企业关键技术和技术人员的来源地

企业关键技术的来源	样本量	百分比	企业技术人员来源地	样本量	百分比
对传统工艺的继承	19	16.5%	浙江省	55	47.8%
企业内部自身研发	29	25.2%	江苏省	18	15.7%
浙江等企业的技术转移	46	40%	安徽省(除宁国市外)	9	7.8%
模仿同类企业的产品	6	5.2%	宁国市内	14	12.2%
其他途径	15	13.1%	其他区域	19	16.5%

（三）宁国市外来投资企业产品的主要原料来源地和主要市场联系方向

从被访样本企业的市场联系和原料来源地看（表10-16、表10-17），宁国市外来企业中有40%选择在长三角区域投资。当进一步询问其了解市场信息的主要渠道时，有40.9%的样本企业选择了“通过到浙江等地进行市场考察”。说明其来宁国投资的原因并不是以中部地区或安徽地区的市场开拓为主要目的，很大程度上是因为宁国市毗邻长三角区域的区位特征。主要的原料来源地有41个样本选择了"浙江等长三角区域"，也说明了区位的重要性，同时以"安徽等中部区域"为主要原料供应地的企业占有较大的比例。

表10–16 宁国市外来投资企业了解市场信息的主要渠道

渠道	通过国内外各种展览会	通过到浙江等地进行市场考察	通过互联网等媒介	通过其他途径
样本量	31	47	16	21
百分比	27%	40.9%	13.9%	18.2%

表10–17 宁国市外来投资企业的主要原料来源地和主要市场联系方向

市场联系方向	样本量	百分比	主要原材料来源地	样本量	百分比
宁国市本地	19	16.5%	宁国市本地	16	13.9%
安徽等中部区域	19	16.5%	安徽等中部区域	29	25.2%
浙江省等长三角区域	46	40%	浙江等长三角区域	41	35.7%
国外	21	18.3%	国外	0	0
其他	10	8.7%	其他	29	25.2%

（四）宁国市外来投资企业所需高端信息咨询服务的联系方向

从被访样本企业发展所需的高端信息服务上，来探究企业信息联系的主要方向（表10–18），可以看出有52家样本企业选择了浙江省杭州市，说明高端现代服务业在省际边缘区的发展相对滞后，也说明宁国市紧邻浙江的区位条件，使其与浙江省企业之间联系密切。

表10–18 企业高端信息咨询服务经常选择哪个城市的相关公司去咨询

首选的省市	安徽省合肥市	浙江省杭州市	江苏省南京市	上海市	其他
样本量	8	52	18	5	32
百分比	7%	45.2%	15.7%	4.3%	27.8%

从上述几个方面可以看出，中介效应作用阶段，宁国市的区域经济发展与浙江经济联系密切，从宁国市外来企业的投资来源、技术联系、市场联系、原材料和信息联系等方面，均表现出了跨省界强联系的特征。这种企业间的联系，是区域经济增长的重要动力，一方面说明中介效应的作用促成了浙江等省生产性要素的跨界流动；另一方说明企业的跨界联系，促成了中介效应的进一步加强，从而形成了一种区域优势的放大效应。

三、宁国市产业集聚外部产业环境形成的效应分析

企业间跨省界的多向联系，是区域一体化的重要内容之一，也是省际经济联系的重要表现形式之一，这种企业跨界联系有利于省际产业信息、市场信息、管理信息、技术信息等方面的相互交流。首先，对于宁国市而言，宁国市外来投资企业的跨界互动，促进了宁国市与浙江省经济信息网络的建立和扩张，也有利于跨省界交易成本的降低，同时使宁国市形成了较为浓厚的产业发展氛围，区域品牌优势逐渐显现。其次，有利于宁国市形成和浙江等长三角区域配套的产业环境。宁国市通过企业间的联系，根据自身产业发展的基础，在注重区域产业多样化发展的同时，对重点产业进行专业化发展，积极融入长三角区域市场，增强了区域的经济实力，优化了区域的产业发展环境。

从主体互动的角度分析，在宁国市区域产业集聚过程中，企业间的交流和相互学习扮演着决定性的角色。一方面“产、供、销”（生产者、供应商、使用者）之间相互作用和相互反馈的学习过程，促进了产业知识的流动，为产业集群内部的必要的创新活动打下了基础，有利于区域产业集群的发展优势的保持和提升。另一方面，企业通过交流和学习为区域产业氛围的形成、产业资本的流动、产业信息的传递、企业关系的改善等方面全面发展，提升了区域产业集聚的集体效率。

第十一章　边界效应转化与宁国市产业集聚的过程和机理

第一节　边界效应转化与宁国市外来企业集聚的过程和机理

一、边界效应转化与宁国市外来企业集聚的过程

（一）外来企业的选取及研究思路

宁国市外来企业主要有两种发展路径：成长型外来企业和投资型外来企业。成长型外来企业在宁国市的萌芽较早，可以追溯到改革开放初期。经过“滚雪球”式的积累，这些企业现成长为较大规模的私营企业。投资型外来企业则是2000年之后，直接到宁国市投资的企业。为了较全面地理解边界效应转化与宁国市外来企业集聚的机理，本部分对这两种企业均做了一定的研究。我们对成长型外来企业主要通过企业访谈，获得大量信息，并对相关信息进行梳理，以期较全面地理解边界效应转化与该类企业成长的关联。而对于投资型外来企业，则通过企业问卷调查的方法，来揭示边界效应转化与外来企业区位决策的关联。问卷调查的内容包括企业在宁国市的建立时间、类型、总部所在地，企业对宁国市社会环境和设施环境的感知，企业对宁国市周边县（市）的感知，以及技术、信息、供配货市场的空间联系等，重点了解了宁国市外来企业投资区位选择的原因。我们先后深入50多家外来企业，发放问卷201份（问卷主要是通过宁国市委办公室、宁国市经济技术开发区管委会来组织发放并回收，小部分问卷是由调查组成员在企业访谈过程中当场填写，当场回收），通过较严格筛选，共回收有效问卷115份，调查时间为2010年7月至8月。我们对这些问卷采用社会经济统计软件SPSS16.0进行统计，选择因子分析的方法进行研究；对访谈的信息则通过细致的整理，以便获得对相关内容的补充分析和对所研究问题综合全面的理解。

（二）宁国市外来企业集聚的过程分析

1. 宁国市成长型外来企业的形成和集聚过程分析

根据访谈信息的整理，宁国市成长型外来企业家群体的成长历程，大致经历了以下几个主要的发展阶段。

第一，试探性投资阶段（20世纪70年代末至80年代初）。其最早产生于改

革开放前夕。宁国市紧邻浙江，当时浙江和安徽的经济发展存在一定差距，且当时宁国人思想观念非常保守，农业仍旧是主业，但是浙江人的商业意识较强，部分浙江手工业者和自由职业者看到了商机后，开始在宁国进行试探性的投资，主要是以流动性质的小货摊贩卖一些服装、生活用品等。

第二，固定场所经营阶段（20世纪80年代后期）。浙江投资者对宁国市的市场和社会文化有了一定的了解后，通过租赁门面房等，进行固定场所经营。这些投资者也成为改革开放初期宁国的第一批“万元户”。

第三，加大投资力度并在宁国置业阶段（20世纪90年代）。此阶段，宁国市的产业发展环境宽松，生产型服务业的市场需求较大。浙江投资者在前期资本积累的基础上，通过开办私营企业扩大经营规模，开始购买经营场所，并在宁国市安家。同时，他们开始投资相关产业，涉及生产、生活服务等方面。

第四，开办规模较大的企业（2000年以来）。浙江投资者通过亲身实践，对宁国市产生了一定程度的区域认同，加之宁国市较为宽松的产业环境、制度环境和社会环境，这些投资者开始介绍自己的亲朋好友等来宁国合伙开办规模较大的私营企业（主要包括：工业企业、服务型企业）。他们投资的领域进一步放宽，涉及房地产、旅游、交通运输、餐饮娱乐等方面，投资人数大大增加。同时，相关投资者的政治地位得到提升，他们中有的人成为宁国市的人大代表或荣誉市民等。

成长型外来企业选择在宁国市投资受当时宏观经济影响较大，与宁国市紧邻浙江的区位条件关系密切。在这样的发展路径下，这部分投资者对宁国市的产业环境、社会环境和制度环境等理解较深，区域归属感强，对当地社会文化的认同度高，且通过通婚、置业等，很好地融入了当地的生活。同时，在其成长过程中，加深了宁国市当地居民对浙江社会、文化、经济等方面的了解，有助于边界效应的正向转化。在这些成长型外来企业的带动和示范下以及宁国市政府招商引资的政策激励下，2000年以后，大量的浙江投资者开始在宁国市投资兴业，促进了宁国市外来企业的进一步集聚。

2. 宁国市外来投资企业对当地社会和产业环境的综合感知分析

为了进一步分析外来投资者对宁国市当地社会和产业环境的综合感知情况，以便于综合分析宁国市的产业集聚的基础环境，在实地调研的过程中，我们设计了针对外来投资者的问卷。

从表11-1可以看出，从外来投资者了解宁国市的渠道可以看出，35%的样本选择了亲友介绍，17%的样本选择了招商专场推介会。可以看出，民间的亲缘联系和政府的推动是外来投资者选择在宁国投资的重要前提。外来投资者对于当地居民态度的感知，92%的样本选择了“纯朴”和“热情”，与上文中当地居民对外来投资者所持的态度基本一致，说明宁国市的人文环境开放，企业的社会可进入成本较低。77%的样本表示愿意推荐亲友到宁国市投资兴业，说明外来投资者对宁国市的创业环境较为认可。61%的外来投资者也在宁国市周边的浙江省临安市、安徽省广德县等和宁国同类的城市考察比较过，说明外来投资者投资区位选择宁国市较为理性，也间接反映出省际边缘区同类型城市之间存在较大的竞争压力。宁国市外来投资者中，有68%的样本对当地的生产和生活服务设施持基本满意的态度，有24%的样本感觉不能够满足企业发展的需求，说明宁国市基本的设施环境有待进一步提高，我们结合实地考察也发现省际边缘区的基础设施的环境从内到外均需要进一步提高。

表11-1 宁国市外来投资者对当地环境的综合感知情况调查

调查内容	百分比
宁国市外来投资者了解宁国的方式	报纸杂志(10%) 广播电视(6%) 亲友介绍(35%) 网络(4%) 招商专场推介会(17%) 路边巨幅广告(3%) 经常实地到宁国(14%) 其他(11%)
宁国市外来投资者对当地居民态度的感知	纯朴的(33%) 热情的(59%) 排斥的(1%) 冷漠的(7%)
宁国市外来投资者对推荐亲朋好友来当地投资的态度	非常愿意(29%) 愿意(48%) 不一定(11%) 不愿意(7%) 非常不愿意(5%)
宁国市外来投资者去过宁国市周边县市考察的比例	安吉县(14%) 临安市(31%) 广德县(30%) 绩溪县(6%) 郎溪县(4%) 其他(15%)
宁国市外来投资者对当地生产和生活服务设施能否满足需求的感知	完全能够(24%) 基本能够(44%) 不能够(24%) 基本没有这方面的服务(8%)

3. 宁国市投资型外来企业区位选择的影响因子分析

我们在分析中介效应作用下宁国市投资的社会环境、制度环境和产业环境的基础上，结合外来投资者对宁国市综合感知，进一步深入分析宁国市外来企业投资区位选择的影响因子，这对于进一步验证省界中介效应对宁国市区域产业集聚优势的放大机制有重要意义，同时对外来投资企业投资区位选择的影响因子进行综合分析，有助于进一步验证边界效应转化的环境效应。

（1）总体样本感知特征

在获取外来投资者对投资区位影响因子的态度上，采用5分制来定量测定。分别为：1代表非常赞同，2代表赞同，3代表中立，4代表不赞同，5代表非常不赞同。结合省际边缘区的特点和被调查者的认知状况，共设计了18个有针对性的影响因子（表11-2）。

首先对样本的信度进行分析，Cronbach's α系数值介于0到1之间，α值越大表示问卷项目间相关性越好，内部一致性可信度越高。根据相关标准，当α大于0.8表示内部一致性极好，α在0.6~0.8之间表示内部一致性较好，而小于0.6表示内部一致性较差。在实际应用中，Cronbach's α系数值至少要大于0.5，最好能大于0.7。以所有的115份样本为分析对象，利用SPSS16.0中的Scale模块的可靠性分析功能对18个感知项目进行分析，得到Cronbach's α值为0.737，表明本次问卷调查结果具有较好的信度，可以进行相关的统计分析。

表11-2 总体样本感知特征

项目	均值	标准差	赞成率	反对率	观测量
距离浙江近、位置好，情况熟悉	1.72	0.085	87%	5.2%	115
紧邻长三角地区，便于产品销售	2.06	0.099	76.5%	8.7%	115
同类企业集聚，便于信息交流	2.37	0.094	60.9%	10.4%	115
对外交通便利，运输成本低	2.44	0.100	53%	14.7%	115
相关原材料资源丰富、价格低	2.55	0.097	57.4%	16.6%	115
土地供应较为充足，用地成本低	2.41	0.102	62.6%	7.8%	115
基础设施条件优	2.10	0.103	73.9%	8.7%	115
生态环境优良	1.80	0.097	85.2%	7.8%	115
劳动力成本低	2.43	0.089	59.1%	14.7%	115
市场专业化程度高	2.46	0.100	48.7%	13%	115
与浙江山水相连、区域文化相似，容易适应	2.17	0.086	69.6%	6.9%	115
宁国当地人的开放意识与发展意识强	1.82	0.089	86.1%	7.8%	115
政府服务环境好，招商引资优惠政策多	1.90	0.099	75.7%	6.9%	115
金融等相关服务条件好	2.08	0.087	71.3%	6.9%	115
治安环境好	1.87	0.084	86.1%	7.8%	115
浙江等地发展空间较小，投资成本高	2.27	0.106	63.5%	14.8%	115
浙江等地同类新企业进入限制多	2.48	0.098	57.4%	17.3%	115
浙江等地产业结构调整的需要，导致企业外迁	2.27	0.098	71.3%	11.3%	115

注：问卷中"非常赞同、赞同"表示赞成，"不赞同、非常不赞同"表示反对。

为了深入分析18个变量影响的主要方面，首先利用SPSS16.0统计软件中的因子分析技术对18个变量进行降维处理，然后对提取的各个公因子进行比较分析，从而深度把握本质的影响因素。

（2）适用性检验

经检验（表11-3），KMO统计量为0.744，大于0.7，表明变量间相关性较强，球形Bartlett检验发现近似卡方值为786.765，自由度为153，显著性概率为0.000，因此适宜进行因子分析。

表11-3 样本KMO和Bartlett检验值

Kaiser-Meyer-Olkin Measure of Sampling Adequacy.		0.744
Bartlett's Test of Sphericity	Approx. Chi-Square	786.765
	df	153
	Sig.	0.000

（3）公因子提取

利用因子分析的主成分分析法提取公因子，经方差最大正交旋转后得到4个公因子（表11-4）。根据公因子载荷表可知，4个公因子分别在18个感知项目上有较大载荷（表11-5），根据因子载荷矩阵，对4个公因子进行命名。

表11-4 因子分析方差解释

公因子	未经旋转提取因子的载荷平方和			旋转提取因子的载荷平方和		
	特征值	贡献率	累积贡献率	特征值	贡献率	累积贡献率
1	5.026	27.923%	27.923%	3.525	19.585%	19.585%
2	2.458	13.658%	41.581%	2.806	15.586%	35.172%
3	1.520	8.444%	50.025%	2.228	12.375%	47.547%
4	1.386	7.698%	57.723%	1.832	10.176%	57.723%

表11-5 正交旋转后的因子载荷矩阵

项目	公因子1	公因子2	公因子3	公因子4
生态环境优良	0.790	−0.165	0.262	−0.006
宁国市当地人的开放意识与发展意识强	0.779	−0.027	0.170	0.036
政府服务环境好，招商引资优惠政策多	0.708	0.019	0.288	0.232
治安环境好	0.682	0.218	−0.104	−0.110
紧邻长三角地区，便于产品销售	0.644	0.096	0.107	0.448
基础设施条件优	0.496	0.086	0.120	0.066
市场专业化程度高	−0.060	0.749	0.247	−0.021
相关原材料资源丰富，价格低	0.128	0.734	0.163	−0.114

续表

项目	公因子1	公因子2	公因子3	公因子4
劳动力成本低	0.088	0.675	0.066	0.096
对外交通便利，运输成本低	−0.197	0.643	0.172	0.235
金融等相关服务条件好	0.456	0.529	−0.146	0.208
与浙江山水相连、区域文化相似，容易适应	0.343	0.384	−0.071	0.292
浙江等地同类新企业进入限制多	−0.005	0.160	0.775	−0.052
浙江等地产业结构调整的需要，导致企业外迁	0.362	−0.054	0.726	0.209
熟悉的同类企业集聚，便于信息交流	0.249	0.313	0.623	0.085
浙江等地发展空间较小，投资成本高	0.199	0.402	0.544	0.195
距离浙江近、位置好，情况熟悉	0.203	0.170	−0.022	0.822
土地供应较为充足，用地成本低	−0.020	0.012	0.224	0.765

从表11–5可以看出以下几点。①公因子1在A8、A12、A13、A15、A2、A7共6个项目上有较高载荷，贡献率最大，达到19.585%。这些感知项目涉及区域产业集聚宏观的社会、生态、政策环境等，可以将其概括为“产业集聚外部基础环境感知因子”。②公因子2在A10、A5、A9、A4、A14、A11共6个项目上有较高的载荷，贡献率为15.586%。这些项目涉及了与区域产业集聚的直接相关的要素、文化等方面，可以将其概括为“产业集聚的要素条件感知因子”。③公因子3在A17、A18、A3、A16共4个项目上有较高的载荷，贡献率为12.375%，这些感知项目主要涉及区域产业集聚的外部推动力，可以将其概括为“产业集聚的外部推力感知因子”。④公因子4在A1、A6两个项目上有较高的载荷，贡献率为10.176%。这些项目主要涉及区域产业集聚的区位和土地等关键性因子，可以将其概括为“产业集聚的关键性因素感知因子”。

二、边界效应转化与宁国市外来企业集聚的机理

（一）边界效应转化与宁国市外来企业集聚的区位选择过程

通过上面的分析，我们可以看出以下几点。第一，外来企业对宁国市外部基础环境感知最为强烈，社会环境、制度环境、生态环境等成为外来企业投资区位选择中的重要条件，说明区域良好的外部环境是企业集聚的首要条件。第二，宁国市外来投资企业对要素条件的感知程度较为强烈，说明企业在追求最大利润的

前提下，非常注重节约生产成本，包括劳动力成本、运输成本、原材料成本等，这些基本因子是区域产业环境的重要表现，其综合作用有利于降低企业的跨界交易成本。第三，除去前两个方面的社会环境、产业环境和制度环境等关键性的省际边缘区内部环境，外部推力因子对外来企业的影响也较为重要，由于浙江等发达地区的同类企业集聚较多，限制性条件较为严格，企业生长空间狭小，由此带来了一系列现实的问题，在这些因子的层层推动下，外来企业不得不考虑新的投资区位，宁国市良好的发展条件成为外来企业投资的优先选择。第四，外来企业对区位、土地关键性因子的感知程度较低，说明其对区位、土地等政策性因子考虑不多，主要是因为宁国市紧邻浙江，无论从现实距离还是心理距离来分析对投资者影响均较小。同时，宁国市政府制定的招商引资优惠政策中的土地使用制度，对企业主来说，只要来投资，政府就会首先解决建厂等的土地问题。故外来企业家对土地、区位等因子感知较低，但并不能说明土地等因子对企业投资选择不重要，相反，这是外来企业集聚的必备条件。

（二）边界效应转化与宁国市外来企业集聚的动力构成及作用机制

宁国市作为皖浙省际边缘区城镇受边界效应影响明显。在当前开放的市场经济条件下，边界效应表现为正向的中介效应，通过前文对微观主体跨界联系流量、流向的测度可知，当前省界的中介效应远远大于其屏蔽效应。省际边缘区信息密度、要素集聚度、基础设施集聚度、产业集聚度等较高，省际边缘区内部由社会环境、制度环境、产业环境的优势而产生的拉力和外部省际产业转移、宏观政策导向、区域发展战略等产生的各种推力的共同作用又淡化了边界屏蔽效应对企业等实体性要素的阻滞作用，跨界要素流动较为频繁，促进了宁国市外来企业的不断集聚。

1. 宁国市外来企业集聚的动力构成

结合边界效应转化的环境效应的研究，宁国市外来企业集聚是拉力、推力和阻力共同作用的结果。拉力来源于边界效应转化对区域发展优势环境等方面的放大作用，推力来源于外部产业调整和区域发展战略等对相关企业的影响，阻力来源于省界客观存在，或多或少对要素流动、产业转移和企业区位选择产生影响。其中，宁国市由于边界效应转化而产生的区域社会环境、制度环境和产业环境等优势对外来企业集聚的拉动力是基础动力，它能够显著降低企业跨界交易成本，促成专业化生产企业的空间集聚，外部推动力是企业区位选择的辅助动力，省界的屏蔽效应产生的消极影响产生的阻力，则是必须克服的阻滞力，三者合力的比较是判断企业跨界投资区位选择的依据。

2. 宁国市外来企业集聚的各项动力的相互作用机制

根据省际边缘区企业集聚动力系统的构建思路，在上文对宁国市企业区位决策的系统分析基础上，同时结合省际边缘区特有的省际之间过渡型的区域特征以及现阶段我国区域产业集聚发展趋势和区域产业集聚面临的新阶段、新因素、新格局，可以从微观的内部集聚引力、宏观的外部扩散张力和客观存在的省界阻滞力三个方面，构建出具有普遍意义的省际边缘区外来企业空间集聚的动力机制模型（图11-1），这三个方面的作用力相互作用、相互影响，共同决定省际边缘区外来企业集聚的数量和速度。

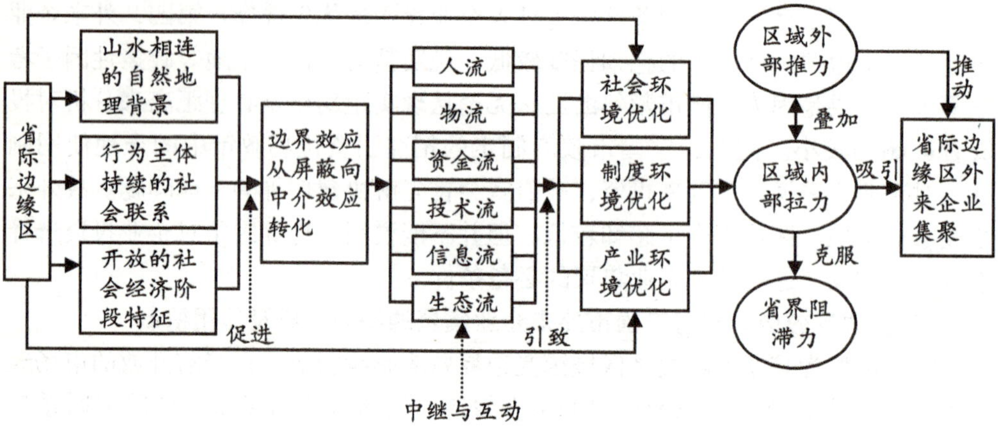

图11-1　宁国市外来企业集聚的动力机制

第二节　边界效应转化与宁国市内生型产业集群的成长过程与形成机理

一、边界效应转化与宁国市内生型产业集群的成长过程

（一）耐磨铸件产业集群的选取及研究思路

1. 耐磨铸件产业的选取

耐磨铸件是终端产品，属于易损件，广泛用于水泥建材、冶金选矿、能源火电、交通运输、工程机械等诸多行业，因为其直接影响设备寿命和生产效率而被各行各业所关注。中国耐磨铸件业已成为一个相对独立的产业，国内已有1 000余家耐磨件生产企业，形成了适于规模生产的钢铁耐磨材料工程化和产业化技术。其中，铸造磨球、衬板、铲齿、颚板等耐磨合金铸钢和耐磨合金铸铁件已批量出口美国、日本、加拿大、澳大利亚、德国等国家。

宁国市培育形成了耐磨铸件、汽车橡胶零部件及电子元器件三大产业集群，基本情况如表11-6所示。其中，汽车橡胶零部件产业集群的种子企业来自浙江省，且外来投资企业占有较大的比例；电子元器件企业数量较少，集群规模较小，产品相对单一，且相关的配套企业和服务机构不完善，处于生产企业地域集中阶段，不适宜作为研究对象；耐磨铸件产业集群则是宁国市土生土长的内生型产业集群，从种子企业诞生到现在已经有30多年的发展历史，集群企业全部为宁国市本土企业，是宁国较为典型的内生型产业集群，其发展变化过程与宁国市区域经济发展过程密切相关，到目前为止形成了“原辅材料的生产与供给—铸造工艺装备的开发与制造—相关模具的开发与制造—热处理及检测设备的开发与制造—仓储与物流—工业废渣的综合利用”比较完整的产业链，相关配套产业较为完善，作为生产性集群整体发育良好（图11-2）。从全国范围来看，宁国市耐磨铸件产业集群，在产品规模、地域集中性、产品市场占有率、技术含量等方面均具有一定的典型性。因此，本书选择耐磨铸件产业为研究对象，对边界效应转化与其形成过程进行系统的研究。

表11-6 2009年宁国市三大产业集群发展的基本情况比较

产业集群	耐磨铸件	汽车橡胶零部件	电子元器件
生产性企业(家)	118	82	60
规模以上企业(家)	67	35	27
产值(亿元)	41	40.1	15.9

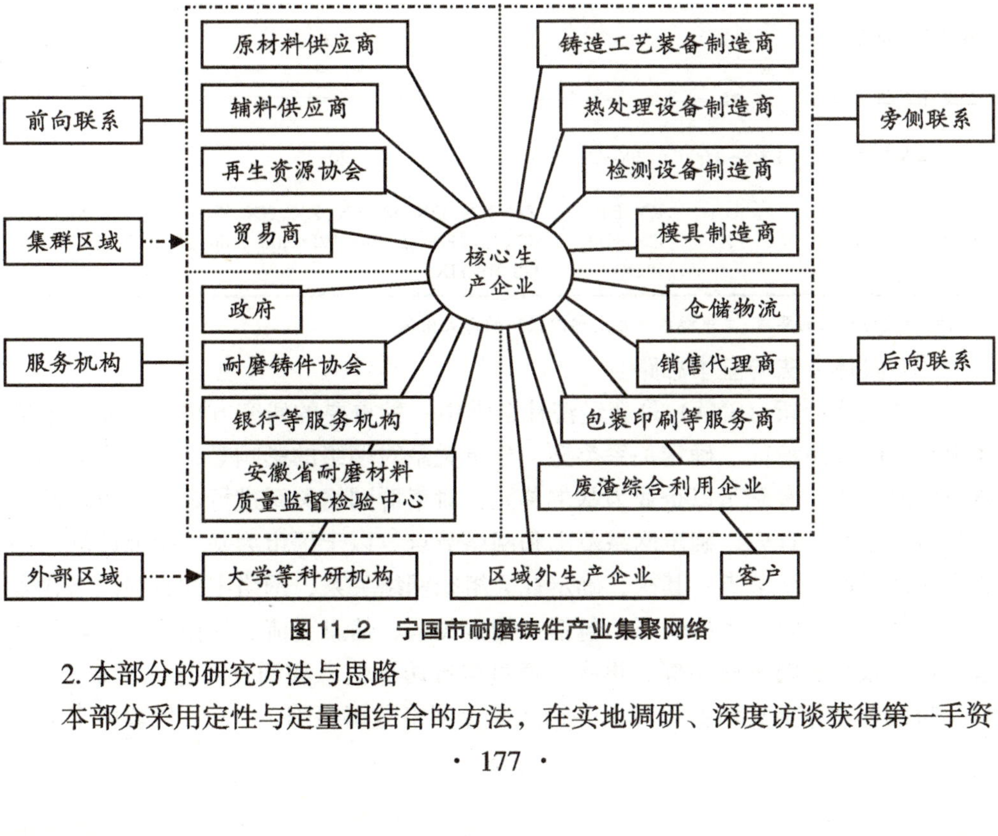

图11-2 宁国市耐磨铸件产业集聚网络

2. 本部分的研究方法与思路

本部分采用定性与定量相结合的方法，在实地调研、深度访谈获得第一手资料的基础上，对边界效应转化过程与宁国市耐磨铸件产业集群的演化过程进行研究。

（1）数据获取

采用企业访谈和问卷调查相结合的方法，于2009年9月、2010年7月2次对宁国市耐磨铸件产业集群相关企业进行了深入调查（表11-7）。①调查的生产经营企业包括：一体化大中型企业、生产产品规格较少的中小型企业、中间产品制造企业、模具机械等配件制造企业等，兼顾了企业的规模和类型。②深度调查的有效样本企业34家，占集群生产性企业总数的1/4以上，企业分类按照宁国市耐磨铸件行业协会的年产值标准，划分为3类企业。③对行业协会、地方政府、当地居民、科研机构、金融机构及部分乡镇等进行了访谈和资料收集。④文中相关数据由宁国市委办公室、宁国市发改委、宁国市经济信息委员会、宁国市统计局、宁国市耐磨铸件行业协会等部门提供。

表11-7　宁国市耐磨铸件产业集群被访企业的类型及所占比率

类型	Ⅰ类企业	Ⅱ类企业	Ⅲ类企业	合计
集群企业总数	1	7	117	125
被访样本企业数量	1	6	27	34
样本企业所占比例	100%	85.7%	23.1%	27.2%
企业年产值（亿元）	>5	1~5	<1	
职工人数区间	1 500~2 000	300~500	20~200	
被访样本企业代码	FX	KY、DF、CX、NH、PJ、XM	ZC、XN、DX、SJ、NX、ZX、HX、Zxu、SH、LF、ZY、ND、TF、ZK、HF、JL、Jho、WD、Jhu、Hdu、SS、JLX、Had、ZXI、GS、BS、HXI	

注：应被访企业的要求，文中样本企业全部以代码的形式出现。

（2）具体方法与基本思路

社会网络分析（SNA）是新经济社会学中一种重要的研究方法，主要用于描述组织间的关系特征、确定关系类型、分析关系对网络的影响等，其在产业集群研究中的应用，有利于以企业为基本单元，对集群网络关系进行定量分析。研究的基本思路为：首先，确定网络范围和网络节点，以宁国市为基本研究区域，相关企业被看作网络节点；其次，确定社会组织网络关系，网络中的直线用来代表节点（企业）之间发生的联系，包括：衍生关系、信息交流、供销联系、转包联系、技术联系、财务联系等；再次，通过整理访谈信息和调查问卷，建立了7个34×34的样本企业交流数据库，并构造节点网络数据矩阵，其中1代表两个节点之间有联系，0表示没有；最后，采用UCINET软件，绘制样本企业的社会网络结构图并进行定量评价。

（3）具体指标选择

根据研究需要，我们重点选择以下几个指标，对宁国市耐磨铸件产业集群的网络特征进行研究。

①点度中心度（Degree Centrality）是测量网络中单个节点结构位置的指标，如果一个点与其他许多点直接相连，则该点就具有较高的点度中心度。其计算公式为：

$$C_D(n_i)=\sum_{j=1}^{n}R_{ij}$$

式中，$C_D(n_i)$为点度中心度，R_{ij}为节点间的联系强度。

②网络集中度（Network Centralization）是衡量整体网络结构集中程度的指标，其计算步骤是首先计算中心度最强节点的中心度得分，然后计算该值与图中其他点的中心度的差，再计算上述这些差值的总和，最后用这个总和除以理论上各个差值总和的最大可能值。其计算公式为：

$$C=\sum_{i=1}^{n}(C_{\max}-C_i)\ /\max\left[\sum_{i=1}^{n}(C_{\max}-C_i)\right]$$

式中，C为网络集中度（点度中心势），$C_{\max}$是网络结构中最大点度中心度的值，C_i是其他节点的中心度。

③网络密度（Network Density）指的是网络中各个成员之间联系的紧密程度，具体数值是通过网络中实际存在的关系数量与理论上可能存在的关系数量相比得到。其计算公式为：

$$D=\sum_{i=1}^{k}\sum_{j=1}^{n}d(n_in_j)\ /k\ (k-1)$$

式中，D为网络密度，k为节点（企业）数量。网络的密度越大，成员之间的联系就越多。当网络密度等于1，说明网络节点之间都有联系；反之，当网络密度等于0时，则节点之间没有联系。

（二）宁国市耐磨铸件产业发展过程分析

1.耐磨铸件产业形成过程

20世纪70年代末期到80年代中期，国内的耐磨铸件产业处于起步期，这一时期宁国市“五小”工业和上海市在宁国的“小三线”企业——上海胜利水泥厂对耐磨材料的需求，推动了宁国市耐磨材料企业的发展，在国内较早开始耐磨铸件的研制，为耐磨铸件产业的形成打下了基础。

这一时期，宁国耐磨铸件生产企业在空间布局上，呈现出据点发展的空间特征。以种子企业石口耐磨材料厂的发源地石口镇为中心，以石口镇本地村民为主体，其周边建立了新的小型作坊式企业，设备简陋，产品单一。在市场拓展上，以当地市场为主，产品为低端产品，产量低。

2. 耐磨铸件产业成长过程

20世纪80年代中期到90年代末期，随着我国改革开放政策的实施，“苏南模式”对宁国产生了重大的影响，宁国市乡镇企业发展迅速，耐磨铸件种子企业和早期的个别企业在竞争中发展壮大，1987年，石口耐磨材料厂更名为宁国耐磨材料总厂，厂址迁至宁国城关凤形山，原石口耐磨材料厂设为第一分厂，同时利用“小三线”的厂房，在凤形山、青龙乡、霞西镇改建了3个分厂，成为规模较大的综合性企业。20世纪90年代后期，石口耐磨材料厂开始裂变成新的生产型企业。

这一时期，宁国耐磨铸件生产企业在空间布局上，呈现出点状散布的空间特征。随着厂址搬迁和分厂设立，促进了耐磨铸件生产技术在市域内的扩散，企业层次两极分化，形成一大多小的等级结构，为耐磨铸件企业的进一步集聚打下了基础。在市场拓展上，以长三角区域市场为主，覆盖国内20个省市，总厂的部分产品销往国外。

3. 耐磨铸件产业扩张过程

随着1997年宁国市撤县设市后的乡镇企业改制，2000年以来，种子企业衍生加速，新的生产性企业不断设立，仅2004年一年就新增40家耐磨铸件生产企业，集群网络日渐形成。到2010年6月为止，宁国市有耐磨铸件生产销售企业160余家，其中生产企业125家，规模以上企业达到84家，产能2万吨以上企业12家，全市耐磨铸件产业产能达70万余吨，产品覆盖国内几千家建材、冶金、采矿、电力、磁性材料、非金属矿深加工等行业，市场占有率为21%。2009年，耐磨铸件完成产值35.8亿元，占宁国市经济总量的17.5%。集群企业现有各类专业技术人员1 200余人，拥有专利技术150多项，其中国家发明专利65项，同时拥有中国名牌、中国驰名商标各1个，安徽省名牌7个，安徽省著名商标6个。初步形成了专业化产业链，组织生产8大系列100多个产品。2007年被中国铸造协会授予“中国耐磨铸件之都”荣誉称号，2009年又通过了“中国耐磨铸件之都”复评验收。

这一时期，宁国耐磨铸件生产企业在空间布局上，呈现出带面集中的空间特征，95%的耐磨铸件生产销售企业及配套企业集中在河沥工业园区、港口工业区及沿S104省道的河千工业带内，形成了“两区一带”的空间集聚格局。耐磨铸件产业的开发区指向、工业集中区指向、交通指向和销售型企业的城区指向明显。企业层次三级分化，大中小企业形成了“金字塔”式的等级结构，产品市场拓展到几十个国家和地区。

（三）宁国市耐磨铸件产业集群的形成和网络联系特征

本部分侧重于分析宁国市耐磨铸件产业集群网络的形成特征、联系特征和潜力特征，从衍生网络、合作网络、创新网络三个方面展开。其中，衍生网络是合作网络和创新网络形成和发展的基础。

1. 宁国市耐磨铸件产业集群衍生网络的结构特征

衍生网络是指由于企业之间的衍生关系所构成的网络[26]，反映了某一产业为什么能够形成产业集群，是集群网络形成和发展的基础。我们结合“宁国市很多耐磨铸件企业的负责人均是FX企业培养出来的”这一访谈信息，专门设计了针对企业主的调研问题，“创办企业前您是否在FX企业工作过？如果是，从事何种性质的工作？如普工、技术、管理、市场等。如果不是，哪家企业或哪个人促发了您创办耐磨铸件企业？”“您现在所在的企业是否有员工独立出去开办同类企业？”等问题，在对有效信息的甄别和遴选的基础上，生成一个34×34的数据矩阵，通过UCINET软件运算后，生成了集群企业的衍生网络关系图（图11–3）。图中箭头指向衍生关系的发出者，箭头越多表示由该企业衍生的企业越多。

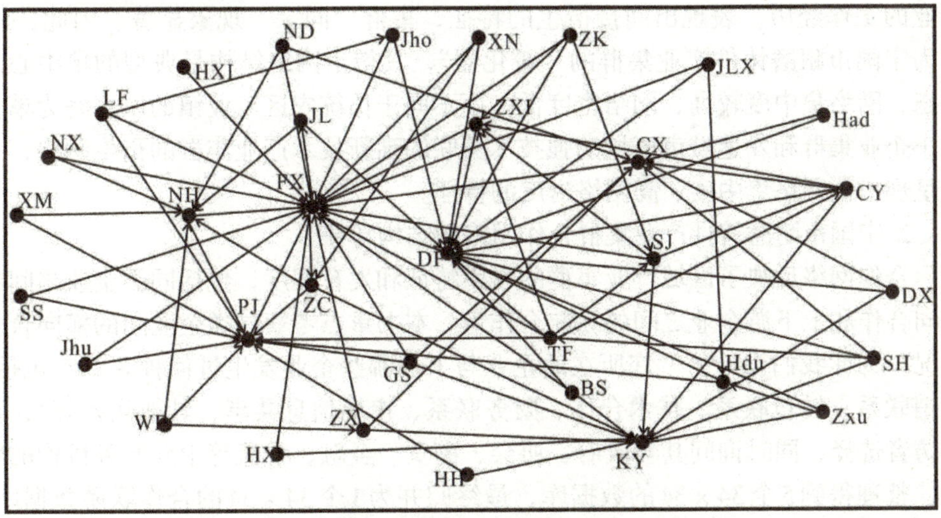

图11–3　宁国市耐磨铸件产业集群的衍生网络结构

通过计算可以得到宁国市耐磨铸件产业集群衍生网络34个节点的点度中心度（Degree Centrality），网络节点的中心性标准差（Standard Deviation），网络集中度（Network Centralization），网络密度（Network Density）等指标（表11–8）。

表11-8 宁国市耐磨铸件产业集群衍生网络的主要指标

指标	节点的点度中心度				网络集中度	网络密度
数值	最大值	最小值	平均值	标准差	60.8%	0.077 6
	24	1	5.118	4.497		

从图11-4和表11-8可以看出，宁国市耐磨铸件产业集群的衍生网络总体特征表现为：单中心核状低网络密度。34个样本企业中，有24个是由FX直接衍生的，表明集群中企业的衍生主要由FX这一大企业完成，次一级种子企业有DF、PJ、KY，它们的点度中心性分别为：DF（15）、PJ（12）、KY（11），它们对集群的进一步壮大产生的影响不断增强。结合实地访谈的数据，作为集群的种子企业FX，是宁国市建立最早的耐磨铸件企业，是集群的核心企业，企业目前产能规模居亚洲第一，世界第二，远远超过集群次一级企业，衍生能力最强。进一步分析发现，FX企业中的市场销售人员、技术人员、管理人员独立创办或组合创办新企业的比例较高，表明掌握市场信息、管理信息和核心技术的人员是耐磨铸件产业集群衍生网络形成的“关键行动者”。即使负责人不是出自FX的部分企业，如Ⅱ类企业中的KY，其市场销售、技术人员及部分中层管理者等均有在FX企业的工作经历，表现出间接衍生的特征，集群“同宗”现象显著。因此，FX作为宁国市耐磨铸件产业集群的“孵化器”，其衍生网络结构是典型的单中心的形态，网络集中度较高，网络密度低，而不同于传统农区专业镇的以家庭为单位的小企业集群和发达城市区域的强技术关联的高新技术产业集群的衍生网络，一般呈现出低网络集中度，高网络密度的特征。

2. 宁国市耐磨铸件产业集群合作网络的结构特征

合作网络反映了区域产业集群的联系特征和发育程度，包括同类企业之间的横向合作和上下游企业之间的纵向合作等。本书重点考察同类企业间的横向合作情况，为此我们设计了“您所在的企业与下列哪些企业发生过何种联系？包括：供销联系、转包联系、技术合作、财务联系、市场信息共享、其他联系等”，让被访者选择，同时询问其与政府、协会、商贸、金融、物流等中介服务机构的联系，整理得到5个34×34的数据库，最终归并为1个34×34的合作联系数据库，通过UCINET软件运算后得到（图11-4，表11-9）。

表11-9 宁国市耐磨铸件产业集群合作网络的主要指标

指标	节点的点度中心度				网络集中度	网络密度
数值	最大值	最小值	平均值	标准差	29.73%	0.538 3
	27	9	17.765	5.082		

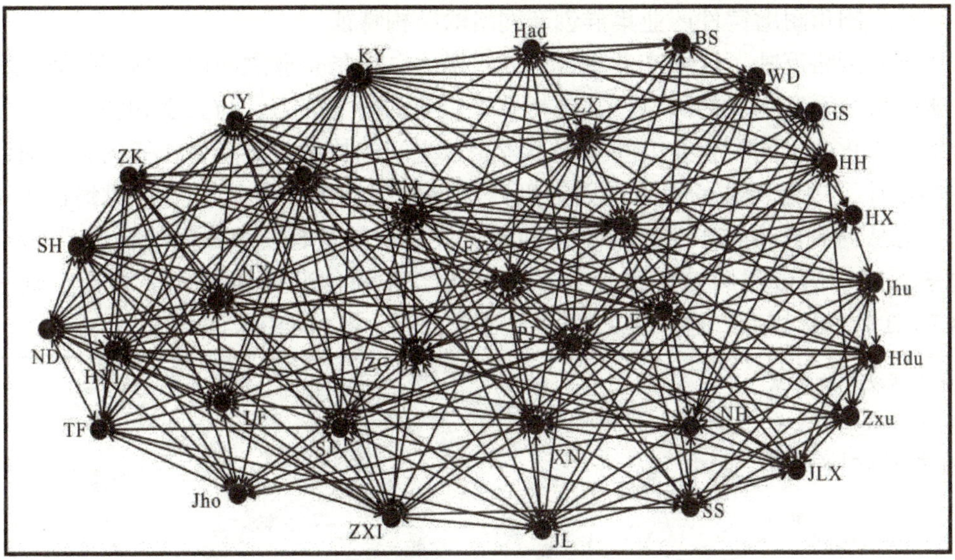

图 11-4 宁国市耐磨铸件产业集群的合作网络结构

从图 11-3 和图 11-4 可以看出，合作网络具有如下特征：网络集中度较低，整体结构表现为多中心核状，中网络密度。与衍生网络相比较，FX 的点度中心度仍旧排在第一位，紧接着的 CX、PJ、DF 三个节点均为Ⅱ类企业，排在五、六位的为 ZC、XN 这两个Ⅲ类企业，其点度中心度较高是由于这两个企业主营模具、机械等耐磨设备，因此有较多的合作机会。其余的点度中心度较高的节点，如 XM 等反映出节点的地域联系集中性的特征，为宁国耐磨铸件产业集群乡镇集中区的重点企业，与周边的中小企业联系较多。合作网络的网络密度为 0.538 3，表明集群内核心企业间联系程度处于中等水平，处于集群的形成期到成长期过度的阶段。合作网络表现出多核心的特征，而不同于衍生网络的单核心特征，主要是因为 FX 在产品层次、质量等方面均远远领先于其他企业，其配货对象和规格，仅仅是个别产品层次较高，质量好的三类企业的中低端产品。结合实地访谈情况，企业间横向合作仍旧处于较低的层次，以企业间供销联系为主，订单分包联系的现象较少，仅仅发生在个别Ⅱ类和Ⅲ类企业之间，“Ⅲ类企业中，约有 2/3 的企业，一年中初级产品产量的 60% 以配货的形式卖给Ⅱ类企业或Ⅲ类企业中较大的企业”（企业访谈内容），由于耐磨铸件产业的流动资金占有量较大，周转期较长，因此企业间资金拆借联系现象较少，财务基本没有合作。同类企业间，特别是Ⅲ类企业之间，生产的产品大多是技术成熟的产品，只是在规格上有一定的差异，因此技术合作也较弱；因为产品雷同，以耐磨球为主打产品，市场竞争激烈，所以共享性的合作基本不存在。

3. 宁国市耐磨铸件产业集群创新网络的结构特征

创新网络反映了区域产业集群的成长潜力，是指企业之间由于新产品研发和技术扩散关系所构成的网络，它包括单个企业的研发能力，与大学和科研机构联合的技术攻关，同类企业之间及上下游企业之间的技术交流与合作等内容。对此我们设计了“您所在的企业是否有新产品研发机构或研发经历?”“遇到技术难题，您从何处获得技术支持?”“与同类企业之间是否有技术方面的合作?”等问题来测定宁国市耐磨铸件产业集群的技术合作和创新网络的相关数据，通过UCINET软件运算后，进一步处理得出（图11-5，表11-10）。

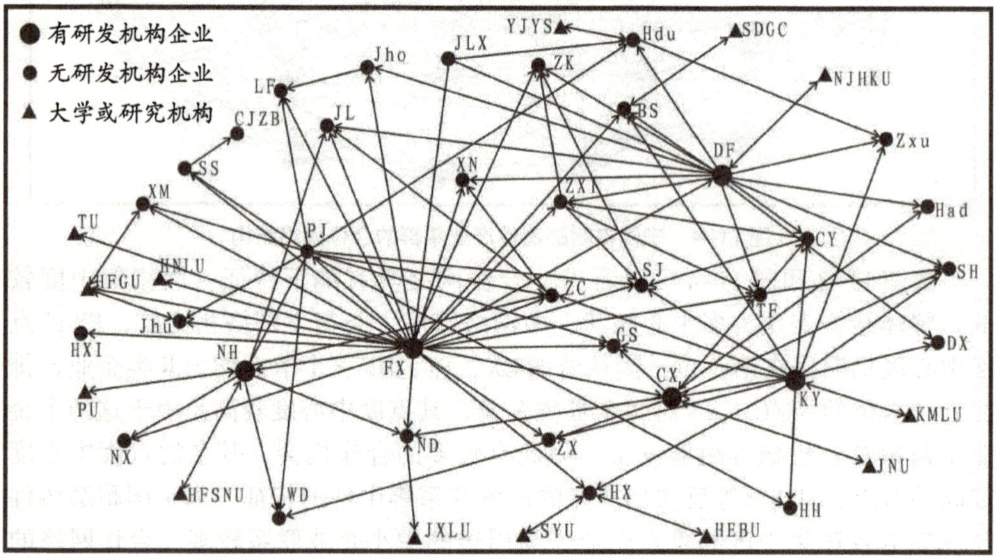

图11-5 宁国市耐磨铸件产业集群的创新网络结构

表11-10 宁国市耐磨铸件产业集群创新网络的主要指标

指标	节点的点度中心度				网络集中度	网络密度
	最大值	最小值	平均值	标准差		
数值	28	1	4.292	4.699	52.64%	0.052 7

从图11-5、表11-10可以看出，创新网络与衍生网络具有一定的同质性，其典型特征也基本一样，表现出单中心核状低网络密度的结构特征。集群知识和产品创新主要由FX完成，FX有独立的省级研发中心，与国内4所著名高校和1个研究所存在长期的合作关系。被访Ⅱ类企业中有4家企业有独立的研发机构，与国内个别高校和研究机构存在技术合作。大量的Ⅲ类企业，仅个别企业与区域外高校有偶尔的联系，目的也仅限于部分生产工艺的技术改造。Ⅱ类、Ⅲ类企业的现有技术大部分来自FX。创新网络的网络密度低，集群内部高端产品的研发门

槛高，传播周期较长，市场需求量少。新产品从研发到投入生产，需要一系列的配套条件，如模具制造、生产线的改建、生产机械的创新、测试装备的创新、市场开拓等环节，投资成本高、研发周期长、市场风险大。中低端产品技术相对成熟，进入门槛低、见效快、容易模仿创新，“仅仅需要在规格型号上有所突破”“只需要从别的企业挖一个车间主任或技术员，就可以解决相关的技术问题”（企业访谈内容），在集群内部传播快。所以，技术创新主要集中在FX这样的Ⅰ类企业和个别实力较强的Ⅱ类企业，它们是集群的“技术领袖”，塑造了集群创新网络的结构形态。

综上所述，我们通过深度调研发现：宁国市耐磨铸件产业集群衍生网络和创新网络结构趋同，集群种子企业的衍生和创新能力强劲，是集群中小企业的“孵化器”和集群创新的“技术领袖”，在集群网络结构的塑造中起重要作用。合作网络的多中心、中密度的特征，说明集群Ⅰ类企业与Ⅱ、Ⅲ类中小企业由于实力悬殊太大表现出合作联系的不匹配。部分Ⅱ类企业为集群次级区域的核心，由于地域临近，接触机会较多，表现出Ⅱ、Ⅲ类企业间合作联系较多，集群整体合作联系层次较低。通过对企业网络结构的分析发现，宁国市耐磨铸件产业集群是典型的大、中、小企业并存的“轴辐式”产业集群，单体企业规模较大，企业网络等级结构层次明显，核心企业在发展过程中，通过技术创新、品牌塑造、标准制定、市场开拓来提高行业准入门槛，形成集群区域的整体竞争优势，中小企业的蓬勃发展，是核心企业发展过程中人才和成熟技术的一种就近扩散效应。同时，中小企业通过中低端产品的生产来补充核心企业产品系列的缺口，从而与核心企业结成一种较低层次的网络优势，推进产业集群量的扩张，是集群网络结构发展较低阶段的一种直观反映。

二、边界效应转化与宁国市内生型产业集群的形成机理

宁国市耐磨铸件产业集群的形成，是边界效应转化影响下的外力作用与产业集群自身演化的内部动力交互作用的结果，这种交互作用打破了宁国市的发展劣势，如经济水平低、开放程度和市场化程度不高、社会环境较为封闭等不利条件。主要特征是，宁国市与浙江省之间主体交流引致商业文化和创业意识、资本与市场信息、发展意识的传播，叠加种子企业的内部创新活动和对专业人才培养，促成了产业突变性知识存量的不断增加和当地创业家群体的兴起，在宁国市地方政府适时的制度和政策推进下，产业集群形成并不断演化，企业网络总体表现出轴辐型中密度的基本特征，其相互作用机理模型如图11-6，具体可以从以下几个方面展开分析。

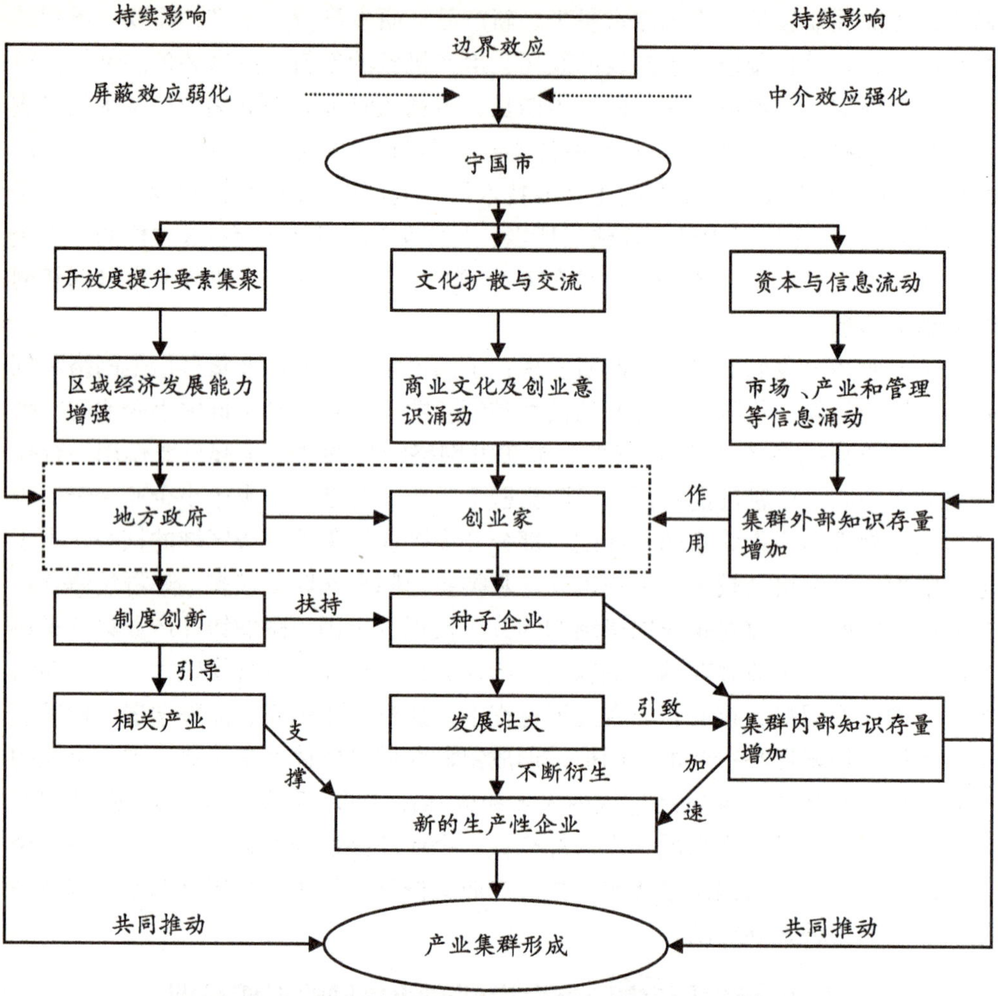

图11-6　边界效应影响下宁国市区域产业集群形成的机理模型

（一）中介效应作用下创业家群体的兴起

边界效应影响下的创业家群体的兴起，是宁国耐磨铸件产业集群网络形成的基础动力。创业家的自发创业是集群形成的关键因子，产业集群衍生网络的产生在一定意义上是首创创业家成功行为的示范，引来群体模仿的结果（图11-7）。群体模仿行为的产生是由多种因素共同影响的结果，如区域经济基础、产业氛围、创业家的开创意识、对市场的准确判断、地方政府推动力度等。宁国作为省际边缘区的一个较为典型的山区县级市，既没有工商业的文化传统，也无省域中心城市良好的区位、交通及市场环境，其耐磨铸件产业集群创业家群体的兴起，是边界屏蔽效应向中介效应转化的过程中，江浙商业文化传统跨越省界传导后，嵌入地方制度文化而形成的浓郁的创业氛围作用的结果。这种创业意识，一方面优化了区域的产业氛围，形成了有利于创业成功的外部环境，另外一方面加速了潜在创业者的创业实践行为，推动着宁国市耐磨铸件产业集群网络的发展。

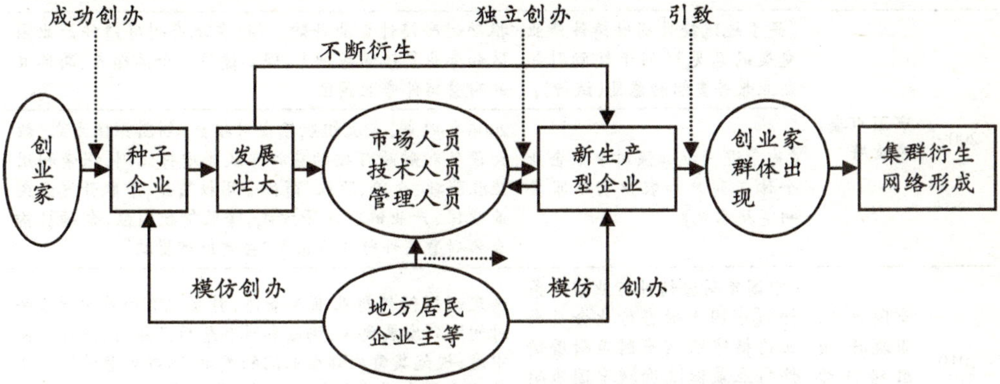

图11-7　宁国市耐磨铸件产业集群衍生网络形成机制

（二）中介效应作用下地方政府的推动

宁国市耐磨铸件产业集群的生产规模扩张和区域品牌建设等方面，在很大程度上是政府在不同时期强力推动的结果。边界效应在从屏蔽效应向中介效应转化的过程中，通过省际主体交流传导创业意识的同时，也在不断地传导开放的观念、产业发展的模式和区域管理的经验。宁国市地方政府在制度安排和政策制定上，善于学习、比较、模仿、跟进浙江省内县域集群经济成功的经验，在到浙江等地学习的基础上，通过制度跟进和制度创新，不断优化集群企业发展的外部和内部服务环境，从组织领导、产业规划、政策引导、结构调整、科技创新、投融资渠道拓展等方面制定了一系列政策和制度保障措施（表11-11），促进集群合作网络和创新网络的全面升级。

表11-11　宁国市促进耐磨铸件产业集群发展的主要政策措施

年份	主体	政府会议、文件或事件	措施或目标
1987	宁国县委	县委突破接收沪属“小三线”资产“只能让国有工业经营”的政策界限	将接收的“小三线”企业中的“联合厂”“港口湾电厂”厂房设施归并宁国耐磨材料总厂，创办宁国耐磨材料二分厂、三分厂、四分厂，迅速扩大了种子企业的规模
1999	宁国市委	企业改革年	耐磨铸件企业产权制度改革，推进企业经营机制民营化。该项政策的实施早于安徽省其他县（市）2~3年
2007	宁国市委、市政府	《关于财政扶持耐磨铸件产业发展的试行办法》《关于强力推进企业上市工作的意见》	宁国市政府设立了500万元新产品研发奖励资金，鼓励企业加大研发投入力度。全市先后两次对耐磨铸件加工工艺实施大规模的技术改造。确定FX、KY、LE等耐磨铸件企业为上市后备企业
2008	宁国市委	《宁国市耐磨铸件产业集群发展规划》	强化规划指导，明晰耐磨铸件产业发展方向和重点

续表

年份	主体	政府会议、文件或事件	措施或目标
2009	宁国市委、市政府	《关于规范提升耐磨铸件产业发展的意见》《关于鼓励引导企业兼并重组的意见(试行)》	推动耐磨铸件企业并购重组;在现有耐磨铸件产业园区和专业集镇的基础上,规划建设一个高起点、高标准的耐磨铸件专业园区
		《关于进一步加强对中小企业个体工商户和农户金融服务的实施意见》	2006年以来,多次组织银企对接会;创新担保方式,放大设备和财政可控的应收账款等质押比例,探索利用应收账款、仓单、股权、商标专用权质押,采取开发区企业联保、产业链联保等方式,降低贷款门槛,金融机构专为耐磨铸件行业推出了“存货抵押贷款”
2010	宁国市委、市政府、耐磨铸件协会	《宁国市耐磨铸件行业准入条件》《宁国市耐磨行业会员企业价格守则》《宁国市耐磨铸件行业最低限价》《宁国市耐磨铸件装备制造业创新与发展规划》	设定耐磨铸件行业准入条件,引导现有企业通过3年时间达到发展要求,淘汰和限制落后产能,提高行业集中度;规范集群内部企业间的竞争;明确耐磨铸件产业链逐步转向耐磨装备制造业;提出将宁国耐磨铸件产业集群建设为国家级产业集群示范基地

(三)中介效应作用下集群内外知识存量的增加

集群内外知识存量的积累和创新引致分工深化，是集群内部网络升级的关键动因。

第一，从外部知识影响的角度分析，在边界中介效应的直接影响下，江浙等省域地方政府行政行为和私营业主的企业管理模式等集群外部知识，对于宁国地方政府在区域经济管理、服务环境优化、社会产业环境营造等方面影响较大。对于耐磨铸件企业内部管理、技术创新、市场拓展、企业发展规划等方面影响较大。一方面，促成了政府服务功能的提升和对耐磨铸件产业集群进行科学引导；另一方面，企业内部管理及企业组织模式的优化，助推了宁国市耐磨铸件集群内部单个企业的快速发展，企业竞争能力增强和企业共赢的业务联系行为转变，促进集群内部企业网络结构的进一步优化。

第二，从内部知识存量增加的角度分析，在宁国市耐磨铸件产业集群生产规模扩张过程中（表11-12），集群内部种子企业和核心企业的持续技术创新，引发耐磨铸件产业内部突变性知识存量的增加和不断溢出，是集群创新网络和合作网络形成和演化的关键期（表11-13）。截至2009年年底，集群企业拥有专利技术150多项，其中国家发明专利65项。在这种持续的创新中，宁国市耐磨铸件产业集群内部核心知识存量不断增加，相关知识通过正式和非正式的企业联系网络和社会关系网络不断地在当地传播，改变了集群网络的结构形态。我们在访谈中发现，集群突变性的技术创新，主要由种子企业FX实现，形成相对成熟的技术标准后，通过集群区域内的人才流动，实现关键技术的传播。

表 11-12　宁国市耐磨铸件种子企业不同阶段主要发展指标比较

阶段	单位	形成阶段	成长阶段初期	成长阶段后期	扩张阶段
时间	年	1977	1987	1999	2009
总产值	万元	20	1 654	22 000	79 716
总产量	吨	360	7 638	500 00	76 000
资产总值	万元	12	615	33 000	46 204
职工总数	人	48	500	2 300	2 000

数据来源:宁国市经济信息委员会。

表 11-13　宁国市耐磨铸件产业集群网络演化过程中突变性知识创新

阶段	20世纪70年代末	20世纪80年代	20世纪90年代	2000年以来
集群演化阶段	种子企业诞生	种子企业壮大	种子企业开始衍生	集群网络形成
知识创新成果	铬系金属作为磨介,煤粉砂生产铸球	双联法应用、低铬耐磨球试制、金属模的选择	温控工艺、最佳热处理工艺、高铬球试制	金属膜铸球自动化生产线、无水化生产、铸造成型工艺、恒温浇注工艺、磨球分离分选机
知识创新影响	国内具有超前性的磨介选择和产品创新	国内具有突破性的技术创新	国内具有突破性的技术创新,产品质量国内最优	耐磨铸件行业国内第一条自动化生产线,部分工艺国内同行业首创,国际先进

通过对宁国市耐磨铸件产业发展轨迹的实证研究，发现随着区域开放度的提升，在边界效应从屏蔽效应向中介效应转化的过程中，多因素的时空耦合和系统耦合，共同主导了省际边缘区的产业集聚。在中介效应作用下，企业家、地方政府、核心企业三个方面的共同作用，促成了宁国市内生型产业集群的形成和演化，随着集群的成长，区域经济发展的基础日益强化，促成了区域的不断发展。

第三节　边界效应转化与省际边缘区产业集聚过程分析和耦合机理

一、边界效应转化与省际边缘区产业集聚过程分析

区域经济一体化的深入发展，开放的社会经济环境和区域产业环境、社会环境和制度环境与产业内部的创新环境共同作用，在关键行动者行动的配合下，促成了省际边缘区外来企业不断集聚，内生型产业集群的不断发展，产业规模不断

扩大，产业结构持续优化。在边界效应作用下，省际边缘区产业集群的形成和演化与发达区域的高新技术产业集群和欠发达农区乡镇产业集群的形成和演化存在较大差异。其一，高新技术产业集群的形成多在具有创新文化环境的中心城市区域，表现为：技术人才与大学和科研机构等高度集中，中小企业数量众多，企业间技术联系紧密，集群企业的共同衍生能力强，企业衍生、合作和创新网络均表现出均衡型高密度的结构特征。其二，欠发达农区乡镇产业集群形成，表现为：以村、镇为基本地域单元，以偶然性因素为触发条件，以乡情为联系纽带，以家族企业为主体特征的生产型产业集群出现。企业衍生、合作表现为均衡型低密度的结构特征，实质性的创新网络尚未形成。

省际边缘区产业集聚的形成和演化，是外部社会经济环境和产业内部技术创新环境共同作用的结果。边界效应从负向屏蔽效应向正向中介效应的转化，引起省际间人流、物流、资金流、技术流、信息流持续的相互作用，是省际边缘区产业集聚形成的背景和基础。中介效应的作用，一方面促成了区域交易成本的降低，有利于外来企业的空间集聚；另一方面，对当地内生型的产业集群而言，促成了地方主体群体性的价值和文化认同。具体说来，当地居民、地方政府和创业家群体作为显性的关键行动者，在产业集聚的外部环境、制度环境、企业群体发展过程中起重要作用，相关产业内外知识存量的不断积累和突变性知识创新引起分工深化，是省际边缘区产业集聚形成和升级的本质动力，其形成、演化过程如表11–14所示。

表11–14　边界效应转化与省际边缘区产业集聚的耦合机理

集聚阶段	形成期	成长期	扩张期
时代背景	计划经济体制	体制转型，商品经济向市场经济过渡期	市场经济体制确立并不断强化
主导效应	屏蔽效应远远大于中介效应	屏蔽效应弱化 中介效应强化	中介效应远远大于屏蔽效应
时间	20世纪70年代末到80年代中期	20世纪80年代中期到90年代末期	2000年至今

续表

集聚阶段		形成期	成长期	扩张期
适宜集聚的产业环境系统	外部环境系统	零星的工业发展观念 地方市场信息传播 创业意识传递	创业意识经常性传递 有限资本以试探性投资的方式传递 一般管理经验的传递 区域市场信息的传递	创业氛围形成 大量产业资本传递 先进管理经验的传递 先进技术传播 全球市场信息的传递
	内部环境系统	种子企业萌芽 产品面向当地市场	种子企业发展壮大 产业知识存量增加 企业分工细化 产品面向区域市场	种子企业衍生 生产性企业数量激增 相关配套企业协作 服务型产业集聚 嵌入全球生产、市场网络
产业集聚的制度环境		封闭的保护性政策与制度	鼓励性政策与制度	开放的规范性政策与制度
产业集聚的社会环境		民间谋生型个体交往	民间创业型个体交往 部分企业间业务交往	政府、企业、居民等经常性、反复性、多元化发展型交往
耦合机理		文化、自然、政治、市场等要素耦合阶段	市场、企业、技术、人才等时空耦合阶段	经济、制度、主体、创新等系统耦合阶段

二、边界效应转化与省际边缘区产业集聚耦合机理

区域企业集聚和产业集群发展，是区域经济增长的重要支撑，是全球化背景下区域主动融入全球生产网络和市场网络的一种主动选择过程。随着边界效应从屏蔽效应向中介效应的不断转化，省际边缘区产业集聚发展是一系列宏观和微观因子时空耦合和系统耦合共同影响的结果（其作用机制如图11-8）。因子系统间的相互作用，主要表现为省际边缘区特殊的地方性因素和外来文化跨省界传播二者共同作用的结果。这种作用的强度，取决于省际间经济发展的梯度差异、微观主体相互作用的强度、交流的频度和地方经济的开放程度。在产业集聚初期，文化因子和自然、市场、政策、制度等环境因子的耦合，是区域产业发生的基础。产业发展阶段，核心企业持续的突变性技术创新、市场拓展和人才培育的时空耦合，是产业规模进一步壮大的基础。产业扩张阶段，社会、经济、制度、创新等系统耦合，是产业集聚发展的动因。

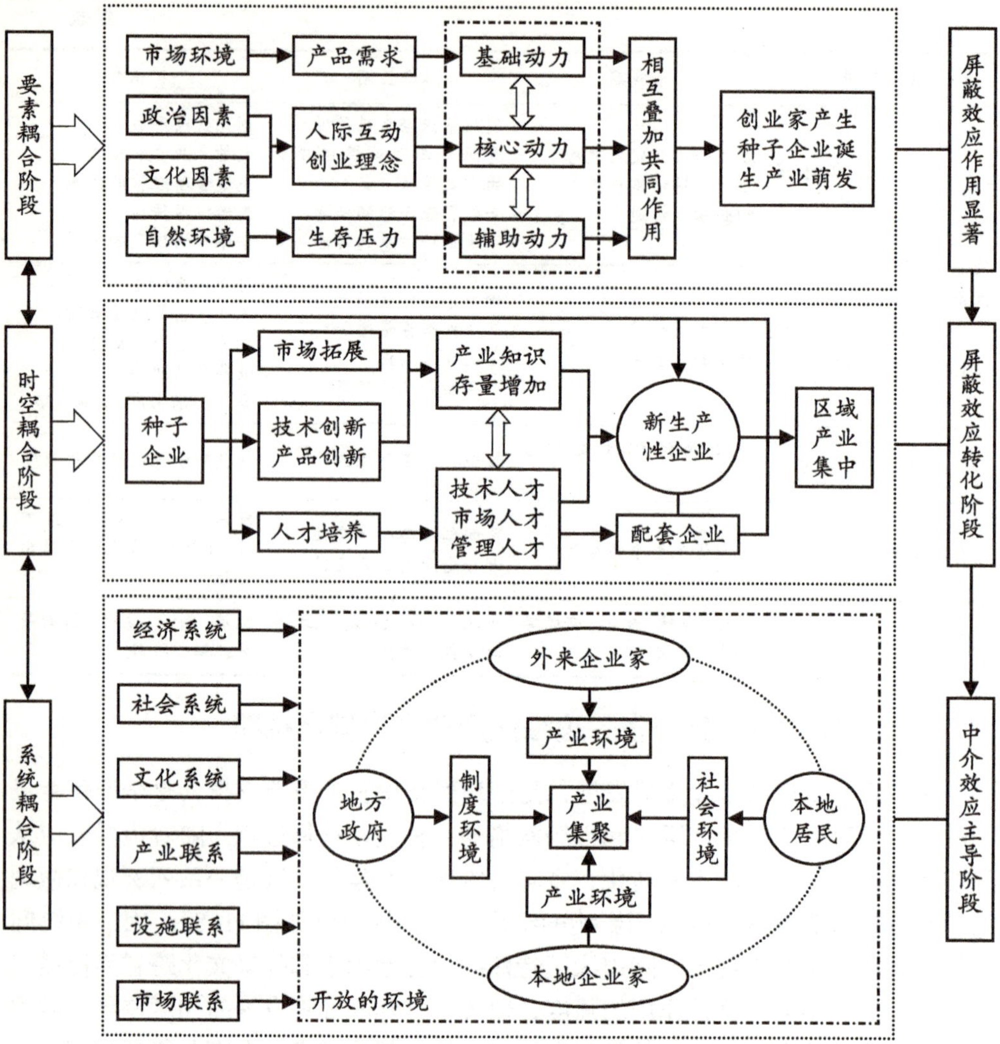

图11-8　边界效应转化与省际边缘区产业集聚的多要素耦合机制模型

第十二章　边界效应转化与宁国市区域经济空间优化整合

第一节　宁国市区域经济空间优化整合的原因

一、发展大背景变化需要微观区域积极整合响应

（一）国家层面

近年来，中国政府推行了一系列的促进经济增长的政策。其中与区域空间发展相关的重要的政策是，在对全国土地资源承载能力、生态环境容量、产业集聚趋势测度的基础上，对全国进行了主体功能区划分。认为未来的经济增长发生的主要区域包括优化开发区、重点开发区两大类，该类型区的特征表现为高密度、高效率、节约型、现代化，即城市群区域。为此，国家推出了一系列区域发展规划，仅2009年一年就推出了12个规划。与之对应的，随着发展重点区域边界的明确，其社会经济集聚引力将会进一步增强，政策优势将会进一步凸显，被纳入的边缘区将会面临新的发展机遇。而众多的未纳入国家层面区域发展规划的省际边缘区，多为限制开发区或禁止开发区。面临新一轮被边缘化的风险，不论被纳入与否都需要相关的边缘区对国家发展战略积极响应，扬长避短，从相互联系和一体化的视角全面整合区域的发展重点。

（二）安徽省级层面

随着市场经济的不断发展，区域经济的开放程度逐渐提升，省界的中介效应不断强化，要素的跨省界流动渐趋频繁，省际边缘区由于区位的边缘性，对要素的集聚引力较弱，面临着新一轮的被边缘化的风险。对于安徽省来说，也面临一系列新的发展情境，如省际层面，国家支持长三角发展带来的机遇——长三角的西向扩容。2016年，最新一轮的《长三角城市群发展规划》提出建设全球性的城市群，并将安徽省的8个城市（合肥、芜湖、马鞍山、铜陵、安庆、滁州、池州、宣城）纳入其中，拉近了安徽与世界的距离。安徽省内层面的2009年的合肥经济圈规划，将会强化省域核心区的进一步集聚。2010年，皖江城市带承接产业转移示范区上升为国家战略。2014年，皖南国际文化旅游示范区上升为国家战略。安徽省的部分省际边缘区的身份更加多元——既是传统意义上的省际边缘区，又是国家多个区域发展战略的叠加区。如何利用这一优势，避免传统的省

际边缘区身份带来的消极影响，需要我们进一步开阔视野，在区域之外更广阔的范围配置资源，进行深度的跨界区域整合。

二、宁国市面临的发展劣势需要对区域经济进行整合

通过对宁国市的研究，我们发现：第一，当前国家宏观政策对宁国加快经济发展形成的政策压力日趋显现，如用地审批、信贷监管、财税监督等方面的政策，对工业立市的宁国来说，压力较大。第二，周边地区经济快速发展对宁国市继续保持率先发展位次形成的竞争压力日趋激烈，宁国正处于"不进则退""小进则后"的转折期。第三，国际金融危机滞后效应对宁国外向型经济发展形成的出口压力日趋加大。第四，宁国市在区域经济发展的过程中，面临着区域资本转移的现象；建设用地不足的劣势，直接影响企业发展空间拥挤而导致企业外迁；由周边同级城镇竞争而引起的社会经济要素屏蔽截流效应明显；受区位边缘性影响而导致区域人口集聚引力较弱；现代服务业滞后，特别是生产性服务业与区域产业发展不匹配；传统的交通瓶颈受跨省界交通设施制约而导致的可进入性差；等等。

宁国市作为省际边缘区的城市，其自身的发展劣势非常明显，在上述种种不利因素的影响下，结合新一轮的全国层面的区域经济空间规划的进一步细化，宁国市既是皖浙省际边缘区城市，又是长江三角洲的腹地城市、皖江城市带南翼的城市、皖南国际文化旅游示范区的东翼城市，因此其经济拓展方向，存在离心发展和向心发展的双重选择，考虑到皖、浙省际边缘区地级城市实力相对较弱（如安徽省宣城市）的实际，皖浙省际边缘区也存在中心城市的培育问题，综合考虑这几个方面的需求，宁国市区域经济存在进一步优化整合的必然要求。

三、边界屏蔽效应对区域产业集聚影响的客观存在

通过研究宁国市外来企业集聚和内生型产业集群的形成和发展可以发现，虽然边界效应呈现出正向转化的趋势，中介效应明显，但是经济、社会、制度层面的屏蔽效应仍客观存在。如对宁国市外来浙资企业的访谈发现，来宁国市投资的外来企业，较大一部分投资的是一些投资少、见效快的产业，如资源开发、房地产开发、交通运输、餐饮娱乐等，且所投的产业资本总量较少，当投资收回后，部分投资者倾向于撤资，再返回浙江。

我们通过对宁国市内生型产业集群的分析发现，宁国市的耐磨铸件企业，大部分是宁国市本土企业，"早期有两家浙江投资企业，后来也办不下去停产了""浙江投资者一方面认为耐磨铸件产业虽然投资较少，但是对流动资本量要求较高，且与宁国市本土企业竞争没有太大的优势"（访谈资料）。虽然在宁国市的

浙江生产企业不多，但是服务型企业却较多，如宁国市耐磨铸件生产所需原料、辅料，主要来自浙江某企业且耐磨铸件企业厂房的建设，也多为浙江企业提供。我们通过对宁国市汽车橡胶零部件产业集群的分析发现，浙江投资者建立的某公司，是集群的核心企业，非宁国市本地的外来中小企业集聚较多，与耐磨铸件产业集群形成了较为鲜明的对比。我们通过对宁国市外来企业集聚和产业集群的客观分析发现，虽然中介效应促进了区域经济增长和产业集聚的发展，宁国市与浙江省在企业层面存在较多联系，但是，屏蔽效应仍旧在不同层面起作用，对区域产业集聚和经济增长产生了不利的影响。因此，促进边界效应正向转化的区域经济进一步整合，也是省际边缘区区域产业集聚发展的必然要求。

第二节　宁国市区域经济空间优化整合模式选择

针对宁国市区域经济的发展阶段和趋向，以及边界效应不断转化对宁国市区域经济发展的影响程度，在不同阶段和不同空间尺度下，宁国市区域经济的整合模式存在不同的选择。可以从内部整合、邻域整合和跨界整合三个尺度对宁国市区域经济的整合模式展开分析。这种整合一方面促成省界中介效应的不断强化，降低了省际边缘区区域经济运行的交易成本；另一方面，促成中介效应作用下社会经济要素的有序集散，形成省际互动的一体化发展状态。

一、内部整合

内部整合的首要目标是产业发展平台建设。在当前中介效应作用下，要素的跨界自由流动已经不是突出的限制性影响因素，省际边缘区产业发展的制约性因素，表现为企业集聚的载体发展相对较弱，较高层级的经济技术开发区相对较少。省际边缘区自然地理背景较为复杂，地貌类型多样，平整的工业用地资源较为匮乏，城镇规模小且分散，产业发展在城镇内部表现为点状散布，以小区域的乡镇工业集中区为主，集聚效益得不到充分发挥，且对环境影响较大。针对这种现实情况，小尺度的市域内部的空间整合显得非常重要，是促进外来企业跨界迁移的重要保障和促进产业集群化发展的重要前提。根据宁国市域不同地域间自然条件和社会经济基础的差异性，传统经济联系、发展状态与发展趋势，通过整合城镇间的职能联系和分工协作，更好地发挥中心城镇的作用，培育经济发展的区域特色与竞争优势，形成一核、两带、三区的空间整合格局。

我们通过对宁国市区域城镇化特征和城镇化水平的分析发现，宁国市除中心城区有一定规模和实力外，其他城镇的规模有待加强。故在内部整合上，应当采用不平衡发展战略，优先将宁国市城中心做大做强，提升城市的产业服务能力，再向周边的乡镇乃至较远的乡镇辐射。对宁国市内部的空间整合，主要包括以下几个重点。

（一）节点优化整合

加强城市中心和周边邻域重点乡镇的整合，建议进一步调整宁国的城镇发展空间布局和产业选择，尽可能地向城市中心集聚产业、人口和生产要素等。形成规模经济，打造新城市，以城市中心为主导拉动区域经济发展。具体包括：促进宁国市城区与港口、汪溪、梅林的空间和产业整合，组成宁国发展的核心，发展的重点是依托省级经济技术开发区、港口镇省级生态工业园和梅林、汪溪的乡镇工业集中区为结点，加速产业集聚，增强中心城市实力，将分散在宁国市域和市区内的、适合在开发区布局的工业项目和大部分的骨干改扩建项目及新建项目调整到宁国经济技术开发区，将有利于发挥当地资源、劳动、土地优势的项目集中到中心镇特色园区，以共享公用设施，共享信息网络，降低生产成本，获取聚集效应。

（二）轴线优化整合

轴线的优化整合，是建立在依托重要交通等基础设施之上的，但是从现有的情况分析，宁国市作为典型的山区型省际边缘区城市的交通瓶颈非常明显，大交通连接的劣势从以下分析中可见一斑：截至2009年，宁国市没有一条过境高速公路；宁国市既不沿江，也不靠海，缺乏港口城市的水路交通优势。综合考虑相关交通规划和未来的发展趋势，如随着千秋关隧道的建成通车，宣宁、宁绩、宁千高速的开工建设，皖赣铁路的扩能改造，京福铁路的全线贯通以及直升机场的规划建设，届时宁国将成为安徽区位优势明显、对接长三角比较便捷的县（市），在此基础上对宁国市发展轴线的选择如下。

根据现有的交通条件和产业布局状况，未来应当重点发展两条特色产业轴线。其一，为依托宣城—宁国—千秋关高速公路和S104省道共同组成的，宁国市区向东南至仙霞的东线工业带，要求全面提升东线工业带的地位，促进沿线重要城镇的产业和人口集聚，加强沿线乡镇工业集中区的建设，形成对接杭州都市圈的重要产业集中带。

其二，依托广德—宁国—绩溪高速公路和S215省道共同组成的西线特色产业集中带，以农业产业化和生态型产业为重点，加快旅游等现代服务业的发展，形成与东线功能互补的两条发展轴线。

（三）片区优化整合

功能片区的整合。在上述核心培育和轴线选择的基础上，将宁国市域整合为功能互补的三大分区。其一，北部工业集聚区：包括宁国市区及港口、汪溪、梅林。在现有汽车橡胶零部件、耐磨铸件、电容器三大产业集聚的基础上，大力发展塑料制品、生物医药、化肥、水泥等工业，积极发展城郊蔬菜业和花卉业，促进第三产业的发展。其二，西南部生态产业集聚区：包括甲路、胡乐、霞西、方塘、青龙。依托青龙湾山水资源，板桥原始森林资源，胡乐红豆杉资源，大力发展现代休闲旅游业；依托山林、水体资源，积极发展用材林、优质茶叶、特色水产品及其加工业。其三，东南部经济区：包括中溪、宁墩、仙霞、南极、万家、云梯。依托现有的产业基础促进密封件、耐磨铸件、电容器等企业的进一步集聚，同时促进特色林产品等资源型产业和商贸服务型产业的发展。

二、邻域整合

邻域整合主要包括两个方面的内容。

其一，中观尺度的向心整合，即宁国市与皖江城市带的整合。结合皖江城市带国家级承接产业转移示范区的建设，加强宁国市同皖江城市带城市间的横向联合，经济协作，以产业整合为重点，努力成为合肥—芜湖—马鞍山—铜陵工业带的协作配套中心。同时，充分利用宁国市与黄山市的社会、经济联系，加强两市之间的旅游产业整合。皖南旅游业因黄山、九华山、太平湖的地理位置，形成西热东冷的局面，加强宁国市旅游资源的开发建设，有利于协调皖南旅游区的总体布局。加强皖浙边界过渡带的旅游景观联系，在更大区域范围内完善和促进皖南旅游的均衡发展。宁国市应依托承东启西的区位优势，突出地方特色积极组织跨区域的旅游路线，形成与皖南旅游区互动发展的态势。

其二，就地与省际边缘区内部中小城镇之间的整合发展。主要包括与宣城市、广德县和皖东南周边其他城市的整合发展。第一，宣城市作为皖东南区域重要的中心城市，是未来无可争辩的区域性经济中心，宁国市应当在交通上积极对接芜宣杭高速，融入东向快速交通网络。整合利用宣城市高层次服务业，在服务产业发展、基础设施和公共服务设施建设等方面与宣城市紧密衔接。加强宁国市与宣城市旅游资源开发、水环境保护的协调与合作，按照共赢的原则，做大做强资源型产业，延伸产业链条。第二，加强宁国市与广德县的全面整合发展，广德县作为宣城市另一发展中心，位于东向发展的通道上，区位优势和发展预期优于宁国市。宁国市要加强与其协调、联动发展，积极建设宁国至广德的高速公路，开辟宁国至长三角的快速通道。本着统筹区域发展的原则，积极进行制度创新，联合进行县域经济发展的研究以及合作招商引资，积极进行旅游资源开发等多领域的合作，避免可能存在的同质性竞争。通过整合力争形成宣城—宁国—广德小尺度的成长三角。第三，与皖东南周边城市协调发展，针对皖东南是山区且城镇规模均较小的实际，未来各县（市）要注重跨行政界线或功能区界线的联动发展，注重区域基础设施和生态环境设施的共建、共享。产业联系的重点为旅游资源开发与旅游产业发展的进一步优化，充分发挥自身的旅游优势，加强横向联合，创建区域共同品牌，打造跨区域的旅游路线。在重点产业的选择上，应当有所侧重，形成皖东南中心城镇联网辐射的发展态势。

三、跨界整合

（一）跨界整合方向的选择

宁国市是皖南地区同上海和江浙沿海发达地区经济交往和合作的门户。紧邻我国经济发达的苏、浙、沪地区，具有充分发挥省际边缘区城市独有的地缘优势。宁国市应充分发挥自身要素成本低廉等优势，积极承接东部发达地区产业梯度转移和经济辐射，使得宁国市在皖东南地区经济发展中位置突出，加强与长三角的全面协调与整合发展。

在经济整合方向的选择上，可以通过宁国市区域经济联系强度变化趋势和区域经济隶属度进行选择。在不考虑省际边缘区自然地理特征和省界屏蔽效应作用下，通过以下两个模型来测度宁国市改革开放以来空间经济联系的主导方向。

1. 空间经济联系强度模型

由于城市间的经济联系具有双向性，两个城市对其之间的引力贡献并不是完全相同的，在计算时需要考虑这个差别的影响，当前对引力模型进行优化的方法是引入参数 k 。采用城市市域的GDP占两城市市域GDP之和的比重来对传统的引力模型进行修正。另外，省际边缘区跨界的主要交通联系方式是公路，铁路、航空和水路使用较少，因此以公路交通距离作为城市间距离是比较适宜的。修正后的引力模型为：

$$R_{ij}=k_{ij}\frac{\sqrt{P_iG_i}\times\sqrt{P_jG_j}}{D_{ij}^{\ 2}} \qquad (k_{ij}=\frac{G_i}{G_i+G_j})$$

式中， R_{ij} 为城市i对城市j的经济联系强度， P_i 、 P_j 为两城市当年的非农业人口数， G_i 、 G_j 为两城市当年的GDP， D_{ij} 为两城市距离， k_{ij} 为城市i对 R_{ij} 的贡献率。

2. 经济联系隶属度模型

空间经济联系隶属度模型为：

$$F_{ij}=\frac{R_{ij}}{\sum_{j=1}^{n}R_{ij}}\times 100\%$$

式中， R_{ij} 为城市i对城市j的经济联系强度， F_{ij} 为两城市经济联系强度占区域经济联系强度总和的比例，即经济联系隶属度。 F_{ij} 值越大，空间经济联系越强，反之空间经济联系越弱，可以此为标准测度宁国市区域经济的隶属度。

经济主要联系方向的选择。从表12-1、表12-2可以看出：2000年之后的中介效应作用阶段，在不考虑省界屏蔽效应作用下，宁国市与杭州的经济联系密切，经济隶属关系较为明确。同时，随着高速交通、通讯条件的进一步改善，时空距离将大大缩短，这将有利于促进宁国与苏浙沪的一体化发展。因此在经济整合方面，宁国市应当以浙江杭州方向为一级发展轴线，加快与杭州都市圈的一体化发展程度。其次，随着皖江城市带承接产业转移示范区建设，对内宁国市应当以合肥方向为一级发展轴线，力争成为皖江城市带融入长三角的东南片区的门户。同时，以南京方向为第二发展轴，以上海方向为第三发展轴线。

表12-1　宁国市与周边核心城市的空间相互作用强度变化

R	合肥	南京	杭州	上海
1978	0.001	0.009	0.007	0.016
1990	0.006	0.041	0.054	0.072
2000	0.053	0.287	0.321	0.528
2009	0.362	1.634	2.295	2.133

表12-2　宁国市区域经济隶属度的变化

F	合肥	南京	杭州	上海
1978	2.94	27.74	22.35	46.97
1990	3.53	23.78	30.96	41.73
2000	4.43	24.13	27	44.44
2009	5.64	25.44	35.72	33.2

3. 跨界整合的重点

宏观战略的整合，要求宁国市全方位融入长三角区域，积极参与区域经济竞争与合作，促进一体化发展的不断深入。在发展观念、生产要素、产业发展、市场拓展等方面，全面对接苏浙沪，充分利用苏浙沪地区产业升级、退二进三的有利条件，主动接受辐射，凭借区位优势和经济基础，促进苏浙沪地区生产要素向宁国转移和集聚。

其中重点为促进实体性要素的集聚化发展，即加强宁国市与苏浙沪产业整合的发展。第一，工业方面。宁国市是长三角产业西移的首站和中部地区承接长三角辐射的"跳板"，同时宁国市靠近长三角制造业密集区和消费集中区，是长三角制造业的配套基地和消费品的供应基地，要突出宁国市的主导产业，加速优势产业集聚，围绕汽车橡胶零部件、耐磨铸件、电子元器件三大产业，培养"专、精、特、新"的产业集群，成为苏浙沪加工制造业基地的组成部分之一。第二，资源型产业方面。一方面，注重旅游资源的开发，重点发展生态旅游业，特别是培育以青龙湖原生态旅游度假区和恩龙世界木屋村为龙头的旅游品牌。另一方面，促进旅游产业的整合，宁国地处苏南、沪杭至黄山的黄金旅游线上，又是皖南国际文化旅游示范区和浙西旅游区的交界区域，应当错位竞争，发展特色旅游，积极构建黄山—宁国—杭州的跨区域旅游线路。第三，农业产业化方面。发挥全国农业产业化先进示范市，中国山核桃之乡、中国元竹之乡的区域品牌优势，突出自已的优势产品如山核桃、旱笋、茶叶等，争取成为长三角生态食品和特色农产品的供应基地，促进生态型产业的集聚化发展。

第十三章　结论、创新与讨论

第一节　主要结论和创新之处

一、主要结论

在上文对于边界效应、产业集聚与省际边缘区经济增长的相关理论及实证研究的基础上，形成了以下结论。

（一）边界效应正向转化对社会经济要素的显性和隐性影响，是省际边缘区产业集聚和区域经济增长的前提条件

边界效应是省际边缘区社会、经济发展的重要作用因子，在计划经济向市场经济转轨的过程中，边界效应从负向屏蔽效应向正向中介效应的转化，省际间人流、物流、资金流、技术流、信息流持续的相互作用，促进了省际边缘区发展劣势的转化，其区位优势，社会、经济要素密集度，发展环境开放度和多层级政府的制度安排等均有利于区域产业集聚的形成，是省际边缘区产业集群形成的背景和基础。

（二）中介效应作用阶段，省际边缘区微观主体长时段、高频度、多目的的跨界交往和相互认同，是区域产业集聚环境形成的基础

区域微观主体企业、地方政府、当地居民、非政府组织等是区域经济发展的组织者和带动者，其思想观念、价值取向、心理特质、行为方式等，都会对区域发展目标和发展路径的选择产生积极或消极的影响。通过对宁国市实证研究发现，省际边缘区行为主体长时间跨界交往形成的具有典型性的社会环境、制度环境和产业环境，是省际边缘区边界效应正向转化和区域产业集聚形成的重要基础，能促进外来企业的集聚和内生型产业集群的成长。

（三）宁国市外来企业集聚和内生型产业集群的形成和发展，是边界效应正向转化过程中对省际边缘区发展优势产生放大作用的结果

主体跨界交往和边界效应转化互相促进，边界效应在正向转化过程中，对宁国市社会环境、文化环境、产业环境、制度环境、市场环境等区域优势不断放大后相互叠加而促成的外来投资企业群体性区位选择和本地企业家群体性创业选择共同作用，推动了宁国市产业集聚发展。外来企业和本土企业的互补性集聚又共同促成了省际边缘区区域经济的快速增长。其中，外来企业的空间集聚，受成本节约机制、政策引导机制、市场拓展机制的影响。内生型产业集群的发展壮大，是集群外部社会经济环境和集群内部产业环境共同作用的结果。地方政府和创业家作为显性的关键行动者，在集群企业网络发展过程中起重要作用。集群内外知识存量的不断积累和突变性知识创新带来的分工深化，是集群形成和升级的本质动力。同时，外来企业集聚和内生型产业集群的共同作用促进了省际边缘区区域经济的不断增长。

（四）提出了省际边缘区空间经济整合的一般模式，即向心整合、离心整合和邻域整合三种

中介效应主导阶段，边界屏蔽效应的影响仍旧或多或少存在，不利于区域产业集聚和经济增长的进一步发展。但是，不同尺度的区域一体化发展，是未来区域经济整合发展的趋向。省际边缘区区域经济整体实力较弱，为了更好融入全球经济系统，需要以县（市）为基本的地域单元，以向心整合、离心整合和邻域整合为基本模式，进行中小尺度的空间整合发展。空间整合的取向是促进边界效应的正向转化，加速省际区域一体化的进程。整合的重点包括经济整合、产业整合、交通通讯设施整合、社会整合、制度和组织整合及环境整合等方面。

二、创新之处

（一）从屏蔽效应向中介效应转化引起的主体行为变化的微观视角，推动了边界效应理论研究的发展

传统的经济学边界效应理论的研究，强调边界效应存在性和对区际贸易的影响，主要从宏观层面展开，将行政边界看作区分内外经济系统的一个整体，强调行政界线的阻滞作用。本书从自下而上的视角，强调边界效应的局部突破性，局部区域边界效应转化对主体行为的影响。在要素层面，表现为社会经济要素的跨界集聚和扩散过程。对省际边缘区而言，省际要素间作用的频度、强度等持续提升，主体交往的多元化特征明显。在主体互动的过程中，区域的开放度提升、地方主体思想观念转变、区域文化认同增强，使资本和信息互动。随着体制、设施、社会约束的改变，地方主体跨省界交往的频度逐渐增加，这种地方主体（居民、政府、企业、民间社会团体等）的跨界互动，进一步促成省界开放度的提升，引起省界的屏蔽效应加速向中介效应转化，实现界线对区域经济的约束性阻滞作用转变为促进性推动作用。

（二）架构了宏观社会经济现象——产业空间集聚和微观主体行为之间的相互关系

通过一手数据分析，从人流、物流、资金流、技术流、信息流等跨界流动视角，检验边界效应对微观主体行为的影响程度，沿着多元主体跨界结网—网络传输信息—跨界网络对结网主体的反馈机制—影响结网主体行为选择—产业空间响应的分析逻辑，揭示省际边缘区产业空间集聚形成的路径。以省际边缘区区域主体，包括居民、企业、政府等跨界联系行为的变化的长时段的比较为基点，验证边界效应从屏蔽效应向中介效应转化的过程和趋势，同时对边界效应转化的区域产业集聚效应，从外来企业集聚和内生型产业集群发展的角度进行了关联分析。将边界效应对区域经济作用的隐性优势或劣势放大，通过主体跨界交往行为、投资决策行为和创业行为展现出来。用社会网络分析、制度分析等定量和质性研究方法研究省际边缘区主体跨界结网行为和产业空间集聚等相关问题，探讨微观主体行为选择对宏观的产业空间集聚的影响机制，拓展了区域研究和产业空间组织研究中的多学科交叉和宏观、微观结合的研究思路。因此，本书在基础理论研究、研究视角的转变等方面有所拓展。

第二节　有待进一步研究的问题

一、省际边缘区需要继续深化的传统研究命题

省际边缘区是典型的过渡型区域，在自然和人文因素的共同影响下，区域经济的发展历程和发展程度不同于省域中心区域，区域经济增长机理表现出一定的独特性。当前跨界次区域经济合作研究日渐引起国内、国际学者的重视，省际边缘区作为一类特殊的行政边界区域，是省际一体化发展协调的重点区域，因此对省际边缘区进行系统研究，将大大拓展区域经济学、经济地理学、城市经济学等学科的研究内容。本书在遴选省际边缘区典型影响因子边界效应研究的基础上，对边界效应转化与区域经济增长进行了一定的研究，但由于时间、精力等方面的原因，很多思路、想法未能深入，如：对于省际边缘区外来企业集聚的研究，应当更多关注外来企业集聚的类型、其所处的价值链环节，主导其区位选择的核心因子等，从而揭示区域经济增长的可持续性及潜在的风险。从文化、社会、制度变迁和主体感知等宏观和微观视角，通过构建系统的主体跨界联系的指标体系，进一步定量测度边界效应转化的区域经济效应。选择不同类型的案例进行深入的比较研究，可以更深层次地揭示处于不同发展阶段的省际边缘区经济增长的一般轨迹。具体主要体现在以下几个方面。

（一）边界效应转化促进省界转型问题研究

边界效应转化对省际边缘区经济、社会发展存在直接和间接的影响，其转化的过程也是省界从传统的管理型边界向现代的功能型边界转型的过程，从省际功

能一体化的角度探讨不同空间尺度的省界转型，对于区域经济优化、整合具有积极意义，未来应当从这一视角对省界功能转型的效应、模式等进行深入的研究。

（二）边界效应转化的测度、机制、动力系统问题研究

当前边界效应的测度主要是存在性验证，缺乏对更深层次的屏蔽效应和中介效应的测度系统的研究。今后应当借助系统动力学的相关理论，通过构建测度边界效应转化的指标体系，从内部动力、外部动力等角度对边界效应转化的机理进行深入的研究。

（三）边界效应转化与不同类型省际边缘区发展模式研究

中国的省际边缘区类型丰富，不同类型的省际边缘区其边界效应转化程度各异。因此，应当针对中国区域经济发展实际和区域经济差异现状，对不同类型、不同发展阶段的省际边缘区，在科学分类、有所侧重的基础上展开综合研究。如对于东部经济发达省份的强强型省际边缘区，应当从区域一体化的视角展开系统研究；对于中东部交接的强弱型省际边缘区，应当从互补发展的角度展开系统研究；对于经济落后省份相邻的省际边缘区，应当从共同开发的角度展开系统研究，从而形成具有一定理论和应用价值的省际边缘区理论和政策体系。

二、社会经济发展的新阶段对省际边缘区研究的新要求

当前世界经济进入深度转型调整期，中国的经济发展进入新常态的发展阶段，即经济增速转变为中高速，经济质量迈向中高端。在这样的大背景下，对省际边缘区这样的类型区展开研究，需要密切联系当前社会经济发展的阶段特征，关注国家的重大战略需求。

（一）基于单个省域的省域核心区与边缘区的协同发展研究将会成为一个重点方向

对每个省区而言，追求省域内部核心区与边缘区的互动发展和基于跨界城市群的省际之间协同发展，是未来较长一段时间内的战略重点。微观方面，单个省域的省域核心区与边缘区的协同发展研究，将会促进省域区域社会、经济管理实践工作的有序开展，提高区域经济的配置效益和管理效益，促进省域经济、社会治理模式的创新和核心区与边缘区的整体协同发展。如省际边缘区和省域核心区相比在发展起点、资源禀赋、产业结构、发展阶段、发展模式等方面有差异；人文环境方面，在主体的思想观念、文化生态、生活习俗等方面也不同。为解决省域核心区与边缘区由于较大的区域经济、社会势差而产生的要素流动、企业转移、政策协同、产业培育等方面问题，需要从单个省域的视角对省域核心区与边缘区的协同发展展开系统研究。

（二）突变性、边界效应转化和省际边缘区发展研究

近年来，我国的重大基础设施发展很快，如港口、机场、高速铁路、城际铁路等，区际之间的相互作用和整合程度加深，部分省际边缘区成为发展的重点区域，如南京到杭州高铁（宁杭高铁穿过的区域为长三角区域相对落后的苏浙皖省际边缘区）的开通，改变了长三角区域相对落后的苏浙皖省际边缘区的交通格局，区域的发展基础大为改观。因此，未来探讨行政区划调整、区域规划、重大跨界工程、以高速铁路为代表的重大交通设施等，对省际边缘区产生的影响及其相应的研究会成为重点。在此基础上，深度探讨不断变化的社会经济条件下，因为上述原因引致的微观主体的跨界通勤、跨界迁居、跨界购物等行为的变化，及省际地区边界效应的转化，进而从空间重构、产业体系重构和跨界联系流态重构等视角，探讨省际边缘区区域社会经济发展路径的选择会成为一个重要的研究命题。

（三）国家层面一系列的区域经济发展规划对省际边缘区的影响研究

近年来，国家层面批复了一系列新的经济区规划、城市群规划、综合配套改革实验区规划，让部分省际边缘区华丽转变，成为国家战略指向的重点经济区的有机组成部分之一。省际边缘区身份的转变与发展能力的不匹配等问题的研究，需要进一步关注。如最新版的《长江三角洲城市群发展规划》的规划期为2016—2020年，规划范围包括：上海，江苏省的南京、无锡、常州、苏州、南通、盐城、扬州、镇江、泰州，浙江省的杭州、宁波、嘉兴、湖州、绍兴、金华、舟山、台州，安徽省的合肥、芜湖、马鞍山、铜陵、安庆、滁州、池州、宣城等26个城市，为皖苏、皖浙等省际边缘区的发展带来了新的机遇，但是由于部分被纳入的省际边缘区城市整体实力较弱，如安徽的宣城（宣城是皖江城市带承接产业转移示范区的南翼，是皖南国际文化旅游示范区的组成部分之一）等城市，在多重国家战略叠加的影响下，怎样利用这样的发展机遇扬长避短，成为需要从理论层面仔细探究的命题。

参 考 文 献

[1] 陆大道,樊杰. 2050:中国的区域发展:"中国至2050年区域科技发展路线图"研究报告[M]. 北京:科学出版社,2009:1-378.

[2] 陈飞. 边界效应,区际贸易与区域经济增长——基于垄断竞争框架的分析[D]. 天津:南开大学,2009:111-113.

[3] 李铁立. 边界效应与跨边界次区域经济合作研究[M]. 北京:中国金融出版社,2005:1-243.

[4] 王缉慈. 关于中国产业集群研究的若干概念辨析[J]. 地理学报,2004,59(z1):47-52.

[5] 李郇,徐现祥. 边界效应的测定方法及其在长江三角洲的应用[J]. 地理研究,2006,25(5):792-802.

[6] 张震宇,王超,范青凤. 河南省边界地区经济发展研究[J]. 地域研究与开发,1997,16(3):61-63.

[7] 朱传耿,王振波,仇方道. 省际边界区域城市化模式研究[J]. 人文地理,2006(1):1-5.

[8] 李志刚,刘晓春. 陕甘宁接壤区反贫困策略[J]. 人文地理,2003,18(2):7-11.

[9] 卢现祥,朱巧玲. 新制度经济学[M]. 北京:北京大学出版社,2007:1-522.

[10] 舒庆. 中国行政区经济与行政区划研究[M]. 北京:中国环境科学出版社,1995:1-248.

[11] 安树伟. 行政区边缘经济论[M]. 北京:中国经济出版社,2004:1-433.

[12] 胡兆量,陈宗兴. 地理环境概述[M]. 北京:科学出版社,2006:1-163.

[13] 刑忠. "边缘效应"与城市生态规划[J]. 城市规划,2001,25(6):44-49.

[14] 刘卫东,张国钦,宋周莺. 经济全球化背景下中国经济发展空间格局的演变趋势研究[J]. 地理科学,2007,27(5):609-616.

[15] 苗长虹. 从区域地理学到新区域主义:20世纪西方地理学区域主义的发展脉络[J]. 经济地理,2005,25(5):593-598.

[16] 石飞,庄海燕. 社会网络分析理论研究[J]. 经济师,2010(11):31-32.

[17] 吴勤堂. 产业集群与区域经济发展耦合机理分析[J]. 管理世界2004(2):133-135.

[18] 冯邦彦,段晋苑. 边界效应与港深跨境区域合作[J]. 特区经济,2007(1):30-

33.
[19] 冷志明. 中国省际毗邻地区经济合作与协同发展的运行机制研究[J]. 经济与管理研究,2005(7):62-65.
[20] 李鸿. 省际结合部少数民族聚居区的发展特征和相关政策研究[J]. 大连民族学院学报,2010,12(2):119-125.
[21] 李青. 必须重视开发边界区[J]. 中国经济问题,1991(4):52-55.
[22] 陈钊. 行政边界区域刍议[J]. 人文地理,1996,11(4):41-45.
[23] 潘竟虎,石培基,董晓峰. 中国地级以上城市腹地的测度分析[J]. 地理学报,2008,63(6):635-645.
[24] 贾若祥,侯晓丽. 山东省省际边界地区发展研究[J]. 地域研究与开发,2003,22(2):30-32.
[25] 覃成林. 中国区域经济差异研究[M]. 北京:中国经济出版社,1997:35-38.
[26] 李二玲,李小建. 欠发达农区传统制造业集群的网络演化分析——以河南省虞城县南庄村钢卷尺产业集群为例[J]. 地理研究,2009,28(3):738-750.

附　录

一、宁国市居民调研问卷

此次问卷调查的主要目的，旨在了解宁国市居民对宁国市经济社会发展情况的认识，所有信息均为科研所用。请您根据自己的感受回答以下问题（在□内打√）。非常感谢您的支持与合作！

（一）基本情况

1. 您的性别：□男　□女
2. 您的年龄：□16岁以下　□16~22岁　□23~30岁　□31~44岁　□45~59岁　□60岁以上
3. 文化程度：□初中及以下　□高中或中专　□大专　□本科　□硕士及以上
4. 职业：□工人　□农民　□学生　□公务员　□企事业管理人员　□军人　□教师　□专业技术人员　□服务人员　□个体户　□私营业主　□离退休人员　□其他
5. 职业技能：□有　□无
6. 月收入：□2000元以下　□2000~3999元　□4000~5999元　□6000元及以上

（二）具体情况

1. 您的祖籍是不是安徽省宁国市？□是　□否

如果不是，您的祖籍是__________省__________市。

2. 您来宁国定居的主要原因是？

□亲友等主要的社会关系在宁国　□分配或选择在宁国工作
□在宁国投资做生意　□宁国的居住环境好
□宁国的发展前景好　□其他原因__________

3. 您的工作状况是？

□务农　□经商或开店　□外出务工　□在宁国当地打工
□在企事业单位上班　□其他__________

4. 您现在从事的工作对技能的要求程度是？

□不需要任何技术　□较低　□一般　□较高　□非常高

5. 若您需要的商品在本地买不到，您会首选去下列哪个地方购买？

□合肥市　□芜湖市　□宣城市　□杭州市

□临安市　□安吉县　□其他__________

6. 您平时经常收看浙江台的电视节目吗？　□是　□否

如果您经常收看，收看的是哪种类型的节目？

□新闻类　□经济类　□娱乐类

□科普类　□其他__________

7. 您经常关注宁国周边如广德、绩溪、安吉、临安等的发展情况吗？

□经常关注　□偶尔关注　□不关注

您关注的目的是？

□关心上述地方的经济发展情况　□有些主要的社会关系在上述地方

□将上述地方的发展状况和宁国对比　□寻找新的工作机会

□其他__________

您关注的方式是？

□通过新闻节目　□通过网络　□通过走亲访友、实地交流

□通过政府公开信息　□其他__________

8. 就您所知，在宁国投资、经商、建厂或开办公司的客商多来自哪里？

□安徽省　□江苏省　□浙江省　□上海市

□其他省份　□不清楚　□不关注

如果您知道，您是通过什么途径知道的？

□新闻节目　□报纸杂志　□街坊交流　□电脑网络

□其他__________

9. 您对外来客商在宁国投资办厂、开设公司持何种态度？

□非常欢迎　□欢迎　□无所谓　□反对　□非常反对

10. 您感觉宁国的外来投资者（企业）等给您带来了什么？（可多选）

□工作机会　□先进的思想理念　□造成交通拥挤

□造成环境问题　□先进的管理经验　□挤占了发展资源

□向投资者学习的机会

11. 如果您现在需要一份工作，您会选择？

□个人做生意　□在家务农　□到宣城、芜湖、合肥等省内城市找工作

□到宁国市本地的工厂或企业找工作

□到浙江的安吉、临安、杭州等地找工作

12. 您认为宁国市城市整体环境的哪些方面还需改善？

□内外交通设施　□网络等信息设施　□银行等金融网点
□商业网点等购物设施　□其他__________

13. 您经常使用网络吗？　□是　□否

您感觉宁国的生活服务设施（如银行、交通、邮政、宽带等）方便吗？

□非常便利　□一般　□不方便

14. 您感觉宁国市的发展前景怎样？

□很好，充满信心　□不看好，没有信心　□不关心

15. 以下城市（县）中，您去过哪些，去的主要目的是什么？（请打√）

城市名称	经常去	偶尔去	没去过	去的最主要目的是
次数	>1次/月	1~4次/年	0次	
合肥	□	□	□	□旅游　□购物　□学习技术 □务工　□做生意　□探亲访友 □其他原因
芜湖	□	□	□	□旅游　□购物　□学习技术 □务工　□做生意　□探亲访友 □其他原因
宣城	□	□	□	□旅游　□购物　□学习技术 □务工　□做生意　□探亲访友 □其他原因
杭州	□	□	□	□旅游　□购物　□学习技术 □务工　□做生意　□探亲访友 □其他原因
安吉	□	□	□	□旅游　□购物　□学习技术 □务工　□做生意　□探亲访友 □其他原因
临安	□	□	□	□旅游　□购物　□学习技术 □务工　□做生意　□探亲访友 □其他原因
桐庐	□	□	□	□旅游　□购物　□学习技术 □务工　□做生意　□探亲访友 □其他原因

二、宁国市外来投资经商人员（企业）调研问卷

此问卷调查旨在了解外来经商投资人员对宁国经济、社会发展情况的认识，所有信息均为科研所用。请您根据自己的感受回答以下问题（在□内打√）。非常感谢您的支持与合作！

1. 您来自__________省__________市，您在宁国已经商__________年。

2. 您是通过什么渠道了解宁国的？

□报纸杂志 □广播电视 □亲友介绍 □网络

□招商专场推介会 □路边巨幅广告

□经常实地到宁国

□其他__________

3. 在与宁国当地居民的接触中，您认为他们的态度是？

□纯朴的 □热情的 □排斥的 □冷漠的

4. 从您的居住地到宁国，具体的路线是？

□居住地—杭州（经过安吉）—宁国 □居住地—宣城（经过）—宁国

□居住地—宁国 □其他路线__________

5. 从您的居住地到宁国，您觉得交通便利吗？

□很通畅 □较为通畅 □不通畅 □很不方便

6. 您到宁国来的主要目的是什么？

□务工 □经商或投资 □学习或考察 □旅游

□探亲访友 □工作调动

7. 如果有可能，今后您愿意推荐亲朋好友来宁国投资吗？

□非常愿意 □愿意 □不一定 □不愿意 □非常不愿意

8. 宁国周边的县市，您考察过哪些？

□安吉县 □临安市 □广德县 □绩溪县

□郎溪县 □其他__________

9. 宁国市在集资、贷款、法律咨询、企业战略咨询等方面的服务是否能满足您的需求？

□完全能够 □基本能够 □不能够 □基本没有这方面的服务

如果不能，您会选择去以下哪些城市获取相关服务？

□安徽的合肥、芜湖等城市 □浙江的杭州等城市

□江苏的南京等城市 □上海市 □其他__________

10. 根据您的了解，您认为宁国市目前发展存在的主要问题是？（可多选）

□土地资源匮乏　□劳动力素质偏低　□交通不够通畅

□政府政策有待完善　□工业门类单一

□城市规模小，市场容量有限　□现代金融、信息等服务产业滞后

11. 您还希望当地政府提供哪些服务？（可多选）

□壮大城市规模，提供多重服务

□专项支持（贷款贴息、低息贷款、财政专项支持等）

□优化融资环境　□上市培育　□知识产权保护

□政府采购支持　□提升政务环境

12. 您所在企业的类型是？

□国有及国有控股企业　□集体企业　□私营企业

□个体工商户　□其他__________

13. 如果您是外来投资者，您的企业总部在？

□上海市　□浙江省　□江苏省　□安徽省（除宁国）

□宁国市　□其他__________

14. 如果您是外来投资者，您的企业从何处获得技术支持？

□继承传统工艺　□吸收江苏、浙江等相关公司的技术转移

□自身研究开发　□模仿　□其他__________

您企业的技术人员主要来自哪里？

□浙江　□江苏　□安徽（除宁国）　□宁国　□其他__________

15. 您所在企业生产的产品的主要目标市场是？

□宁国市　□安徽（除宁国）　□长三角地区等发达地区

□国外市场　□其他__________

16. 您所在企业了解市场信息、供求信息的主要渠道是？

□各种国内外展览会　□通过到浙江等地进行市场考察

□通过互联网、报纸等媒介　□通过园区内各种相关企业的内部交流

□其他__________

17. 您所在企业所需原料，从哪个（些）地方进货？（可多选）

□宁国市　□宣城市（除宁国）　□芜湖市

□合肥市　□杭州市　□其他__________

18. 您认为宁国吸引您投资的原因是什么？

主要原因	非常赞同	赞同	一般	不赞同	非常不赞同
距离浙江近、位置好，熟悉宁国情况	□	□	□	□	□
紧邻长三角地区，便于产品销售	□	□	□	□	□
同类企业集聚，便于信息交流	□	□	□	□	□
对外交通便利，运输成本低	□	□	□	□	□
相关原材料资源丰富、价格低	□	□	□	□	□
土地供应较为充足，用地成本低	□	□	□	□	□
基础设施条件优	□	□	□	□	□
生态环境优良	□	□	□	□	□
劳动力成本低	□	□	□	□	□
市场专业化程度高	□	□	□	□	□
与浙江山水相连，区域文化相似，容易适应	□	□	□	□	□
宁国当地人的开放意识与发展意识强	□	□	□	□	□
政府服务环境好，招商引资优惠政策多	□	□	□	□	□
金融等相关服务条件好	□	□	□	□	□
治安环境好	□	□	□	□	□
浙江等地发展空间较小，投资成本高	□	□	□	□	□
浙江等地同类型企业进入限制多	□	□	□	□	□
浙江等地产业结构调整的需要，导致企业外迁	□	□	□	□	□

其他原因______________________________

后　记

本书是在我的博士学位论文基础上在国家自然科学基金项目“省际边缘区多元主体跨界结网行为驱动的产业空间集聚机理研究——以安徽省宁国市、来安县为例”（项目编号：41201126）的进一步支持下几经修改而成的。在本书即将出版之际，几多感慨油然而生。当初博士阶段的学习和论文的写作过程，不仅使我经受了锻炼，让我体会更多的是求知的艰辛、知识的浩瀚与自己的无知。学术思想的火花犹如划过静穆苍穹的流星，稍纵即逝，感觉自己多年求索却很难看得仔细、辨得真切。论文于2011年如期完成，获得了当年校级优秀博士论文。在此基础上，我于2012年成功申请了国家自然科学基金青年项目。2014年，我的博士毕业论文被评为安徽省第四届省级优秀博士论文。从成文到出版，在这一说长不长、说短不短的过程中，我真诚地对所有为我指路、鼓励我奋进的老师、同学及家人表示深深的谢意。

感谢我的导师焦华富教授。焦老师尽管担负着繁忙的行政工作，但对我的学习要求却没有丝毫的放松，他总是抽出时间来不断督促我学习，询问我的研究进程，为我开拓思路、指点迷津。当时为了论文研究的深入，焦老师多次积极地帮助我与案例区的相关部门联系，从而使我获得了大量与研究有关的重要数据及文献资料，为我顺利地完成论文创造了有利的条件。焦老师还十分关心我的生活，当我陷入人生的重重困境时，他会不遗余力地施以援手，于细节间流露出的关怀令我感动至深。感谢敬爱的师母冯岚女士，如母亲般的无微不至的关怀与关心让我们这个小家庭充满温馨与欢乐。俗话说，“身教重于言传”，焦老师和师母以他们的身教鼓励我们勇敢、坚强、乐观地生活。我带着感恩与珍惜前进，路在脚下，心向远方……

感谢安徽师范大学人文地理学博士点导师组陆林教授、曹有挥教授、苏勤教授、王心源教授、罗永龙教授、程先富教授等多年来对我的孜孜教导。陆老师的“勤奋与坚守、选择与放弃”的教诲，让我始终坚定自己的人生选择；曹老师的“问卷的科学价值”的思辨，让我更加注重调研与研究的关系；等等。正是你们一次次的启迪与点拨让当时茫然与懵懂的我不断推进着自己的研究。

感谢亦师亦友的李俊峰老师、方凤满老师多年以来对我学习、生活、工作等全方位的关心和帮助，你们的理解与鼓励是促我进步的不竭动力。感谢我亲爱的同学朱道才博士、王传辉博士、章明卓博士、杜宗斌博士在我的学习过程和著作成稿过程中给予我的帮助，一次次正式或非正式的交流和讨论，都让我受益匪浅。感谢资料室鲍静老师、王晓铃老师在资料查阅等方面给予的热心帮助。

感谢在成文、成书期间，先后多次在实地调研工作中给予我大力支持的宁国市市委党校赵祖军校长，宁国市市委办公室、开发区管委会、经济信息委员会、发改委、土地局、工商局、招商局、城建局、交通局、财政局、规划设计院、统计局、档案馆、宁国市耐磨铸件行业协会、宁国浙江投资者商会等部门或机构的领导和工作人员，以及被访问的企业家们在资料收集与深度访谈方面的积极配合和大力支持。

感谢我可爱的师弟师妹们，他们是丁娟博士、杨显明博士、韩会然博士、杨成凤博士、曹贤忠博士、张荣天博士、许吉黎博士、吴磊博士、严小兵博士、罗世俊硕士、杨修志硕士、陈剑硕士、潘庆硕士、张王雁硕士，郇恒飞硕士、肖林硕士、汪志硕士、章林硕士、戴柳燕硕士、张化文硕士、田艳争硕士、储成芳硕士、叶雷硕士等在烈日炎炎的盛夏，多次放弃节假日休息、与家人团聚的机会，陪我深入实地去考察，帮我整理、录入资料。一次次调研的开展、一家家企业的走访、一条条要义的记录、一张张问卷的发放都浸润着你们辛勤的汗水。感谢我的研究生琚慧、丁荣萍、王丹丹、陈倩倩等同学，在成书过程中对相关资料的收集与整理。

感谢安徽师范大学国土资源与旅游学院、经济管理学院的领导、老师对我教学和科研的关心和大力支持。感谢出版社的王一澜编辑，在著作出版期间耐心细致的工作，使得本书能够顺利出版。

感谢我的爱人叶苗苗女士在我攻读博士学位期间及著作成稿期间对我的包容、理解和照顾。感谢我在上幼儿园的可爱的女儿韩东珂在我掩卷之余带给我的欢乐。感谢我挚爱的亲人们，你们的叮咛与期望，关怀与付出，使我的求学与工作之路洒满阳光，你们的爱将指引着我不断努力！

韩玉刚

2016年6月于美国西东大学